高校档案学教材

档案展览基础
DANGAN ZHANLAN JICHU

封 锋 ◎ 编著

南京大学出版社

图书在版编目(CIP)数据

档案展览基础 / 封锋编著. —南京：南京大学出版社，2023.11
 ISBN 978-7-305-27078-9

Ⅰ.①档… Ⅱ.①封… Ⅲ.①档案工作－研究－中国 Ⅳ.①G279.21

中国国家版本馆 CIP 数据核字(2023)第 101832 号

出版发行　南京大学出版社
社　　址　南京市汉口路 22 号　　邮　编　210093
书　　名　档案展览基础
　　　　　DANGAN ZHANLAN JICHU
编　　著　封　锋
责任编辑　荣卫红　　　　　　　编辑热线　025-83685720
照　　排　南京开卷文化传媒有限公司
印　　刷　南京人文印务有限公司
开　　本　787 mm×1092 mm　1/16　印张 13.75　字数 301 千
版　　次　2023 年 11 月第 1 版　2023 年 11 月第 1 次印刷
ISBN 978-7-305-27078-9
定　　价　56.00 元

网　　址：http://www.njupco.com
官方微博：http://weibo.com/njupco
微信服务号：njuyuexue
销售咨询热线：(025)83594756

* 版权所有，侵权必究
* 凡购买南大版图书，如有印装质量问题，请与所购
　图书销售部门联系调换

前言

中国是历史悠久的文明古国,有近五千年的文字可考的历史。当全世界绝大多数民族还在沉睡时,中华民族已率先迈入了文明社会,创造了灿烂辉煌的物质文明和精神文明,并以自己的伟大发明造福全人类,形成珍贵的资料并流传下来。档案是历史的真实记录,它是中华民族和全人类的共同文化遗产,传承了社会发展、文明进步的历史发展轨迹。

档案展览(陈列)是档案工作的重要组成部分。档案展览(陈列)是把档案由"死档案"变成"活档案"、把"档案馆"变成"思想库"的重要活动,是向社会宣传档案、普及档案知识,培养档案工作者的档案意识,扩大档案工作宣传的重要途径;也是增强社会认知度、提供档案信息资料开发应用的重要渠道。所以,认真做好档案展览(陈列)工作,是实现档案公共利用,实现跨时空的交互对话,提高用户参与度,优化用户体验,建设智能化档案管理、档案展览的举措,是促进我国档案事业科学发展的动力。

"为党管档,为国守史"是档案部门和每个档案工作者的神圣职责,认真做好档案展览(陈列)工作,有效地发挥档案工作在各个领域中不可替代的作用,是当前档案工作的一项重要任务。在时代发展进步中,档案展览(陈列)工作出现了一些新问题、新趋势,有待进一步探索和实践。作者梳理和研究了有关档案展览(陈列)的资料,参阅了许多学者的研究成果,从中吸纳了许多有价值的成分,引用了一些著述的观点,编写了《档案展览基础》,在此特向本书参考和引用文献的所有作者表示诚挚的感谢!将此书奉献给档案工作者同人和档案专长的专家学者、教师、学生,欢迎大家多提宝贵意见,欢迎广大读者批评指正!

2023 年 2 月

目录

第一章　档案展览工作初析 ·· 1
第一节　档案展览工作初探 ·· 1
第二节　档案展览活动内容 ·· 3
第三节　档案展览活动形式 ·· 9
第四节　档案展览节事活动 ·· 10

第二章　档案展览要素 ·· 13
第一节　档案展览工作创新 ·· 13
第二节　档案展览服务要素 ·· 16
第三节　档案展览活动策划 ·· 18
第四节　档案展览过程分析 ·· 20

第三章　档案展览场馆建设 ·· 23
第一节　档案展览的文化展示 ······································ 23
第二节　人体工程学与展览设计 ···································· 33
第三节　档案展览场馆建设 ·· 38
第四节　档案场馆建设项目简介 ···································· 57

第四章　档案展览信息化技术应用 ·································· 78
第一节　档案展览信息研究 ·· 78
第二节　文献检索与展览 ·· 80
第三节　信息化技术应用 ·· 82

第五章　档案网上展览 ... 98

第一节　档案网上展览概述 ... 98

第二节　档案网上展览特色 ... 103

第三节　网上展览制作提示 ... 108

第四节　网上展览制作程序 ... 119

第五节　网页制作 ... 126

第六节　二维动画制作 ... 158

第七节　C4D三维动画制作简介 ... 173

第六章　档案展览文学文体 ... 175

第一节　通讯报道 ... 176

第二节　展览(陈列)说明文 ... 181

第三节　展览(陈列)讲解词 ... 188

第四节　档案学论文 ... 192

参考文献 ... 213

第一章

档案展览工作初析

第一节 档案展览工作初探

从古到今,"展"字均表示出示、陈列等含义,如《古律、哀公二十年》中"敢展谢而不恭",同时还有注释:"展、陈也。"展览陈列(下面简称展陈)作为一种有目的性以及意图非常清晰的行为,通过特定的环境和特别的方式来获取展览陈列的效果,对宣传档案开发利用成果、推动可持续发展具有一定的意义。就现代展览陈列活动而言,它是在三维空间环境中,主要诉诸人们视觉感官的广告;就空间创造而言,展览(陈列)要表现室内外建筑和艺术空间,极具象征、表现主义的雕塑精神,类似于环境艺术设计;就诉求的特定功能而言,展陈又类似于视觉中的商业美术设计;就视觉传达的工具或道具来看,又类似于工业设计;就表述的形式而言,又类似于舞台的美术设计;就(档案)展陈活动来看,也是综合艺术、集聚设计,是档案通过展览活动与公众交流沟通的桥梁。档案展览陈列活动,就是将档案资料(或复制粘贴)的物件陈列出来,或编成目录供人观看、使用,在特定的空间环境,借助某项活动,或借助相关的展具设施,将相关信息和内容展示在大众面前,对其思维和行为产生重大影响。如党的十九大以后举办的纪念改革开放四十周年展、新中国成立七十周年展览,都是档案展览(陈列)活动之一。在正常展览陈列活动中,专项展览陈列有博物馆、纪念馆、美术馆展,档案图书资料展、技术成果展、名人故居展、考古展、历史文化展,动、植物园展等一系列展览陈列活动。

中华文化博大精深,传统历史文化璀璨辉煌,远古时代图腾所产生的岩画,符号展示,包括有宗教特色的岩洞、祭坛、庙宇、宫殿等,可以算是早期的文化展览陈列,也算是档案历史的遗存。档案展览陈列活动是对历史行动的追忆。从展览活动来看,有综合型、专业型和(名人)旧址展览及会议综合类;从地域范围来看,有地方展、国家展、国际展,文化展、博览会场展、庆典活动展,因而档案展览活动是一项综合历史和现代魅力的展示。

档案展览活动已成为现代社会发展中展览业的主要组成部分。新中国档案工作发展到今天,在现代政治经济社会发展中具有不可替代的作用,尤其是档案部门,发挥着保存文明、传承文明、资政襄政的作用,直接、广泛地为现代社会服务,为人民群众服务。档案展览(陈列)工作作为档案整体工作的一个不可缺少的部分,也在社会发展中发挥着越来越重要的作用。随着现代经济市场日趋成熟,档案展览(陈列)工作的创新得到发展,档案展览(陈列)工作的展览主题、定位、模式、内容等方面也发生了根本性改变,源源不断地推陈出新。这昭示了现代档案展览(陈列)工作发展的新趋势,时代的发展刺激了人民群众的新需要,现代技术发展催孕了档案展览(陈列)工作的新构想。别致的手法、周密的计划、精心的安排,符合人民群众的需求和时代的发展。

档案展览(陈列)工作不仅是档案学的重要内容之一,也是档案资料的一项排列组合工作,是一种历史文明和现代进步的集合,是历史与现代、艺术、逻辑的结合和凸现。一般来说,任何一项档案展览(陈列)活动的成功,包括相似展览陈列活动的成功,都离不开档案团队的力量,离不开档案展览(陈列)工作团队和内外环境的协调,离不开策划设计与各个展览实施过程中的协调一致。

档案展览(陈列)活动是指在一定地域空间,由社会自然人(或组织)聚集在一起,定期或不定期,制度或非制度,传递和交流信息(资料)的社会活动。它还包括各种类型的会议、集会等,如各种形式的展览展销,社会成果的展示陈列,档案类的竞技、交易活动等。其中会议(馆藏)资料展览陈列、交易交流是档案展览(陈列)工作的重要组成部分。

2018年10月在南京举办的江苏庆祝改革开放四十周年(1978—2018)图片展,是一种典型的档案展览陈列活动,它是城市展览业的一个重要部分。图片展开放以来,无论是国庆假日、周末休息,还是工作日,参观者纷至沓来。通过参观,人们浮想联翩,感慨用翻天覆地来形容这四十年的变化都不为过。江苏的改革开放是在中国共产党领导下的中国改革开放的一个省的缩影,也是中国人民强国富民、建设小康社会发展中必不可少的路程。北京举办的"伟大的变革,改革开放四十年展览",展览内容丰富、资料翔实、鼓舞人心,参观人数已超过423万人,参观者很受教育和鞭策。

笔者认为,档案展览(陈列)工作有如下功能:一是开阔视野,启发档案展览(陈列)工作思路,扩大同行业的接触面,促进档案展览陈列事业发展。二是有助于推动城市基础设施的建设发展。如上海通过举办"世览会",实现了"国际性会议展览中心"的建设,一批城市标志性建筑如新国际博览中心、世界贸易商城、光大展览中心等拔地而起,从而加快了上海城市市政建设的步伐。如昆明举办世界园艺博览会,推进了城市交通能源基础设施建设,使城市市政建设至少提前了十年。三是提高了城市知名度,如我国海南省琼海市(县级)的小岛博鳌,因为亚洲论坛年会的举办而蜚声全球。建设博鳌亚洲论坛中心,当年就给海南省琼海市引来了巨额投资。以德国为例,国际上具有领先地位的博览会约有三分之二在德国举办,举办过博览会的城市有20多个。地处德国的汉诺威展览会,拥有世界上最大的展览场地,占地面积100多万平方米,是世界展览会的发源地,有八百多年的举办展览的历史。一次成功的展览活动,能够以点带面,使举办地的形象声名远扬。四是能产生可观的经济效益。如昆明1999年举办世界园艺博览会就收益颇丰,世博会期间,到云南旅游的中外游客达3 118万多人次,世博会接待的中外游客超过930万人次,云南省全省旅游收入突破174.4亿元,同比增长62.45%,旅游外汇收入2.4亿美元,同比增长31.9%。这种经济效益既包括直接的经济效益,也包括间接的经济效益。据专家常规预算,直接经济效益在25%以上收入的,是高收入高盈利的行业。间接经济效益指的是展览带来的门票、广告、餐饮、交通、旅游等收入。据2019年新闻报道,第二届国际进口博览会11月10日闭幕。此次进览会成果丰硕,累计意向成交735.2亿美元,比首届增加了3.9%,共181个国家、地区组织、国际组织和3 800家企业参会,超50万名境内外专业采购商到会洽谈采购,展览面积达36万平方米,截至10日中午12时,累计进场超过91万人次。在现代社会中,无论是档案展览,还是其他类型展览,关注力既是信息化社会的无形资产和市场经济的宝贵资本,又具有强大的投资吸引力,因此档案展览陈列工作要加大宣传力度,以使每一项(次)档案展览陈列活动成为社会、人民群众关注的中心,成为推动档案展览陈列事业发展的动力。

第二节 档案展览活动内容

近年来,随着档案工作数字化、信息化建设的深入发展,越来越多的以数字形态存在的档案信息进入各级档案馆,对数字化和信息化档案工作进行有效的保存、管理,展示档案信息服务模式也从传统的到馆服务逐步转变为以网络为依托的数字化的档案信息服务方式。档案展览工作主要体现在以下几个方面:

(1)检索服务。通过建立档案信息网络,可以使本行业、用户充分地利用档案信息资源,因此档案信息网站是档案资源传播、交流的重要平台。在众多的信息资源中,如何快速、准确地获得用户的信息,检索系统的使用非常关键,它可以对需要的信息资源进行有序化的信息查找、识别和定位。

(2)精确检索。精确检索是可以完全按照用户输入的检索条件,检索出相关信息的检索系统。因此各地在陆续建设档案网,对档案资源内容进行数字化整合。有了健全的档案网站存在,精确检索的准确率才会高(未解密文献除外)。

(3)网上平台服务。网上平台可以宣传本地经济、政治、文化等多方面的社会发展和文明进步的轨迹,也是各档案馆信息资源对外展示的平台。通过网上平台提供的资源,展示的形态可以是绚丽多彩的,不仅包括传统的文字信息,还包括图片、音频、视频展示等多种形式。图文并茂的动态展示形式,加深了用户对档案工作的印象,营造出生动的档案信息资源。如2013年8月30日,辽宁省档案馆在新建档案馆开馆的同时举办了三次展览活动,分别是"清代皇室档案""辽宁记忆""中国档案巡回展"。在档案实体展览中采用了3D立体技术开展网上展览,即使用户没有到展览现场,也能身临其境地感受到展览现场的每一处展品。专题展览厅展示了辽宁省的发展历史、时代楷模的先进事迹等;视频展播以视频的方式展示了辽宁省档案馆的发展。通过网上展示,可以清晰地看到辽宁省发展所取得的杰出成就,从而促进档案文化的传播。

从技术创新、整合信息资源、挖掘档案知识内涵的角度出发,将先进的网络技术、网页制作技术、多媒体技术运用在档案管理中,使网上展览的咨询服务、创新服务模式等得到进一步的拓展延伸。

(1) 网上展览的咨询服务。通过提供网上咨询服务,可以实现用户与档案展览(档案馆)的双向沟通和互动,有利于档案展览(档案馆)对大众的信息需求进行深入挖掘,更好地了解并满足用户的信息需求,以便相互拓宽沟通渠道,改进工作,提供更优质的档案服务资源。

(2) 创新服务模式。档案展览及有关网上编研成果显示,用户对信息的需求更加个性化,档案展览、信息服务在顺应时代潮流中发生了巨大变化,从而形成创新服务模式。一是社会化媒体服务,是社会媒体利用互联网技术产生的新型在线媒体,给用户以很大的体验空间,互相之间交流、分享观点和意见。社会化媒体所具有的共享性、参与性、交流性等方面,在档案展览(包括档案服务工作)中起到越来越大的作用,传播的范围广,资源需要量在不断增大。二是个性化服务,随着信息化技术的广泛应用,档案的信息服务方式由传统手工服务方式向网络信息服务转变,可以更多地追求个性化和自主性,档案信息网站利用信息资源的优势,能更好地满足用户的个性化需求,提供相应的个性化服务,使档案信息服务工作更具有"量体裁衣"的特点,使用户更好地利用档案信息服务。

一、档案展览的概念

(一) 档案展览的概念

1. 在档案学词典中的概念

(1) 把档案陈列出来供人们参观的活动。是档案馆向公众宣传档案的重要方法之一。

(2) 档案利用的方式之一。也是向社会广泛宣传档案与档案工作,增强社会档案意识的一种宣传形式。档案馆(室)为配合各项工作的开展,根据一定主题,系统地、真实地、形象地展示与介绍馆(室)藏档案的内容、成分。根据档案内容,可内部展出,也可向社会公开展出。

2. 在档案学教材中的概念

(1) 档案陈列展览是以档案实物、图表、照片等进行宣传的一种复合性的档案信息传播形式。

(2) 档案展览服务是档案馆(室)根据工作需要,按照一定的主题,展出档案原件或复制件,系统揭示和介绍档案馆(室)藏的一种大众化的、服务效果较好且吸引力较强的服务方式,同时也是一种很好的档案宣传方式。

(3) 档案展览是按照一定的专题,系统地揭示和介绍档案馆(室)内所保存档案的内容、成分的一种档案提供利用方式和档案宣传工作方式。

(4) 按照一定主题,系统陈列档案,向观众展出的一项工作。是通过档案进行爱国主义、历史知识教育和科学知识教育的一种有效手段。

3. 期刊文献中的概念

(1) 档案展览是档案信息资源开发利用的有效方式之一,它围绕特定的主题,将各种载体形式的馆藏档案向社会进行陈列和展示。

(2) 档案展览,是档案部门为配合某项工作的需要,按照一定的主题,对一定数量的相关档案文献或藏品,进行有目的的收集、挑选、制作、编排、布置、陈列,系统地揭示与介绍其内容和成分,形象地、艺术地展现在一定的场所,在一定时间内供人参观、学习、利用、欣赏的专门活动。

目前关于档案展览界定包含档案馆服务职能发挥、档案信息资源开发利用、社会档案意识培养三个角度,共同点是都认为档案展览是以陈列和展示馆藏档案内容为手段,具有系统性和专门性的档案宣传方式。

由档案展览的概念可知,档案展览由展览主体、展览客体、展览对象、展览方式、展览目的等要素构成,其中:

- 展览主体是档案馆(室);
- 展览客体是档案馆藏资源(既有档案原件,也有档案复制件);
- 展览对象是档案机构内部或社会公众;
- 展览方式是根据一定主题,系统地、真实地、形象地展示与介绍馆(室)藏档案的内容、成分;
- 展览目的是进行档案利用,推动档案服务,提升社会公众档案意识,进行爱国主义、历史知识教育和科学知识教育。

结合上述档案展览概念及要素,档案展览是指档案展览主体面向国家和社会需求,根据一定的主题或叙事逻辑展示特定主题馆藏档案资源的宣传服务活动。

(二) 档案展览的发展阶段

中国档案展览从19世纪末到20世纪,在内容形式管理理念上发生了质的飞跃,尤其是数字信息技术的应用,推动了档案展览工作现代化(见表1-1)。

表1-1 档案展览的发展基础

时期	时间	特点	例证
萌芽期	自档案产生到19世纪末20世纪初	档案展览从无意识的、朴素的、模糊的转向传达意图、宣教人民。	如唐朝的"曝书会";1912年,古物陈列所辟文华、武英二殿为陈列室,选展清宫趣味档案。
初创期	从新中国成立到20世纪60年代中期	利用档案进行文化宣传教育、爱国主义宣传。	1950年在北京故宫举办"中国人民解放军战绩展";1959年6月,国家档案局在北京举办了全国档案资料展览会。
停滞期	1966—1976年	"文革"期间全面停滞。	——
发展期	20世纪80年代至90年代末	逐渐复苏、渐入轨道、平稳发展,聚焦档案史料展览。	1996年9月,第13届国际档案大会期间举办了"中国档案事业成就展"、"中国文学艺术档案展览"、"中国档案印章展"、"建筑档案展"、"清宫茶道史展"等展览。
繁荣期	20世纪90年代末至今	在内容、形式和管理理念上发生了质的飞跃。	各省市和地区档案展览成为常态;国际档案日档案多元化展览方式。

档案展览的发展阶段变革与社会发展和变迁息息相关,从20世纪90年代末到21世纪,档案展览已发生质的飞跃,不难发现"数字信息技术"在其中的助推作用。可见,探究档案展览中的技术应用状况,既可以回溯我国档案展览发展历史,也可以预测和把握档案展览的现代化发展趋势。

(三)档案展览的类型与特点

当前,主要从展览时间、展览形式、展览单位、展览场所、展览内容等角度进行档案展览类型划分,不同类型的档案展览特点不同,对档案展览技术应用的匹配性提出了要求(见表1-2至表1-6)。

表1-2 从展览的时间角度划分

	内容	特点
长期展览	陈列本馆(室)保存的有关国家、民族或本地区历史的珍贵档案文件,使人们一进入档案馆(室)就对馆藏档案的范围、特点及其价值有大体了解,引起社会对档案部门的注意。	展览周期长,展厅相对固定,展览内容全面。
短期展览	临时展览是指档案馆(室)为配合某项工作和有关活动而举办的各种类型的短期展览,展出和陈列本馆(室)保存的全面、系统地展示反映某一人物、机构或事件的有关专题的档案材料。	展览周期较短,规模可大可小,场地可机动调整。

表 1-3　从展览的形式角度划分

	内　容	特　点
实体档案展览	指在现实世界中,在特定的地点举办的,以馆藏的文字、图片或静态实物(原件、复制件、仿制件)为展品的档案展览。	特定时空举办,以模拟态档案为主。
网络(虚拟)档案展览	将本档案机构的档案精品数字化,放在网络上进行展览,可以根据需要,及时专门制作,其主题可涉及馆藏各个方面。	打破时空界限,以数字态、数据态档案为主。

表 1-4　从展览的举办单位角度划分

	内　容	特　点
档案部门独办	由档案部门单独出资,自行采编、组织展品。	档案部门单独出资承办,展品来源单一。
多主体联合举办	根据不同的展览主题,档案部门与一个或多个相关部门联合主办的档案展览。	多个主题联合主办,展品来源丰富多元。

表 1-5　从展览的场所角度划分

	内　容	特　点
馆内基本陈列展览	是以档案馆固定的展厅为场所,以档案原件或复制品、仿制品为内容,揭示档案馆藏,系统地反映馆藏特色的展览方式,是我国档案馆实现社会教育功能的基本活动形式。	展览内容固定,常年展出。
馆外固定场所阶段性公开展览	由于馆内展厅条件的局限,一些规模较大的展览,需要在馆外选择、借用场所进行展出。	展览主题明确,展期具有周期性,可多场所同时举办。
不同范围的流动展出	根据展览主题内容所涉及的范围或针对的宣传教育对象,将陈列、展览全部或部分复制成可移动展览的形式,在市内、省内、国内、国外等不同的区域内进行展出或巡展。	专题档案定点展览和巡回展览。

表 1-6　从展览的内容角度划分

	内　容	特　点
综合性展览	展览的内容涉及各个方面,馆内陈列和网上展览一般采用此种形式。	内容丰富,主题多样。
专题性展览	指主题比较集中单一、举办时间相对较短、地点灵活的展览方式,是档案馆发挥社会教育功能的主要活动形式之一。	主题集中明确,地点灵活,展览时效性强。

根据以上基于不同角度划分的档案展览类型,不难发现当前我国档案展览呈现出时空交互、内容多元、规模灵活、协作筹办的特点。从不同类型档案展览的内涵及特点可知,当前档案展览中的技术应用尚未形成理论规范,可在一定程度上反映"技术并非

档案展览的决定要素,档案资源内容是档案展览中的关键要素",两者的主次关系会影响档案展览中的技术应用效果。

(四)档案展览的作用

(1)档案资源利用服务的有力手段。档案展览工作是档案资源集中、系统、全面展示的窗口。档案展览通过展出的典型档案材料,能以档案的原始性、真实性、可靠性和鲜明、形象的特点,给参观者以深刻、难以忘怀的印象。

(2)社会公众文化休闲的知识场域。档案展览相比单一文化博物展览具有独特之处。因档案独有的原始记录和记忆建构价值,档案展览活动将赋予社会公众独特的档案文化休闲感官。同时,档案展览中展出档案方式不仅是档案简单的陈列,多是采用多元叙事方式挖掘档案背后的故事,调动观众的知识记忆,激发观众的探寻欲望。

(3)档案馆形象塑造的重要窗口。档案展览具有宣传教育、学习交流、传播文明和文化休闲的作用。在新技术时代,档案展览依托技术策展、筹展、开展,举办开放、多元、有趣的档案展览,可以打破档案馆固有的形象,助力档案馆亲民形象的构建。

二、档案展览的分类

就档案展览(陈列)活动要求来说,总的表现内容应该达到主题突出、亮点显现、内容简洁、布局和谐。目前,档案展览分为以下几类:

(一)根据档案展览陈列内容可分为综合性和专业性展览陈列

综合性展览陈列又称为横向性展览,一般规模比较大,按行业(地区)划分展区,比较集中地反映一个大行业(地区)在各社会阶层发展状况,对今后发展有较大的引领或推动作用。而专业性展览陈列,突出特征是举办各类研讨会、报告会、行业研讨等,就经济效益而言,专业展览陈列活动高于综合展览陈列活动。如"江苏省纪念改革开放四十周年图片展""中国共产党在江苏"是综合性档案展览陈列活动,而南京云锦博物馆、苏州中国丝绸博物馆是专业性展览陈列活动馆。

(二)根据档案展览(陈列)活动时间可分为长期、短期、定期和不定期的展览陈列

长期展览陈列活动可以是一个月以上、一个季度、一年或更长时间;短期展览陈列活动一般不超过一个月;定期有的是一年几次或两年几次;不定期则根据主办者的需求或市场的需要而定。从展览的规模来分,主要分为大型档案展览、中型档案展览、小型档案展览。

（三）根据档案展览陈列活动场地可分为室内展、室外展和网络上展览陈列

室内展主要是较多的文字、图片和较小的展示陈列物品，而室外展则是除了文字、图片外，主要是较大、较重的展览陈列物品。如广东珠海航天航空博览会是以室外展活动为主的，当然它已超越档案展览陈列的范畴，专业性很强，是以航空器展览陈列活动为主体。室外展不但包括场外空地，还有空中飞行器表演等活动，随着互联网、5G、大数据等技术的发展应运而生，因此网络展览（陈列）活动又称为网络展览活动。通过电子微缩技术和模拟手法，配上生动的导游解说词，网络上展览（陈列）活动表现得更加生动逼真、更加神奇。

第三节 档案展览活动形式

一、直述型档案展览陈列

一般是以时间顺序为节点，反映历史重大事件的前后过程（发展过程），以文字、图片为主体，也有部分实物，少部分现场活动展示。如徐州淮海战役烈士纪念馆、南京民间抗日战争纪念馆、盐城重建新四军军部纪念馆、盱眙黄花塘新四军军部纪念馆等。

二、追忆型档案展览陈列

以追忆的手法，突出环境气氛，重现重大历史事件的现场情景（发生过程）。如侵华日军南京大屠杀遇难同胞纪念馆，在昏暗的灯光下，在悲怆的心情中，营造追忆当年侵华日军南京大屠杀事件，追忆被日军屠杀的三十多万遇难同胞的场面，揭露了侵华日军的残暴和法西斯的反人类犯罪行为。自纪念馆开馆以来，不论平时还是节假日，不论鹤发银须的老人还是儿童，不仅是国内参观者，还有众多的外国友人，都来到纪念馆参观、接受教育。国家专门设立了国家公祭日，南京大屠杀遇难同胞纪念馆是全国爱国主义教育基地。

三、综合型档案展览陈列

从社会（或大行业）各个层面，综合反映重大历史事件的发展过程。如北京国家展览馆举办"伟大的变革——庆祝改革开放40周年大型展览"属于国家综合型档案展览。如"江苏纪念改革开放四十周年图片展"，整个展览陈列划分为若干个区域，用前后对比以及实物展示的手法，分别逼真地表现了江苏省在1978—2018年这40年中，社会各阶

层、各行业的变化,从计划经济到市场经济,通过改革开放前后的反复对比,通过江苏省的变化缩影,展现了全中国改革开放取得的巨大成就。

四、混合型档案展览陈列

以文字、图片为引导,突出实物、标记、建筑物、旧址等,表现历史事件的情景和过程。以加强展览陈列的视觉,深化渲染展览陈列的主题效果,通过实物展示、旧址重现,使参观者重见历史原貌,久久不能忘怀。如南京中国近代史遗址博物馆(南京总统府内)、南京中国云锦博物馆、苏州丝绸博物馆等。

第四节 档案展览节事活动

一、节事活动

节事活动是现代城市展览活动的重要组成内容,中国是一个统一的多民族国家,包括汉族在内的56个民族中,节日、节事之多,精彩纷呈。节日相对平时来讲是一个特殊的日子,节日是为大众而产生的,节日活动具有一定的社会范围。我国历史悠久、民族众多,产生了各民族特色各异的众多节日,包括民族节日、自然界季节更迭、祈求丰收、崇敬英雄、谈情说爱、传统习俗、宗教信仰等与人民生活密切相关的节日。节日是中华民族历史的活化石,也是民族生活方式的集中体现,是历史文化的生动展示。

节事(Festival Special Event)是一个组合的概念,即节日和特殊事件的统称。我们说节事是面向人民大众,根据特定主题举行的日常生活体验以外的群体性娱乐休闲活动。其形式包括各种传统节日、比赛和新时期设定的各种节日及具有纪念性的事情。在我国,就节事来说,还没有完全成形的概念和理论体系,大致存在广义和狭义两种看法:狭义的节事即节事活动,指的是各种节日和庆典,包括周期性(一般是一年一次)的节日等活动;广义的节事不单是指发生的事件,也指一些内涵丰富多彩的项目,包括节日、地方特色展览、体育比赛、文化、历史等特色的或非日常性的特殊事件,本书中所指的节事是指广义的节事活动。

除了展览活动的一般性以外,档案节事活动还具有自身的一些特性,主要包括多样性、时效性、文化性、地域性、特色性等。在多样性活动中,如建党100周年,北京天安门广场举行了大型庆祝活动。在地域性活动中,江苏档案馆举办了"中国共产党在江苏"的档案展览等,既是地域性展览,也是建党100周年的中央和地方档案展览活动的交融。在时效性活动中,每年国家公祭日时在南京举办侵华日军南京大屠杀遇难同胞纪念馆纪念活动,是对 30 万遇难同胞的沉痛悼念,同时也是不忘国耻,反思了落后就会挨打的简单道理。每年通过这样一些活动(包括纪念抗日战争胜利展览),彰显中国共产党在抗日战争到解放战争中取得胜利的历史必然性。新中国成立以来,老一辈领导人毛泽东、邓小平、江泽民、胡锦涛带领中国人民共同奋斗,一代人干两代人的事,我国发生了翻天覆地的变化。尤其是党的十八大以来,我国在以习近平同志为核心的党中央领导下,中国人民从富起来到强起来的历史变化,也是在向建党第二个 100 年活动迈进。档案展览活动本身也是一项文化历史活动,在活动中体现了民族文化、节日文化、历史文化,对展览场地使用、周围商业活动的繁荣发展起到积极的推动作用。档案展览活动已成为国家到地方文化历史活动的表现形式,和珍贵的文化历史遗产展示方式。

档案的节事活动体现了二重性,作为档案工作者来说,既是档案主题节事活动的组织者,是该档案主题节事活动的参与者,也是该档案主题节事活动的学习者。每一次档案展览活动,凸现了"档案信息高度聚集"的显著特点和功能。我们研究和总结档案展览活动,一是为了促进档案行业信息交流,在举办活动中,折射出档案行业一些共同需求的功能,反映了档案展览行业的发展动向、行业内部的新格局和发展变化。尤其通过同行业观摩、交流、新技术应用,达到专业交流、协作,便于行业内容了解、互通情况。二是档案行业的形象宣传。通过档案展览活动,使参观者(包括网上展览)受到教育,达到展览、宣传的效果。将展览活动变成展览大舞台,使宣传教育程度不断深化。三是展览活动可以和研讨会、交流会等活动配套举办,使展览活动所起的效果更具长久性、综合性和全方位,使活动蕴含着不断拓展的时代精神和发展远景。

二、节事活动要素

节事活动的名称,首先要在语言方面,力求做到易读、易记,字义吉祥,启发联想;其次要在法律方面,具有特有的法律效力,在一定时间和地域内具有独特的效果,在行业内具有教育观众、引导行业进步的作用。节事活动的主题是节事活动成功的重要内容。一般来说,主题的选择有利于主题形象的确定,有利于后期的宣传推广,形成一定的客源市场。在主题选择上尽量做到特色与主题相结合,创建独特的主题。其一是挖掘与发展现有的主题。如国庆节、建党日、建军节、劳动节等,还有传统的节事活动,如我国的春节、元旦、元宵节、端午节、重阳节等,这些节事活动经过细致的梳理和主题策划,在内容上推陈出新,已经具备了好的主题。其二是创造新的主题。创造新的主题,要结合当地的文化环境、经济状况、交流条件、目标市场以及当地的风景、地质、运动条件、技艺、特产等因素,运用各种方法进行反复论证、反复推敲、归纳总结,如彰显中华历史的黄帝陵祭祀活动、屈原祭祀活动、孔子纪念活动等。节事活动的举办时间、举办地点,对节庆活动的成败十分重要;在一般情况下,一个单位很难完成一个完整的节事活动的举办工作,尤其是涉及一个地区的节事活动,这就需要多家单位联合举办。按照其在节事活动举办过程中的作用和职责范围不同,可分为主办单位、承办单位、协办单位和支持单位。

（一）节事的主办单位，是拥有节事活动的主办权，并对活动承担主要法律责任的组织单位。其职责包括：协助邀请相关领导到会，会议的开幕和闭幕活动，制定节事活动的热点内容，联系媒体宣传、发布通知、落实节事活动地点和时间安排，等等。节事的承办单位，是节事的具体实施单位，包括参会代表的安排，预定节事活动的场地，协助节事主办单位完成会务，布置相关工作，通信服务，现场接待，在活动期间提供便利条件，为参观该活动代表提供服务工作，等等。协办单位或支持单位，是为节事活动的实施过程提供协助和赞助的单位，其职责包括为主办、承办单位工作，献计献策，出人出力，等等。

（二）节事活动是为了达到一定的目标，在调查、分析有关材料的基础上，进行全面的构思谋划，选择合理可信的具体方案，通过对节事的安排和节事的设置，来达到对当地优势资源的宣传或者获得政治、经济、资源收入增加的目的。从目前档案展览节事活动运作管理模式划分，有政府主办模式；各部委、局及协会主办或与政府、地区联合主办的模式；政府引导、企业承办、市场运作的模式；完全市场化运作模式。

（三）档案节事活动具有强大的政治、经济联运效应，对主办城市具有很强的形象塑造作用，也可以提高城市知名度。如湖南韶山毛主席故居纪念馆、江苏盐城新四军纪念馆、江西余江中国血防展览馆、河南安阳中国文字展览馆。在正常的档案展览宣传内容中设立专项纪念馆，专人宣传、讲解，档案展览结合节事活动，对当地城市主题形象起到重要的整合宣传功效，不光弘扬传统文化，推动了当地文明城市建设，还改善了当地的基础设施，优化社会环境，给参加节事活动的人们留下良好印象，创造的效应具有连续性、后续性。

自新中国成立，尤其是改革开放以来，我国的档案工作得到迅猛发展，在稳定的社会环境和先进的信息技术条件下，显现出动态适应性发展。随着各种新技术在各个行业的运用，档案展览陈列工作得到拓展，档案展览宣传体系得到修正完善，档案展览陈列工作表现手法、管理模式和制度建设等方面将进一步规范发展。

思考题

1. 档案展览的概念是什么？
2. 档案展览的要素构成有哪些？
3. 档案展览的活动形式有哪些？
4. 分析档案展览活动与节事活动的特点及对环境、社会的影响。
5. 谈谈档案展览活动在城市展览业中的发展趋势。

第二章 档案展览要素

第一节 档案展览工作创新

　　档案是人类文化历史的产物，其不仅是实体性的存在，也是对于文化、历史和社会价值的确认。中国有着五千多年的文明发展史，由于历史文化的积淀，中华民族的档案资源，包括和档案资源有关联的历史记载资源（建筑、文物、物品、标记等），形成并保留传给后人的珍贵利用档案，它是历史的真实记录，也是中华民族和全人类的共同文化遗产。

　　马克思曾说过，我们的目的不仅仅是解释世界，而且要改造世界。档案资料也是这样，保存历史，记载中华文明，发挥社会资政的作用。作为新时代档案创新理论来说，我们要以记录的档案去展示现代需要传承的精神，为现代社会发展服务。一是要有深沉的家国情怀；二是丰富档案内容的发展内涵；三是通过档案内容情节展览，彰显时代风采及人物形象。通过互联网＋，在大数据时代，以深厚的实力谋划展示，创造出具有中国特色、时代风貌、民族风格的内容，带给观众一场场与众不同的视听盛宴，使档案的每一次展陈活动具有厚重的文化感和历史感，使档案展览工作通过时代烘托，渲染工作，创新地走出一条新时代形象感人、催人奋进的工作新路。

　　在档案学中，档案展览（陈列）是一项新的内容，下面就档案展览来看一看创新的思路。

　　其一，档案展览的主题构想。在整个展览活动中，展览（陈列）内容是有意识的构思过程，也是在有意和无意中交替进行的。如果用一个公式来说明这项展览设计的思维过程，那就是：

意——思——形——思——意

　　意：特定的信息、概念内容、含义、思想等。

　　思：在对"意"分析、理解的基础上进行的构思和对视觉形象、表现方式的寻找。

　　形：通过一定的形式法则塑造出新的视觉形象。

　　思：观众通过对"形"的视觉感受而被唤起的情感、思维活动。

　　意：使最初的"意"得以传递，这种传递后的还原并非完全重合的还原，而是提炼、开拓、升华和再创造。

前三项是转换和表现的过程,后两项为还原和再创造的构成。寻找"形"和"意"的必然联系,不可强求,不可生搬硬套、牵强附会,即可遇而不可求,这"遇"字具有自然、贴切,恰到好处,令人观后叫绝的内涵。

其二,原创和开拓。构成档案展览设计大师的智力结构包括敏锐的观察力、高度的记忆力以及丰富的联想能力。档案展览设计时的敏感性主要表现在对客观事物的观察、积累、感知能力及开拓创造。法国雕塑家罗丹曾说:"所谓大师,就是这样的人:他们用自己的眼睛去看别人见过的东西,在别人司空见惯的东西上能够发现出美来。"

下面我们做两个快速反应练习,体会关于问题的"形"和"意"、原创、开拓的"解"法。

例1 在汉字"日"上展开联想,加上一笔变成一个新字。按要求在"日"字上加一画,变成另外一个字,"田、申、白、旦、电、甲、由、旧"等是最顺向的思维,但没有最新意的解法。

日 田 甲 由

同样运用改变方向和延长的方法,一个来自广州的学生给出了答案:甲(yuē)由(yóu),在粤语中经常使用,就是蟑螂(小强)的意思。

口 在"日"上加一笔白色的横

我们总习惯白纸黑字的思维,如果加的不是黑色的一笔呢?上图是用白色在日字中间画一横,使之变为"口"字。

E 在"日"上加一笔白色的竖

同样的方法,我们还可以得到英文字母"E"。这里"字"的概念就不仅仅是汉字了,扩大了字的范畴。

日 田 中

上图是经由改变文字的方向,再进行延长得来的解——"中"。

通过"日"字加一笔变成新字的练习,我们发现设计的解法要宽泛和有趣得多。改变观察的视角,突破旧有经验的束缚,让思维放飞,就能得到原创和独创的解法。

例2 拓展式选择题

从【1】、【3】、【5】、【7】、【9】五个数字中,选三个数字,使下列计算式成立。

【 】+【 】+【 】=10

如果按常规的算法,很难选择三个数使此计算式成立,在思维拓展中,将【9】倒过来变成【6】,可以保证此式成立,那就是:

【1】+【3】+【6】=10

在日常生活、工作中,原创和开拓来源于个人对日常行动的细致观察、知识积累、思维拓展、升华创造。我们要从中华悠久文化中汲取营养,学习先进的外来文化,打破习惯性思维的束缚,展开丰富的联想,在自由和规则、诗意和秩序之间选择凝练的视觉语言,提升创造力。在档案展览活动中,要用丰富的中华文化历史宝库知识为展示内容增色添彩。

其三,视觉交流。视觉就是人们(包括动物)通过眼睛这一器官对周围事物形状、大小、明暗、动静以及颜色的感知,也可理解为人们(包括动物)对光的感知。视觉是人们最重要的感觉,有80%以上的外界信息是经视觉获得的。视觉交流也是眼神交流,通过眼睛在表情中的特殊作用,表达一种或多种心情或信息。其归于肢体语言的一个方面,是人类特有的传递信息的方式。

对于展览(陈列)设计师来说,视觉认知,接受信息、存储信息和加工信息时涉及的一切心理活动,如感知、回忆、思维、学习等方式,是人类特有的传递信息的方式。理解视觉对外界实物的感知,与观察者的个人视觉和心理有很大的关系。可以说,视觉是有选择性的,是奇特的,同时也是迷惑的。如中国古代的《五子十童图》(图2.1):

图 2.1　五子十童图

这里有五个头,却可以数出十个孩子。这幅图形中,蕴含着中国人的智慧,共生形的运用,使得十个孩子的形象跃然纸上,生灵活现。

这是一个容易让人迷惑的视觉图(图2.2),两个内部的圆大小完全一样,但一个圆被几个较大的同心圆包围时,它看起来要比那个被一些圆点包围的圆小一些。

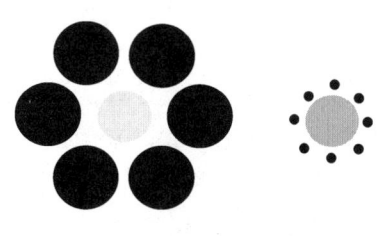

图 2.2

其四,设计的创新。一般的展览设计要强调展览活动的独立性和个性化,它不光包括艺术手法的独特,还要有时代设计的补叙,它有更广泛的受众,并且一切以文化历史为背景,推动社会发展。

如何创新?

一是向传统学习。中国有着历史悠久的文化,这不仅是物质的简单堆积,而且是一部活生生的创新历史,不论在建筑、服装、壁画、雕塑还是工艺品设计等领域,都有辉煌而不断进步的历史。德国艺术设计教育家、卡塞尔大学教授马蒂亚斯(Mathias)参观了湖北、陕西、四川的博物馆后说,欧洲人的设计创新历史应该重写,创新设计史并不是始于欧洲,而是早在3 600年前的殷商文化之前的中国,四川省广汉市的三星堆,就是最好的证明。日本学者福田繁雄(世界著名平面设计师)在回答中国学生"创新的源泉"问题时,认为自己的创造成果大多数与中国文化有关,20世纪60年代初,中国动画片《大闹天宫》中的孙悟空就是最为直接的创造性偶像。向传统学习不是就传统而传统,而是在吸收历史文化营养时,我们要保留自己作品的特色个性。"民族的就是世界的"这句话诠释为,越是个性化、特色化,就越会被全球更多的人所接受。

二是向生活学习。在学习绘画、素描时,当绘画线条表现得极其单调时,老师会对学生说,不能光对着石膏画、对着静物画,而是要到社会的百花园里去,到大自然去,奇花异草会丰富你的表现力。不论是甘肃敦煌的飞天艺术、藏族的唐卡,还是蒙古族、维吾尔族的大草原……只要迈开脚步到民间,通过细微的观察、精准的描绘,就能使中国的传统艺术表现随时展现在你的笔下。在传统设计中,中国文化元素随处可见,人们对于事物的理解、寓意往往成为我们的设计特色。如果我们勤于积累,对生活勤于观察,设计的灵感就会随时出现。

三是向先进学习。在一般的常规的展出活动中,为什么一些设计人员更多地使用一种雷同化的"国际语言",而缺乏中国特色(或地方文化特色)？一些设计师不愿意发挥潜在的创造力,接受任务后,一头扎在外国的画册里,盲目借鉴。世界优秀文化是世界共享的资源,应当向先进文化学习,在前人研究成果的基础上继续前行。但不是盲目借鉴,而是有目的地消化吸收,丰富和发展我们的文化内涵,将每一项档案展览活动搞好。

第二节　档案展览服务要素

近年来,随着城市化进程加快,大数据、云计算、互联网＋等技术发展,各种历史和现代主题研究工作的兴起,尤其是党的十八大以来,新理念、新发展、新途径、新创造不断涌现,通过各级档案工作者及档案界学者共同努力,档案展览工作走出了一条创新发展之路。我国各级行政管理部门通过对城市、农村国土资源、市民环境、社会文化结合数字化、网络化、智能化、人性化管理,城市、农村达到的管理工作更加高效,逐步实现了人民生活舒适文明、资源利用更加充分,在中国现代化发展进程中,人与自然的环境和谐共生,人类文明的发展不断演化,全球化、信息技术飞速发展,档案展览(陈列)的科学技术不断得到应用和突破。2016年4月,国家档案局发布的《全国档案事业"十三五"规划纲要》提到,档案部门应积极应对新技术、新生态、新模式发展对档案工作的要求和影响,创新档案管理理念和管理模式,有效提高档案管理在公共服务中的认识度、社会的普及度和用户的满意度。档案展览工作要实现理想的服务效果,首先需要明确档案工作服务要素的基本问题:一是谁来服务,服务导向档案工作服务的主体和服务者是谁?二是为谁服务,服务的供给对象是谁,他们的需求是什么?三是服务什么,服务内容有哪些?四是如何服务,服务的技术包括服务的策略、政策、技术、方法、措施等。由此也构成了档案展览工作的五个基本要素:形成服务主体(档案馆)、服务客体(档案用户)、服务内容(档案资源)、服务策略(信息技术)、服务系统(交流互动)工作链(见图2.3)。

图 2.3 档案展览工作服务要素图

1. 服务主体——档案馆

服务主体是档案展览活动的组织者和实施者,也是构成档案(展陈)活动的要素,它既是指一种制度安排或大众形象存在的机构,也包括依托于该机构的工作人员。从《中华人民共和国档案法》到《中华人民共和国政府信息公开条例》,从"五位一体"到"三个体系",档案馆作为公共信息服务主体的地位毋庸置疑。作为服务主体,档案馆及其工作人员要积极主动参与档案展览活动,利用服务的相关因素,深入挖掘,整合档案资源,及时调整改进服务策略,满足档案用户的信息需求,推进技术信息服务,使档案馆成为现代城市建设的重要参与者与服务者,使档案展览(陈列)服务上升为城市发展中不可缺少的重要因素。

2. 服务客体——档案用户

服务客体是指信息服务产品的使用者,是档案信息服务横式中必不可少的要素。档案用户与用户需求是档案信息服务活动的原动力,解决城乡发展中用户的信息需求,即为档案用户提供高质量的信息产品,时刻关注档案展览的用户的信息需求(见图2.4)。

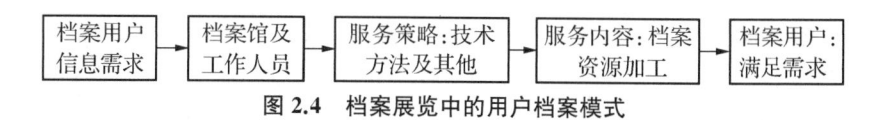

图 2.4 档案展览中的用户档案模式

3. 服务内容——档案资源

档案展览(陈列)工作服务内容即确定的信息服务产品,档案资源是档案馆为档案用户提供服务的主要资源,其内在结构和外在形式也决定了档案展览活动的技术应用与策略选择也是城乡建设和人民群众的需要,是对档案展览服务提出的新要求,是档案资源为信息服务的要素。

4. 服务策略——信息技术

服务策略是档案展览工作中争取的技术政策、办法、措施,也是档案展览服务工作实现的条件和支撑。随着我国现代云计算、移动互联网、大数据等信息技术的发展,作为新时代档案创新理论工作者来说,运用现代信息技术围绕用户需求有针对性地对档案资源进行知识挖掘,对档案资源进行深层的信息开发和知识加工,不断挖掘档案的价值,努力将海量档案资源变成活信息,把"档案库"变成新时期的"思想库"。我国各级档案管理部门及相关业务部门应加强档案展览工作基础设施,利用信息化工具,打造档案展览陈列工作平台,实现自动化、智能化、现代化。

5. 服务系统——交流互动

在档案展览陈列中,信息技术应用是一项主要内容,也是今后重要的发展方向;通过与档案用户进行交流互动,了解人民群众对档案展览的需求,是推进档案展览陈列工作的主要途径(见图 2.5)。

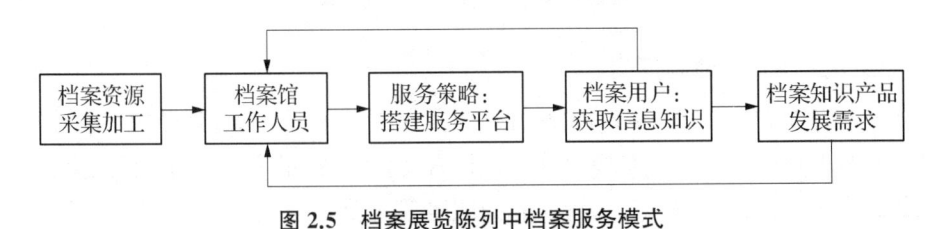

图 2.5 档案展览陈列中档案服务模式

综上所述,档案馆、档案用户、档案资源和信息技术是档案展陈工作中的四要素,随着互联网+和各种新兴技术发展,档案与用户、技术与信息的集成度将更高,在这种新技术环境下,档案展览服务模式出现交流互动、动态感知的态势(服务平台),整个档案(展陈)服务工作产生更快捷、先进、多样化的服务新模式。

第三节 档案展览活动策划

第一,随着现代科学技术不断发展,档案展览(陈列)工作在实际策划系统中有多种方法,但最常用的是策划树方法。策划树方法适用于策划过程,是一种有序的概率图解表示,因此,策划树方法又称为概率分析策划。策划是将一系列具有风险性的抉择环节联结成一个统一的整体,为策划者提供一种通观全局又能分部描述的方法。在电脑操作中,随机调整也很方便,因此该方法在纪念馆、博物馆的历史记载、文物展览及陈列纪念活动策划中运用较多。

策划树表示为一种树状的图示,图示上的各个节点称为策划环节,策划环节上有两种情况:一种是可以由策划者凭主观意志做出的策划环节,称之为主观抉择环节,在策划树中通常用方块表示。另一种是不能由策划者主观意志抉择环节,称之为客观随机抉择环节,在策划树中通常用圆形表示。对于从策划环节出发可能出现的情况,在策划树模型中用箭头表示,箭头指向下一个策划环节。这样就可以将各种可能性全部联结在一个树状的图示中(见图 2.6)。

在图 2.6 中,A 点就是策划树基点,从其引出的各条支线称为方案枝。从 A 点可以引出两条方案枝或者说有两种可能,这两条方案枝分别达到 B 点和 C 点,如果通

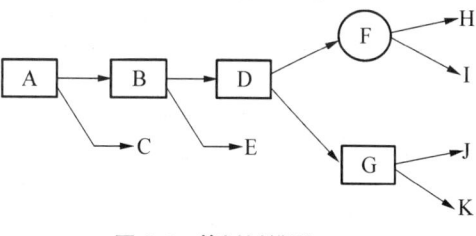

图 2.6 策划树模型

过分析认定 C 点所代表的情况不可能出现,则可以不再继续分析下去,而专门从 B 点再往下一步发展情况。

从 B 点还可以引出两条方案枝,即可能出现 D 点和 E 点,所分别代表的两种情况,同样可以排除 E 点,再继续分析从 D 点引出的方案枝。

第二,档案展览(陈列)工作通过有效的策划,力争达到计划目标,而顺利完成整项展览活动取决于各个子项目的支持,每个子项目在整体展览活动中,由承担各个子项目的每个人来完成。图 2.7 表明档案展览活动整体策划与子项目关系。

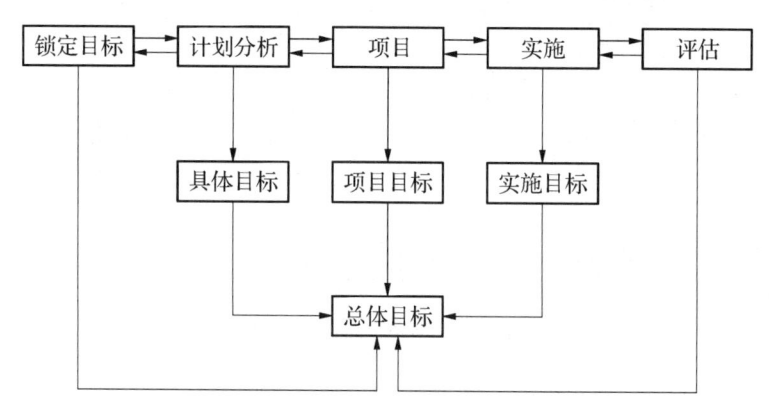

图 2.7 档案展览整体策划与子项目关系

从档案的展览工作看,首先确立项目目标体系,制定总体目标,就是从总目标到子项目(即各部的工作目标)的总体策划。其中,纵向为目标的分解集合,横向为目标的协调组合,由此构成档案展览工作的整体活动过程。在这个过程中,决策者团队需要协调各部门人员工作,合理分解总体目标,处理各项分目标,处理好主要目标和次要目标、短期目标与长期目标的关系。

第三,从档案展览工作来看,某项档案展览活动工作决策可以分为两大类型决策模

型(经典决策、行为决策),笔者推荐给大家的是经典决策模型(图2.8)。这是一种常用的容易上机操作、方便快捷的经典决策模型,把实现既定目标的机会最大化,探索所有备选方案,我们引用最多的是六个步骤:明确问题(目标或项目),提出方案,评价方案,筛选方案,决策实施及决策评价。

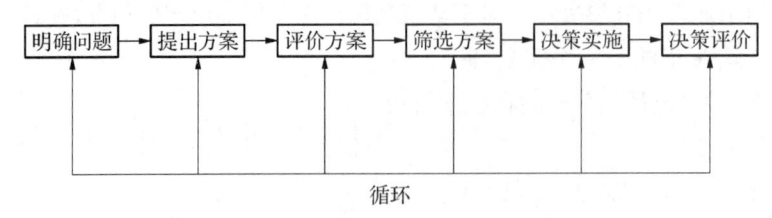

图 2.8 档案展览经典决策模型图

第四节 档案展览过程分析

一、档案展览工作程序(图2.9)

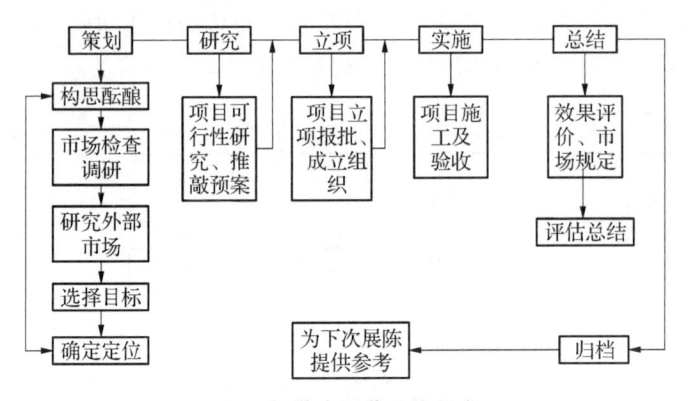

图 2.9 档案展览工作程序

二、档案展览过程分析

1. 表2-1"过程(一)"

策划工作为展览工作构思酝酿,主要实行走出去的方法,进行市场调研、创业调研。创业调研包含档案资源、展览资源相关情况调研,在调查研究的基础上,确定主题目标,创新构思,为下一步制定预选方案做好准备。表2-1"构思酝酿"中明确档案展览工作目的,进行创造性构想,首先是政治先导,社会价值第一,社会价值体现在社会观众的影响和在同行业中的引领作用。

表 2-1　档案展览陈列的过程分析

过程(一)	过程(二)	过程(三)	过程(四)	过程(五)
构思酝酿	可行性研究	立项	实施	总结
市场调查	初步设计	策略方针	方案施工	双向分析
概念生成	可行性论证	明确主题	协调管理	综合评价
确实需求	比较剖析分解	编制预算	验收预运行	效果验收
提出构思	定性定量	组织筹备	系统运作	总结报告

2. 表 2-1"过程(二)"

可行性研究是搞好预选方案基础,根据现有档案及可调用的档案资源,开展档案展览工作。可创新研究,引进同行业比较,参照相似创业,进行解剖、推敲,成立相关组织,集思广益,为写出可行性方案打好基础。表 2-1"可行性研究"中决定主题及整体形象,除彰显档案展览活动的自身价值外,通过主题展览陈列,突出所承载的文化历史信息,通过交流、沟通与传达衬托主题形象,为中华文化传播与融合提供最好的整体形象。

3. 表 2-1"过程(三)"

确定主题目标,修改、写好档案展览工作预案。成功的档案展陈工作取决于一系列内部和外部的正确决策,而决策的正确性来自对档案展陈工作和档案信息资源的完整性、正确性的分析与判断。表 2-1 立项工作中主题明确,突出亮点。在档案展览活动中,应该有重心、有亮点,重心和亮点应服务于展览活动,可通过位置、布置、灯光、色差等手段,突出重点。传统的展览(陈列)设计,如庙宇、宫殿、博物馆等,要强调永恒、壮观、权威等。但在一些专题展览(陈列)活动上,展出主题在很大程度上要调动观众的兴趣和反应,引起观众的注意、共鸣,并给目标观众留下深刻的印象。

在档案资源、主办题目、策划水平、组织能力、展会规模等确定后,重点是了解自己,了解本组织有关情况,包括本组织的社会地位、经济实力、办展情况、策划能力,以及展会的生命周期。

4. 表 2-1"过程(四)"

档案展览活动与现场施工是密切相关的工作,设计施工工作的质量对档案展览工作的外观效果有着关键性作用,在一定程度上影响下一步工作效果。

三、档案展览活动提示

1. 档案展览活动形态

眼睛是人的心灵之窗,大脑获得的信息大部分是从视觉得到的。在正常情况下,经研究认为,除了用眼睛来观察,还要通过听觉、触觉、运动觉等来加深对展览活动的理解。一是自然形态。从路边的小草、花朵到参天大树的组合形态,经过千百年物种进化进程,植物存在变得十分和谐有趣。通过对自然形态规律的研究,激发创造美感,探索自然美形态与人们的性格的联系,加强历史档案与现实、时代的联系,创造出现实的新的形式。二是人造形态。人造形态分为具象形态和抽象形态,体现的是思维的创新和能力的创造。人造形态是满足功能需求和审美需求的创造物,带有明显的时代特征。如敦煌壁画中的飞天造型和甘肃省博物馆的马踏飞燕造型等。三是艺术形态,是一种注重历史和时间的积淀的形态,被人们认可的形式。如国画、油画、版画、剪纸、雕塑等形式,都是人类各个民族共同的文化艺术成果,我们要从前人创造的艺术品中吸取营养,从前人的成果中受到启发,激发自己创作形式的灵感,为新时代、新发展增加新成果。四是材料肌理,肌理是物体表面的纹理,是材料的外表。各种形式的材料广泛用于建筑业,室内的装潢、物品的装裱、服装的装饰,不同的材料会产生不同的肌理变化。合理地利用材料肌理,可以创造出多种物体的外在形态。我们通过视觉方式设计,表现出一种创造性活动的全过程,再通过精心施工,达到预期目标,展现出现代形式的发展和进步。

2. 档案展览(陈列)活动与管理

一是招展宣传方式,宣传规模根据所需要的财力、人力,宣传工作要提前,宣传方式一般为内部通告、记者招待会等。二是社团管理,是展览(陈列)活动的重要组成部分,贯穿整个展览陈列活动的始终,通过开会,培养集体观念及互助精神,布置工作,明确定时检查及发现问题,借鉴学习指导整个管理工作,制作档案展览活动的内容目录,包括主要档案展览活动的目的、内容、规模、现场平面图,网上展览模拟,管理人员的接待纪律,工作职责要求等。举办相关的研讨会,继续促进展览(陈列)活动的深入发展。三是展览活动的安全措施,从大的方面来看,整个展览活动现场的安全措施很重要,一些贵重物品的参展都要做好展品的标记和定时查看登记,在常规情况下,利用报警器保护展品,重点展品要有安全防盗、防火、防破坏措施,如防弹玻璃或配置保险箱锁的措施等。组织专职安保人员,利用可靠的安保措施确保展品的安全。

3. 在表2-1的"过程(五)"中,主要工作是展览(陈列)活动工作组委会的总结工作,评价总结是展览活动的组成部分,是对展览(陈列)活动总体环境和参展整体过程的评价与总结。它的作用和意义在于对展览(陈列)活动效能、社会影响、行业引领进行评价,通过总结经验,发现问题,改进工作,审计财务状况,为今后档案展陈及相似活动积累宝贵经验。

思考题

1. 档案展览活动创新要点有哪些?
2. 档案展览服务要素包含哪些?
3. 简述档案展览过程。
4. 简述档案展览活动和管理内容。

第三章

档案展览场馆建设

第一节 档案展览的文化展示

一、概念特征

"展示"(display)一词来源于拉丁语名词"diplico"和动词"diplicare",表示思想、信息的交流或实物产品的展览。所谓"展",就是陈列、展示;所谓"览"就是参观、观看;所谓"会"就是为了实现某种目的集中到一起进行交流。展览是指在特定的地点和期限内,有组织地陈列展示产品,以达到信息、商品、服务交流为最终目的的中介性社会服务。

人类的文化展示活动源于人类认识和改造世界的需要,人类认识自然、社会要依靠视觉和思维,从图形的写实到写意,到象征,经过图形文字到象形文字的过渡发展,从活字印刷到激光照排,现代展示技术的不断更新和发展,使档案的现代展示技术和中华文化发展紧密结合。大部分通过文化展示的展览(博物)馆常年举办,并相对稳定,诸如艺术、历史、自然、科学等属于文化范畴的展览。这一类型的展示与商业空间展示、其他专题展示大相径庭,其主要区别在于文化空间展示是一种提倡文化交流,保存艺术珍品、历史档案的传承的展示互动,多以展览(博物)馆的形式出现,且通常时间较长,有的甚至是永久性的展示。

二、发展过程

保存在岩壁、山洞、墓穴中的遗物,应该算作最早期的"文化空间展示",它比商业空间展示的历史更久远。人们在保存文化艺术精品时,不仅仅考虑流传后人,更要用异域文明展示自身(如敦煌莫高窟),这使得文化空间展示的范围更加广泛。尤其是文明飞速发展的近代,一些发达国家渐渐开辟出较多的档案、艺术、博物场馆,专门用作展示空间。中国有五千多年的文化发展史,文化古迹和史料众多,随着现代经济发展,各类文化展览馆的建设速度较快,推动了国内外旅游业和文化休闲活动的开展。

三、展览分类

不同性质的展览活动,它的设计形式有相同及不同之处。文化类的展览活动大致包括四种形式:档案历史馆、展览会、博物馆、艺术馆等。它们通常以图片、展品、模型、影视媒介等为典型特征,展示活动是常规、通用的。文化展示与艺术展示虽然同属于文化领域,但各自具有较强的专业性。

四、文化活动的展示设计

文化活动的展示空间,最典型的是会展展览馆、博物馆。"博物"作为一个词,最早出现在《山海经》,意思是能够辨别出多种事物。《尚书》中称博识多闻的人为"博物君子"。《汉书·楚元王传》中有"博物洽闻,通达古今"之说。国际上公认的人类最早的"博物馆",是公元前3世纪托勒密、索托在埃及的亚历山大城建造的一座专门收藏文化珍品的缪斯神庙。

在展览馆、博物馆、档案馆建设发展的历史中,展览馆、博物馆、档案馆的意义与功能也在不断地拓展。如1974年,国际博物馆协会第十一届大会通过的章程明确规定:博物馆是一个不追求营利的,为人类和社会发展服务,向公众开放的永久性机构,为研究、教育和欣赏的目的,对人类和人类环境的见证物进行搜集、保存、研究、传播和展览。"博物"的主题包含人文科学与自然科学,它的设计也是围绕"传播文化"这个主题展开的。

五、展览活动场馆的分类

根据各类展馆(或展览活动)不同性质的展出内容,它们的设计形式存在着很大差异,就文化展示而言,我们一般将展馆分为历史文化类展览、纪念类展览、艺术文化类展览、自然科学类展览等。

(1) 历史文化类展览。这类展馆(或展览活动)通常展示的是某个国家或地区的社会与文化发展的历史内容。展示通常是以历史时间为导线,通过各个历史时期丰富的文物实物、书画、图片、模型来展示某个历史时期的社会文化成就与社会风尚等。

(2) 纪念类展览。这一类展馆一般是以展示的方式纪念某个人物、某个事物或某个历史事件。展示内容以人物生平或事件发生的始末为主线展开。这类展馆具有很好的教育意义。展示内容是通过实物、图片、视频以及雕塑等展示媒介塑造某个纪念主题,并通过展示设计,在展示过程中强化纪念主题的氛围,使观展者从视觉到内心都能得到某种情绪的感染,以达到纪念的目的。

(3) 艺术文化类展览。这一类展馆展示的内容一般以物质文化和非物质文化为主。物质文化以古今中外的艺术珍品为主要展品,艺术品包括绘画、雕塑、手工制品和设计作品等。展品较为丰富,展示中力求将参观者的注意力吸引到这些艺术品上来。

非物质文化的展示,主要以各个地区的民俗、民风、民间工艺技能为主导。展示多以情景再现或现场表演等形式,将这种文化形象地表达出来,以达到宣传的目的。

(4)自然科学类展览。这一类展馆所涉及的内容很广泛,一般具有很强的科普性。因此在展示设计时,要强调科学性、趣味性与互动性,使参观者在接受科普教育的同时也能获得很大的娱乐性,增强科普的宣传效应,维持好展厅经营的持久性。

六、文化展示设计的特点

(1)根据大多数档案馆、博物馆和展览馆文化展示内容归类,以历史文化、艺术文化、自然科学、教育科技类为主,大多为体现某一地区或国家的文化和历史,以及某种物质(科技)的系统研究成果等,具有一定的权威性、科学性和教育意义。展品多为珍贵的文献、文物、珍品和研究精品或精致的模型。因此,设计中要充分考虑展品的安全性和展示空间物理环境的可控性。在展厅的空间组合上,一般可归纳为三种形式,即以时间为轴线的展示系统、以年代为轴线的展示系统、以学科或类别为主线的展示系统。

(2)展示空间固定且空间较大,由一个空间或多个空间组合而成,采用序列性的空间组合,展品陈列时间长,具有相对的固定性。空间设计要有连贯性、逻辑性和流通性。路线设计不重复,一般按年代或发展过程排列,追求一种历史的回归和自然的回归,在整体上强调宏观感和规律感。人流线路与展示内容按时间与年代的延续,以及各类别间(或各个学科)的某种内在或递进关系来进行安排。

(3)在审美设计上,突出展示品的自然美、历史美、科技美,强调一种回归感,使人们产生一种历史或自然的联想。在设计上多采用以下方式烘托展品,解析展示内容。

一是简约式。界面设计整体性强,无太多的装饰痕迹,色彩单一,多用白色或灰色作为墙体的主要色彩,地面用材一般是色彩淡雅(与家具色彩相配套)的花岗岩或木质地板,利用简洁的环境和灯光的照射,使观众将视觉注意力集中在展品上。常用于艺术作品、历史文化类以及自然科学类的实物展示。

二是趣味式。为了使观众对展示的展品或展示的知识内容发生特有的兴趣,在空间界面设计中,采用一些较为幽默的表现形象,配以较为醒目的色彩(或俏皮的画面)进行烘托。这种方式多用于自然科学类、科普类、青少年活动类的实物展出。

三是情景式。通过象形的手法,在展厅的界面上,用一定情景的图形(照片、壁画)和空间构架造型(展示内容所表现的虚拟真实空间景象),配合灯光、声响和模型来表现某个展示内容,使观众具有身临其境的真实体验,从而增强对展示内容的认知程度。这种方式常用于科普类、自然科学类、历史文化类的内容展出。

四是影视频结合式。展示界面将数码影视与壁面造型相结合,以影视频的方式展示主题内容,视频可以用组合的方式占据整块墙面,让其成为空间的视觉中心,可以用单机形式结合墙面造型固定放置,也可以观众自己操作,点击选择相关内容并查看。这种方式可用于科普类、自然科学类、历史文化类的内容展出。

七、展览设计中的照明

在展示设计中,会展空间由不同界面组合构成,界面通过表面材质来表达展品肌理与性能。从外形来看,陈列展品的表面取决于一种光照下的完美视觉效果,表面粗糙的界面材质给人以沉重、庄重、近距的感觉;表面光滑的材质,具有较强的反光性能,容易给人造成通透、远距等感受。因此,照明设计是展览活动中非常关键的一项。由于光照对文物具有一定的破坏性,通常情况下,这类展品展示的空间照明多使用便于控制的对展品无侵蚀作用的人工照明光源。在陈列空间的照明设计上,为了使展品突出,并有良好的展示效果,多采用局部照明方式,对展品采用有针对性的照明,强调展品的局部,强化照明,以突出展品的观赏效果和空间的视觉节奏感。根据展品的陈列形式,照明的方式分为顶棚照明与展柜照明,针对空间的营造,还要采取情景式展示场景的照明。

(1)顶棚局部照明(展柜照明),主要采用两种方式:一是在靠近墙面的绘画或陈列展品的正上方设计灯槽,对展品进行加强照明,这种方式适用于展位较为固定的陈列空间;另一种是通过设置在展品正前方或上方的投射灯对展品进行集聚照明,这种方式在照明上较灵活,适用于多种空间的局部照明。

(2)情景式展示场景的照明,一般是根据剧情要求,进行灯光配置。通过空间表现的灯光差异,使观众很容易对空间的室内外情况进行判断,灯光的光色要符合场景的设计要求。如:表现晴朗的天空,结合描绘在立面和顶面的天空绘画,用照度高的泛光灯照射,以模拟晴天的日光色彩;表现夜晚的星空,则用照度低、体积小的彩灯表现星星的闪烁,或用蓝色光源向上照射顶部空间,使观众通过联想产生空间的感觉。在选用照明灯具上,可使用一些舞台灯,作为空间情景展示的照明。舞台照明灯具的选用,要强调空间的舒适和高雅,让人产生超凡脱俗的空间感受。

八、档案展览文化设计提示

档案展览的文化活动展示,一般是以会展、展览会、博物馆等形式出现的。一般性文化活动展示规模不会高于世博会。我国于2010年在上海国家展览中心举办世博会。世博会是传播、普及和宣传科技文化知识的场所,是国际性的经济、文化、科技、艺术的大规模交流活动,展出最新的技术发明和创造,各参展方采用艺术化的声、光、电等现代科技手段,带给参观者不寻常的亲身体验,对传播各国文化知识和普及科学技术水平起着积极的推动作用,同时也宣传国家和企业的声誉与形象。文化活动展示,有图文交流展示、实物类交流、综合型交流展示等。开展一般的文化展示活动,也可以和商业活动一样,色调可以使用热烈的暖色调,装饰元素要选择人们乐于接受的吉祥喜庆符号来进行空间布置;但一些具有纪念性的文化活动,一般使用冷色调作为会场的主色调,主色调要与会场的气氛相一致。工业革命将世界从传统的农耕经济带入工业社会,会展展示也伴随着机器的轰鸣而诞生,因此,会展展示与经济活动有着密不可分的联系。所以,无论是商业展示还是文化展示,抑或其他的综合性展示,在举办活动时大多选择展览会的形式。相应的展览会通常是以租用展馆的方式来举办。通过展览会,推出商业产品或文化宣传,以达到推广品牌文化形象和科教知识,并获得社会反响的目的。展览会是目前涉及最多的展示设计项目,它的整个展馆展示格局分为两个部分:标准展位与非标准展位。需要设计的部分多位于非标准展位部分。非标准展位的设计要根据客户租用的展位面积与展位位置状况进行具体设计。

会展展示的设计特点如下:

(1) 展位的设计需充分考虑搭建与拆卸的时间。展示的时间有限定,一般展览会展示的时间通常在3—7天。整个展览会场呈网格状,将整个会场分割为多个矩形空间。各个参展单位可以根据自己租用的展位面积进行展示空间设计。设计师在展位设计时除需考虑展位空间造型及版面创意等方面,还必须考虑搭建与布展以及拆展所需要的时间。一般的展览会通常的搭建与布展时间为1—3天,拆展为半天到一天,因此,设计必须考虑如何在短时间内搭建与拆卸完毕。这涉及搭建的材料、形式等很多方面的问题。

(2) 每个展位的平面面积大约为3 m×3 m,展位的数量根据参展单位租用情况而定,同一单位租用的连续展位之间可将隔板去除,形成一个大的展示空间。小型展示空间一般为1—3个展位,中型展示空间一般为4—8个展位,大型展示空间一般为9—18个展位。一般国际通用的摊位标准为:3 m×3 m×2.7 m、3 m×6 m×2.7 m、3 m×9 m×2.7 m、6 m×6 m×2.7 m。

(3) 各个展示空间的装饰形式可以不同,但必须符合整个展会的要求。一些著名或大型的展会,一般都有展示宗旨、主题、展会标志等。展示设计力求活泼、大方、醒目和简练,具有强烈的视觉冲击力,力求突出展示品名和企业形象,突出企业文化和精神。

(4) 展示空间的设计中,一般都留有一定的空间作为洽谈区、表演区或零售区(视展示面积的大小来决定)。展示设计的功能区域要特别注重展台的色彩处理、灯光设计和空间造型以及展示的视觉效果。

九、档案展览的常用设计

(1) 采用灯箱式结构做空间造型,使展位空间处于一种明亮的状态。在造型结构上采用八棱柱展架或三通插接式框架结构,形成一定的空间形态,并在造型内部安装直管型荧光灯,外镶白色有机玻璃。当灯光打开时,可使展位通体透明,使人产生愉悦的轻巧感觉。同时,明亮的展位形象又可以很好地吸引观众的注意力。

(2) 通过与巨幅照片的结合,扩展展位的空间感。在展位造型中自然地融入具有一定视角的整体或局部照片,并配合如窗洞、门洞之类的辅助造型,在人的视觉上产生错视现象,从而利用设计扩展展位的空间感。

（3）利用槽灯照明方式扩展空间。在展示背景、地面或展示道具如展台中，安置一定的直管型荧光灯或霓虹灯，并面覆透光介质，使整个场地都亮起来，这会令人感觉展位比较宽阔和高大，改变展位的笨重感、压抑感和沉闷感。

（4）运用浅淡的色彩或透明材料来改变空间的压抑感。这是一种成本低且有效拓展空间感的方式，展位中的隔断、道具等均采用白色或浅色作为表面覆盖色彩，利用人对色彩的心理反应来增大空间的宽阔感。

（5）运用道具尺度的相应缩小来增加展位的空间感。这种方式是将展位内的展示道具与展示空间的尺度作一定比例上的调整，使道具的尺度在适用于展品的前提下与展示空间相协调，使观众感到亲切和舒畅。从道具的形状来看，展示设计的空间有点状空间、线状空间、面状空间、体状空间。点状只需要视觉单位足够小；线状则是有方向性、有长度且呈条状感，线型有直曲之分；面状是指由直线构成的多边形的面，比如三角形、矩形、五边形等，也有由曲线构成的面，如正圆、椭圆等；体状根据面的类型和面的数量的不同可分别围合出方体、球体、椎体、柱体，柱体又分为棱柱和圆柱两类等，这些林林总总的形状又分别有几何形和有机形两大类，甚至可以归为宏观和微观、意象、抽象和具象等。

（6）利用简洁的展品摆放和宽大的人行通道来扩大展位的空间感。当展位空间比较小时，在展品的选择上应更加典型，具代表性；展品陈列密度一定要小而少，道具的外形要"整"与"简"，不宜使用大尺度和色彩浓重强烈的图案纹饰，空间的整体风格要鲜明和简洁，在人行通道的尺度安排上比一般情况下要宽，这样才能在人的心理上产生宽大的空间感。缤纷静止的态，将衍生出无限的形，因此展示设计空间形态的种类是无穷尽的。

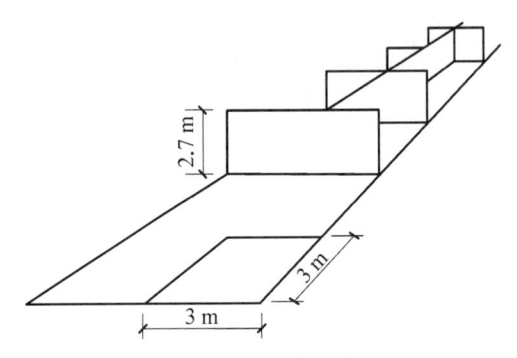

图 3.1 国际通用摊位标准示意图

十、展览展示的色彩设计

展览会中展位的气氛设计不可能像博物馆那样逼真，它主要通过大面积的色彩配合灯光的重点照明进行气氛塑造。

展览会中各个参展单位的展位各有特点，千姿百态，五彩缤纷。因此，从视觉突出的角度出发，要想设计的展位能具有一定的视觉吸引力，展示造型就不能太零碎，要突出整体性，各个造型间要有联系，如通过构架形式联系在一起、通过造型的渐变使空间形成整体等。同时，在色彩塑造上要单一，即选用一种色彩作为空间造型的主要色彩倾向，配合适当的材质，如木纹、玻璃、镜面等进行气氛渲染，强调空间的整体性。

在展位展示色彩设计时需注意以下两点：

一是一致性。为保持展示项目在业内长期一致的形象，通常会运用某个企业或产品的专有色和视觉印象固有色作为整个展示空间的主题色彩，它的主题色、形象色、立面造型和功能分布构架，均采用这种标准的风格色彩，细致到接待台、服务生服装及其配饰的色彩，均需保持一致性。

二是行业内的反差性。展位的主色调与周边展位的色彩产生强烈的反差，造成视觉上的突出感，这是突出展示的一个重要手段之一。

十一、展览空间的空间感塑造

空间感是人的视觉对空间环境物体产生的一种特有的思维反应，是人视觉的基本机能之一。老子在《道德经》中云："埏埴以为器，当其无，有器之用。凿户牖以为室，当其无，有室之用。故有之以为利，无之以为用。"其意指有了器具中空的地方，才有器皿的作用。而建筑有了门窗及四壁内的空虚部分才有了房屋的作用。空间里有的东西，我们就能利用；空间里没有的东西，我们要发挥想象，去创造东西。空间的布局即空间的关系，是构成围合与虚空的艺术结合。空间感的塑造更多地要从人的视觉与视觉环境的交互作用上去进行探讨，通过人的错觉来调整人对实际空间的感受，利用视觉对材质、色彩、尺度以及空间的错觉达到扩展空间感的目的。

1. **材质的错觉利用**

展览空间是由不同的界面组合构成的，界面通过物体表面材质来表达肌理与性能。人的视觉对界面不同材质的反应也是有区别的，表面粗糙的界面材质给人以沉重、庄严、近距的感觉；表面光滑的材质，具有较强的反光性能，容易给人造成通透、远距等感受。

在展览展示空间设计中，利用通透、光滑的界面材料可以引发人的错视现象，从而使有限的空间在人的感知度上得以扩展。主要可运用镜子、镜面不锈钢、玻璃、全景图片等通透材料和带一定透视角度的背景画来完成这种空间的错觉感，运用"全景式"的景观图片以及视屏，可很好地扩展展示空间的视觉进深，扩大空间感。

2. **"实"与"虚"的借景处理**

所谓"借景"一说，源于中国园林造景。中国园林在造景中强调"俗则屏之，嘉则收之"的设计原则，在设计上运用了借景这种"虚而待物"的虚实关系来有效地组织空间。

展示设计在运用借景手法时,不一定非要照搬中国园林造景中的造型手段,而是取其意,在造型和用材上简练大方,如使用透明材料或在隔断上设计出门洞等造型,以借用展馆内的景色来丰富空间,并根据具体的展示内容创造令人耳目一新的空间形象。如运用通透的字母,释放展区的围合度,使展区空间感外延。

3. 利用色彩调节空间

色彩之间的对比会使人产生一些特殊的认知,如距离感等空间知觉,不同的色彩给人的距离感是不同的。一般暖色系和高明度的色彩,如红、橙、黄等,具有前进、外凸的效果;而冷色系和低明度的色彩,如蓝、绿、灰等,具有后退、凹入、远离的效果。另外,明度、纯度高的色彩显得轻,明度、纯度低的色彩显得重。由此,我们在设计中要充分利用色彩给人的心理联想,结合展示对象的物质与特征进行空间塑造。

同样,我们也可以利用色彩的这些特性来平衡空间并在视觉上拓展空间。如利用同色的相邻界面来模糊展位的边界,使观者在心理上拓展展场空间;或运用色彩来转移人的视觉中心,使人的视觉集中于某个"点"上,而忽视空间的不足。如连续的曲面造型既使狭小简单的空间充满动感,又很好地暗示了主题,对展示的主体起了衬托作用。

4. 尺度的控制

空间尺度的控制是设计展览展示空间的关键。通常在设计中采用以小比大、以低衬高、界面延伸等设计手段来调节空间。多数情况下,较小的空间内,利用展品与展示道具、背景与展品、背景与道具、图片与文字之间的比例来调节空间的尺度感,并用设计手段改变空间感。为使空间显得宽大,通常使用尺度较小的展示道具作为展示空间的主要陈设,同时在字体、灯具、装饰物的使用上也选用小的尺度,使空间在整体上显得宽广,但使用这种方式的前提是展示对象也是小尺度的。

5. 照明的巧用

从人体工程学的角度看,光是吸引人视觉的最佳媒介。运用人工照明的抑扬顿挫、虚实相生、明暗对照和动静搭配,在设计中创造一种空间的秩序、节奏、构图和气氛,是塑造空间领域、改善空间比例、强调空间中心、增加空间层次、突出空间导向的重要手段。

在展览展示设计中,可充分运用人对光的反应来淡化空间的实际轮廓,在设计中加强局部照明,弱化整体照明。在整体照明上,使空间照度非常低,仅可以看出人影;而在局部照明上,则加强照度,强烈的光线不仅使观者的注意力全部落在灯光所照射的展示物上,而且在视觉上忽视了对空间的实际轮廓的关注。这种拓展空间感的方式同样可以运用到其他展示空间。各种不同的照明设计使展区的中心空间很好地成为人们的视觉中心。

十二、展览空间的人流导向、布展顺序

首先,根据展示活动所需要的功能来分割布局,麻雀虽小、五脏俱全,无论空间大小,都要根据展示活动的要求把功能一一规划出来,高效合理地利用好每一寸空间,尽量做到不浪费。空间的布局形式应根据展示面积、周边环境条件以及人流通道和各展位的位置、展品陈列形式等情况综合考虑。

展示设计首先需要解决的是空间设计问题。展示环境的空间设计是整个展示活动设计的大前提。在展示环境中,空间具有流动性,这是由展示空间的功能和特点决定的:在一定的空间环境中,设计具有一定序列和艺术形象的直观展示形式,确保观众以一种合理、有效的方式在流动的过程中接收特定的信息,这就要求展示空间的设计成为人与物之间彼此交往的中介,为展示活动提供一个符合美学原则的空间结构,使观众犹如置身于一个巨大的艺术空间之中,在其内部的流动之中感受时空的艺术魅力。

其次,通过展示活动前期策划的故事线来规划各局部的空间次序衔接,形成完整流畅的观展动线。参观线路的设计主要应遵循四个基本要求,即清晰、有序、便捷和灵活。清晰有顺序的线路比较适合档案馆、博物馆、纪念馆等展览陈列场地。这种线路往往会按照展馆参观内容的顺序来设计。人流动线是设计者在空间设计规划时,根据参观者的习惯和心理模拟制定的线路图,同时作为布置展位的空间和展示的位置依据。

参观线路大概分为两种:一是直线人流线路。直线人流线路的展区分为对称式布局和不对称式布局。对称式布局人流动线明确,但略显呆板;而不对称式布局人流动线较模糊,但空间有些变化,显得错落有致。二是环线人流线路。在一些三面围合的空间里,因入口和出口在同一侧,观众进入展区,经过环线流动后,又从同一侧出口离开。环线流动的展区,布局比较复杂,理想的参观路线,应能使观众按顺序遍观全场,尽可能避免观众相互对流或重复穿行。同时,还应注意空间大小和光线分布对整体空间格局的影响,从视觉上去引导观展者内心的体验感。

最后,造型的形态、色彩、材质等综合要素的运用,与空间布局完美地配合,也能增强受众视、听、味、嗅、触等多维度感官上的体验。空间布局设计图纸中的区域划分以总平面图形式呈现。在图面上要标出展览建筑或各区位的外形,部分标牌位置,方向指示牌,通道宽度,电源位置,电线、水管、煤气管线走向,绿化与休息区的分布,出入口及参观路线的设计等。另外,在图面上还应画上指北针和地面标高符号。

(一)空间的序列

空间的序列是依据人在某一空间中的活动顺序来设计的。作为以人的活动为主导的展示空间也必须遵循这种规律。广义上说,展览空间一般的序列关系为:大门入口→

序馆→按一定规律排列的大小展厅→结束语,但落实到具体的展示空间的序列安排,则又有一定的差异。

1. 起始阶段

起始阶段是一个展示空间的入口部分,这个阶段是整个空间序列的开始,是该空间用以吸引视觉注意力的重要阶段。通常在展示设计时,该阶段作为空间形象设计的重点部位,起广告设计作用。

2. 过渡阶段

过渡阶段在整个空间中起承上启下的作用,是序列中关键的一环。在设计中该部分可以作为主体部分的引导、启示,也为空间造型的高潮部分酝酿气氛,用以吸引观看者沿设计的路线前进。在大型展示活动中,过渡空间中也可以再进行一个或多个整体序列的安排,以激发观展者的情绪和好奇心,达到引导的目的。

3. 高潮阶段

高潮阶段是整个序列的中心,是空间设计的主要表达空间,其他空间的设计一般都围绕该部分进行。该空间是展示商品的主要陈列区,也是展示文化主要的表达空间,同时又是激起观展者思想共鸣的重要部分。这部分的空间用地应占整个展示空间容积的一半以上。

4. 终止阶段

终止阶段的作用是呼应高潮部分,并使空间产生很好的回顾,使人对高潮部分产生联想和追思。

(二)人流动线的组织

展示设计的关键点之一是参观路线的设计,这关系到展示的最终效果。由于人们习惯于沿着较宽的通道以直线顺流的方式对展示物进行浏览,因此,人流动线设计成为展示设计是否成功的关键部分。合理的流线安排,以及适时出现的视觉中心点,可以使观展者更好地接受被展示的物体,起到很好的展示效应。

在展览展示过程中,参观人群的人流导向、参观的顺序,是布展过程中最重要的基础内容(见图3.2至图3.4)。

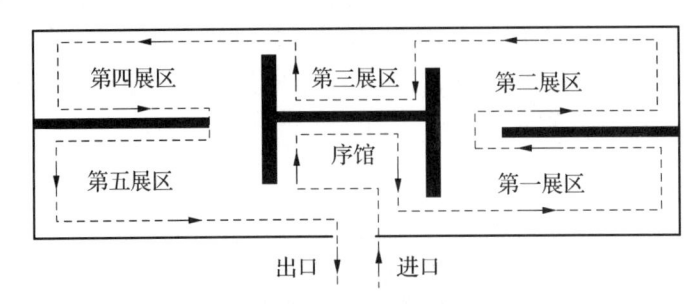

图3.2 展览陈列空间现场人流导向(1)

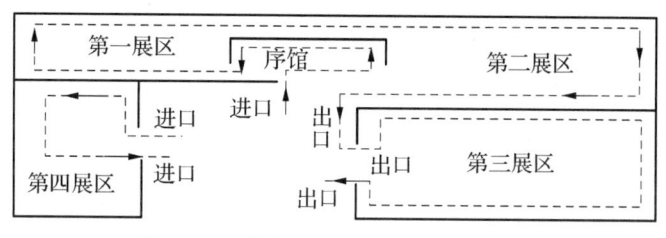

图 3.3 展览陈列空间现场人流导向（2）

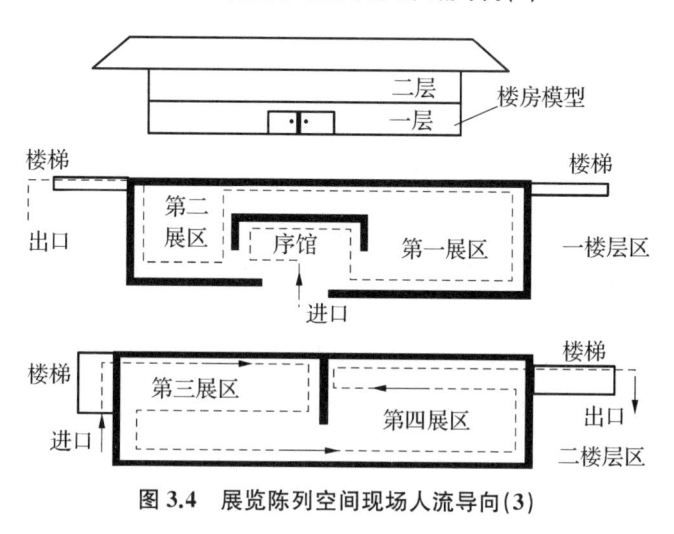

图 3.4 展览陈列空间现场人流导向（3）

第二节 人体工程学与展览设计

一、人体工程学的概念

人体工程学（Human Engineering），也称为人机工程学或工效学（Ergonomics），是探讨人们劳动、工作效果、效能规律性的一门学科。按照国际人类工效学学会所下的定义，人体工程学是一门"研究人在某种工作环境中的解剖学、生理学和心理学等方面的各种因素；研究人和机器及环境的相互作用；研究人在工作中、家庭生活中和休假时怎样统一考虑工作效率、人的健康、安全和舒适等问题的科学"。

二、档案展览陈列设计中的人体工程学

在展览展示设计中，人体工程学的各种尺度是确定各种空间设计和展具设计的基础依据。运用人体工程学的知识对尺度空间进行控制，可以使光照、色彩等更好地适应人的视觉，同时也能产生特定的心理效果。

1. 展览展示设计中的基本尺度

展览展示设计中的基本尺度主要包括展厅净高、平面尺度、陈列高度、参观通道尺寸和商业占道。其中,展示平面尺度是指空间的分割与组织的百分比,又称陈列密度。

(1) 展厅净高

展厅净高应大于或等于 4 m,过低会使观众感到压抑、憋闷。展厅较高的有 8 m、10 m乃至更高,适合大型国际博览会的展示需要。

(2) 平面尺寸(陈列密度)

展示空间中,展品与道具所占的面积,占展览场中的地面与墙面的 40% 为最佳,占 50% 亦可,但如果超过 60% 就会显得拥挤、堵塞。特别是当展品与道具体形庞大时,陈列密度必须小,否则,会对观众心理造成压迫感和紧张感,极不利于参观;而且当观众过多时,容易引发堵塞和事故。陈列密度的大小与展厅的空间跨度、净高度有直接关系,也受展品的性质、大小、展出形式以及不同观众类型等因素的影响。

(3) 陈列高度

商业展示区的陈列高度,因受观展者视角的限制,而产生不同功能的垂直区域范围。若按我国人体计测尺寸平均数 168 cm 计算,视线高度约为 150 cm,接近这一尺寸的上下浮动值为 85~125 cm,可视为黄金区域,可重点陈列,能引起观者注意。地面以上 80~250 cm 之间,为最佳陈列视域范围,一般陈列主要展品。125~140 cm 的高度范围比较容易看到和摸到,为有效空间;60~85 cm、140~180 cm 的高度范围是稍伸手或稍抬头就可以取到或看到展品的位置,为准有效空间;距地面小于 80 cm 的位置可作为大型展品的陈列区域,如机械、服装模特等,可制作低矮展柜进行衬托;距地面 60~70 cm 是稍微弯腰或稍微低头就可以看到展品的位置;距地面小于 60 cm 的位置低头才能看到,一般作为储藏空间使用;距地面 250 cm 以上的空间,可作为大型平面展品(如壁挂、大型喷绘画面等)陈列区域(见图 3.5、3.6)。

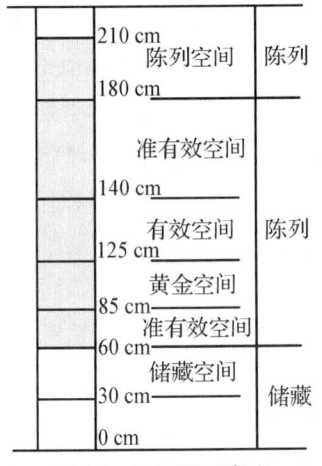

图 3.5 展厅陈列高度

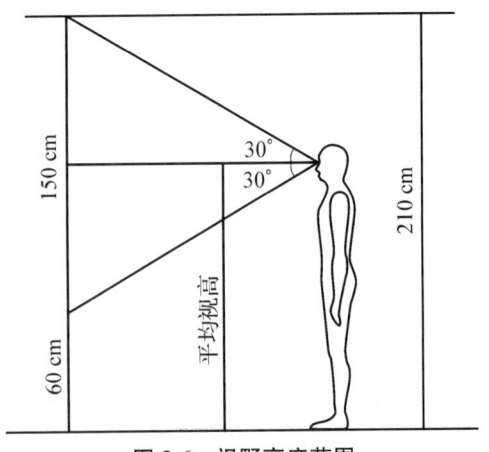

图 3.6 视野高度范围

（4）参观通道尺寸

参观通道的尺寸根据人流的多少而定，单个人流宽度按照普通人的肩宽加 12 cm 的空隙尺寸，即以 60 cm 来计算。主要通道一般为 8~10 股人流，尺寸为 4.8~6.0 m；次要通道一般为 4~6 股人流，尺寸为 2.4~3.6 m；需要环视的展品，周围至少应有 2 m 左右宽的通道。

（5）商业占道

商业占道的尺度由展品、环境、人以及道具自身结构、材料和工艺等要素所限定，其尺度标准的制定应综合考虑。厅堂内的挂镜线高度通常为 350~400 cm，国际惯例为 380 cm；桌式展柜总高约为 140 cm，底座为 100 cm 左右，内腔净高约为 30 cm；立式展柜总高约为 180~220 cm，底抽屉板距地面约为 80~180 cm；矮展台高度约为 10 cm、20 cm、25 cm 等尺寸不等，要视展品大小而定；高展台通常在 40~90 cm 之间。

2. 档案展览陈列设计中的尺度与人体工程学的关系

在展示环境中，人的行为包括走、立、观看、蹲、跳跃、拿取等基本动作，所以展示的空间尺度、展品尺度等应以人的身体和活动范围作为基本依据进行组织、设计、陈列。由此，人的身高体型也与空间尺度联系到一起，并且不同的文化具有不同的空间尺度模式，于是空间环境的尺度也具有文化内涵和人性色彩。

展览展示设计中尺度的含义就是空间界面本身构造的空间大小。作为尺寸的定制，人们对空间的感觉来自形成空间的各个不同尺寸度量的界面，材料本身也起到重要作用（见图 3.5 至图 3.9）。

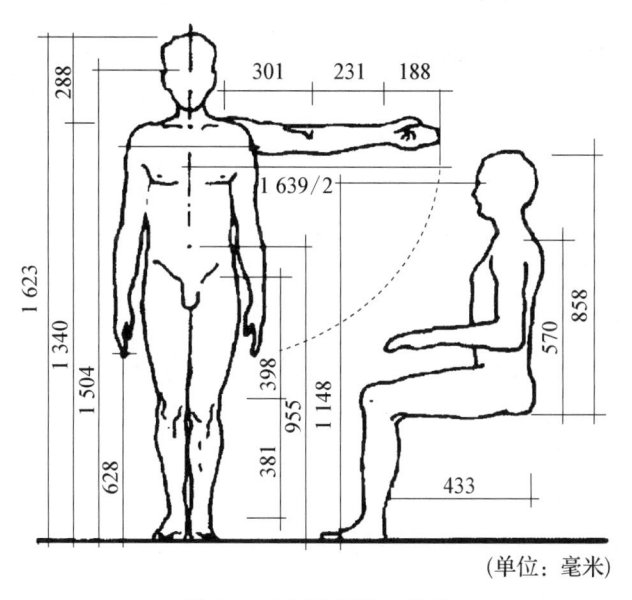

(单位：毫米)

图 3.7　中国老年男性尺度

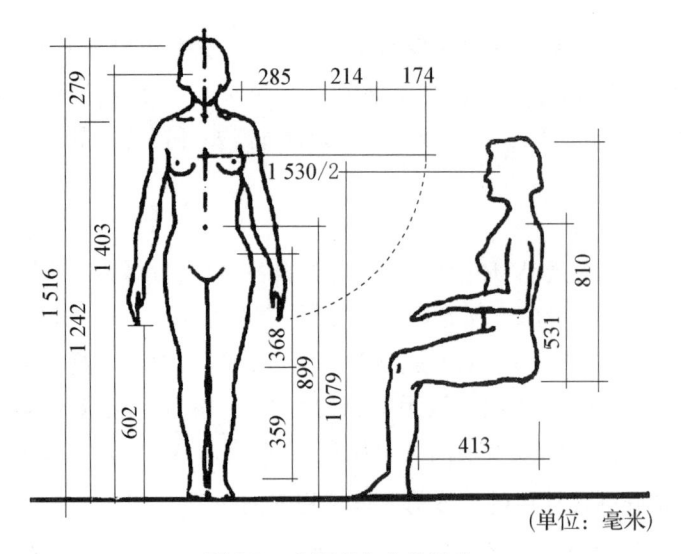

图 3.8　中国老年女性尺度

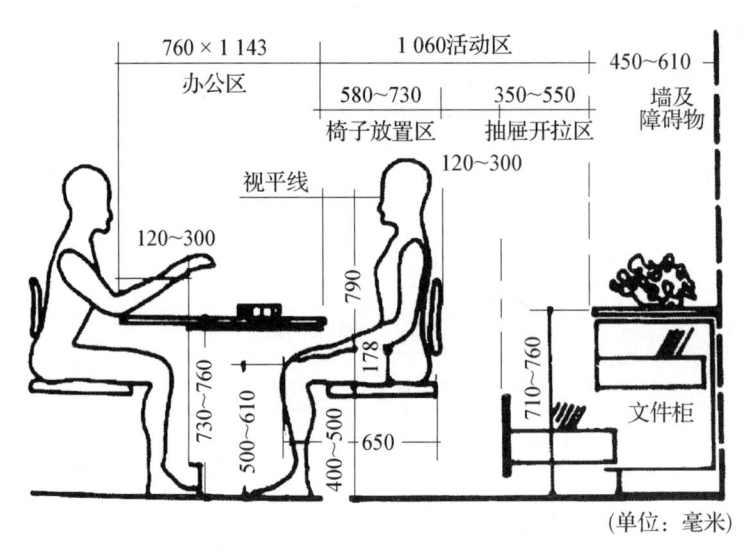

图 3.9　中国人平均坐立尺度

既然人体工程学和尺度要求都需要以人为中心进行规划设计,那么对人体尺度的测量显得尤为重要,对人的生理、心理两个方面可以进行静态尺寸测量和动态尺寸测量。

静态尺寸是指人体处于相对静止的状态下所测得的尺寸,如坐高、臂长、跪姿等基本尺寸特征(见图 3.5—3.9)。

动态尺寸又称机能尺寸,主要测量人体在执行各种动作或进行各种体能动作中的各个部位值,以及动作幅度所占空间的尺寸(见图 3.10、3.11)。

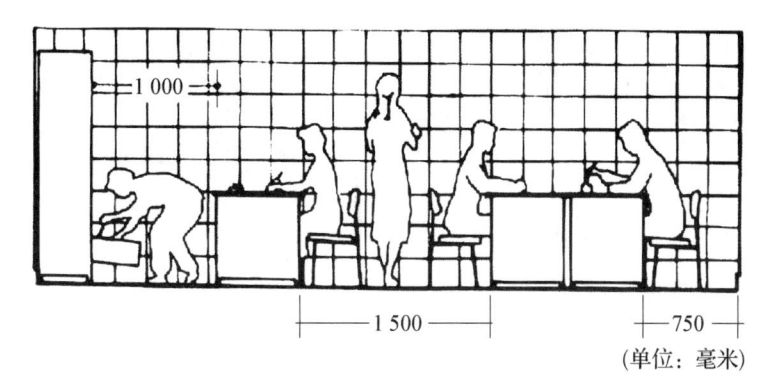

图 3.10 人体各部位静态尺寸

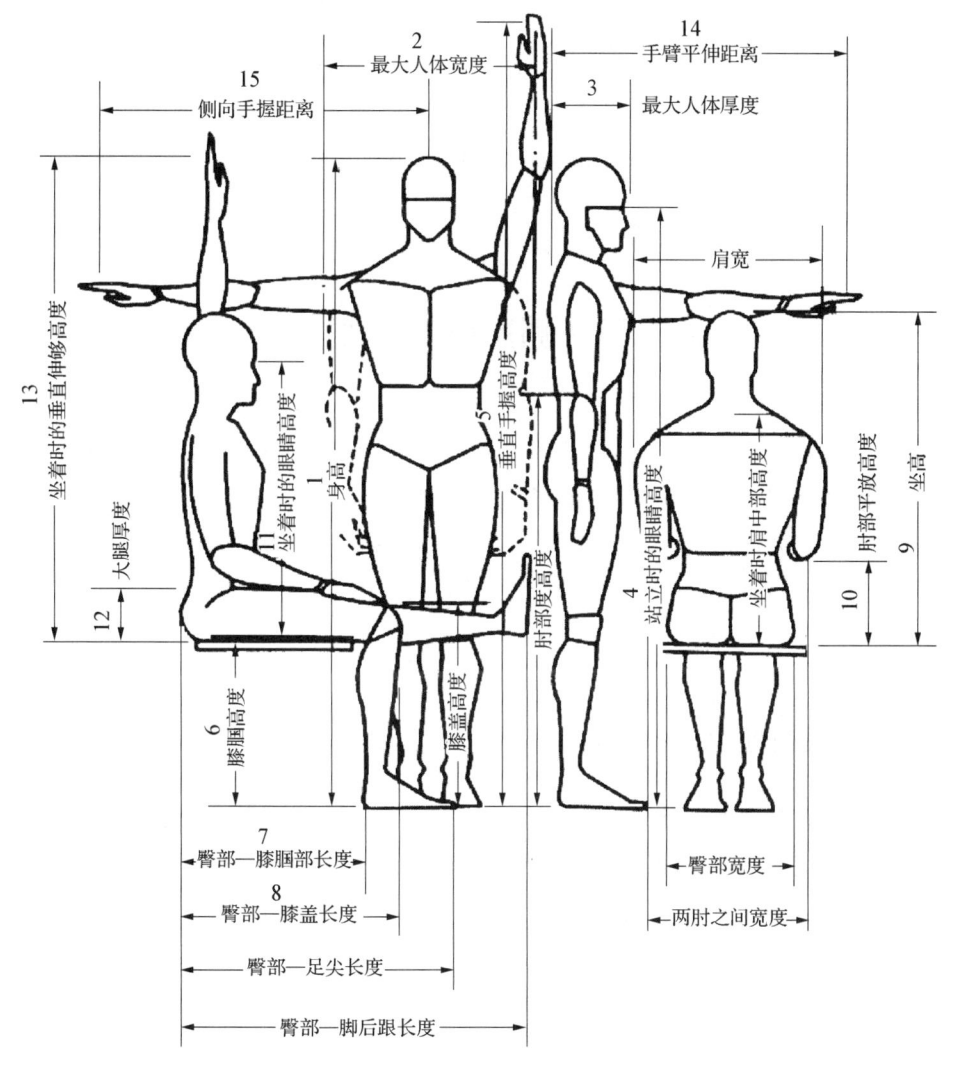

图 3.11 身体各部位坐立的活动范围

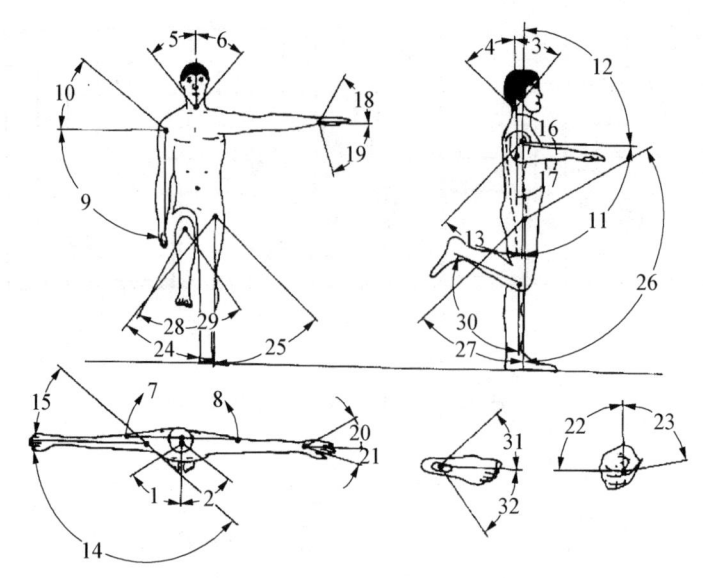

图 3.12　身体各部位的活动范围

第三节　档案展览场馆建设

档案展览馆是收集、保管、提供利用档案的基地和信息中心,是集办公、展览、陈列、学术交流及档案保管库房于一体的综合建筑。因而科学规划、合理布局至关重要,不仅关系到档案的长期保护,也关系到档案价值的充分发挥。档案馆中最为特殊的部分就是档案库房,其设计、建造是否合理,将直接关系到档案能否得到长久、安全、完整的保护。

一、档案馆建筑的规划与设计

档案展览馆在规划设计时要兼顾档案馆保管和利用的双重功能,使之成为档案集中统一保管的安全基地和发挥档案资源的资政、学术研究、文化教育等功能的场所。

(一)档案展览场馆地理位置的选择

档案馆地理位置的选择是一个既重要又复杂的问题。所谓重要,是因为如果地址选择不当,将会带来长期的隐患,特别是如果影响了档案长期安全保存甚至需要弃而不用,另建新馆,这种损失将是巨大的。所谓复杂,是因为馆址的选择要考虑多种要求,而有些要求之间往往又会出现一些矛盾,实际情况很难完全符合多项要求。这就要从具体情况出发,权衡轻重,慎重考虑,充分搜集所勘察地址的气象、水文、地质、地震材料以及城市建设规划等方面信息,做出正确的决策。

依据我国《档案馆建设标准》(建标〔2008〕103号),国家档案局JGJ25—2010《档案馆建筑设计规范》,档案馆地理位置的选择应遵循以下要求。

1. 选择工程地质条件较好的地区

所谓工程地质条件是指工程建筑物所在地区地质环境各项因素的综合,这些因素包括地层的岩性、地质构造、水文地质、地表地质、地形地貌等。在设计档案馆建筑时,档案部门要根据保存档案的特点提出相关要求,保证档案馆在未来使用中避免地质因素带来的灾害。

为了预防地震、泥石流、洪水等地质灾害,应选择远离这些地质隐患的地方。根据JGJ25—2010《档案馆建筑设计规范》中规定:位于地震基本烈度7度以上(含7度)地区应按基本烈度设防,对基本烈度6度地区重要城市的档案库区建筑可按7度设防。为防止地震的危害,建筑档案馆时应从馆址的选择入手,要在建筑结构、材料、施工等方面都具有抗震功能。

为了满足新建档案馆防水、防潮的要求,不应该选择靠近江河湖泊或地势低洼的地方,以防水患;不应该选在地下水位高的地方,以免地下水通过地面影响档案馆库的湿度,使之潮湿。

2. 选择环境条件较好的地区

档案馆是长久保存档案的场所,选择良好环境条件,是防止不良环境危害档案最简便的、经济有效的措施,尤其是防止有害气体的最佳选择。现代工业厂矿企业区域及交通主要干道是空气污染较为严重的地方,因此在选择新建档案馆时必须考虑环境状况,要远离有污染腐蚀性气体源的下风向,远离厂矿企业区域及交通主要干道;选址时还应向城建部门了解情况,以保证在一定的距离内,目前和远景建设规划中都不会有产生大量有害气体及灰尘的工矿企业;新建档案馆应尽量处于空气流通的地区,并参考档案馆周围环境,若没有现成数据,可请环保部门进行随机监测。新建档案馆所处地区及周围空气的质量不能低于二级质量标准。

3. 选择便于档案提供利用的地区

为了便于档案的提供利用,档案馆地址最好不要选在远离城市的地方,应选择交通便利、城市公用设施比较完备的地区。过去由于战备的考虑,有些档案馆,尤其是档案库,建在远离城市几十千米的郊区,实践证明这样不仅不便于利用档案,而且给档案工作人员的工作、生活带来一定的困难。目前有些档案馆在新建库房时改在市区,建一层或两层地下库,并与人防工程接通,必要时可通过人防工程转移出去,这样既注重了战备,又方便了利用。

4. 选择有利于档案馆长期发展的地区

(1) 从档案展览(场)馆长远发展考虑,由于不断接收档案进馆,馆址周围要留有以后扩建档案库及其他档案馆用房的空地。

（2）为了确保档案的安全、符合防火的要求，选择地址时，应注意周围环境，不要选在城市的繁华中心区。档案馆建筑应与其他建筑物保持一定的距离，并不应暴露在临街的位置上。

（二）档案场馆建筑原则

任何一个建筑物的设计、建造都应遵循适用、经济、美观的原则，只是不同功能的建筑物其内涵各不相同。随着建筑技术的发展，目前建筑行业又提出了一些新的可持续发展的理念和原则，其中对建筑的节能、环保以及智能化管理的要求是研究和推行的热点。那么对于档案馆这样一种专业性比较强、使用时间长、要求高的建筑物来说，节能、环保、智能化的新要求应更好地贯彻。

1. 适用原则

适用是建筑物应具备的最基本的功能。档案馆适用的原则重点满足的是最特殊的部分——档案库房的建筑功能需求和发挥档案资源利用的需求。

档案库房建筑的适用性主要体现在满足"九防"的要求上，即防潮（水）、防高温、防光、防尘、防虫霉、防有害气体、防盗、防火、防震。档案需要长久保存和提供利用，库房则是满足这一条件的基本前提。库房建筑为档案保护提供了最基本的保存环境。档案库房建筑的好坏直接影响到档案的保护条件。库房建筑符合要求，档案保护条件就能得到相应的改善；反之，库房建筑不符合要求，档案保护条件的改善就要受到很大的影响。一栋库房建成后，一旦发现某些方面不合适，改动则十分困难，特别是一些结构上的问题，很难进行根本性的改动，即使能够部分改动，往往也需要较高的资金投入，造成很大浪费。例如，若库房地面未做防潮处理或处理不当，地下水就会长期通过地面向库内蒸发，造成库房潮湿，如果重新采取有效的防潮措施，则比建库时采取同样措施花费高，效果也不一定理想。

档案资源利用功能的发挥主要通过档案的阅览、展览等场所满足，因而在档案馆设计时应充分考虑为公众提供舒适、宽敞的阅览场所和展示档案资源文化教育功能的展览空间。

2. 经济原则

档案库房建筑在贯彻经济原则时，首先要考虑与国家经济实力相适应。按照《档案馆建设标准》（建标〔2008〕103号），档案馆建设规模应按照行政区划，综合辖区档案保存数量、档案重要程度、经济状况等因素合理规划，中央一级的档案馆，省、市、地（县）级档案馆，建筑上要具体问题具体分析，不可一律追求最高标准，造成不必要的浪费。最佳的经济原则就是少花钱、多办事，也就是把投资的多少与达到的经济效益统一起来考虑。把有限的资金尽量用于档案保护和利用功能上的需求。如库房的窗户，设计成小而少，既有利于防热、防潮、防尘等要求，又可以降低造价，满足了既经济又适用的建筑要求。

经济原则中更高层次的要求就是智能化管理要求。智能化管理条件下的智能建筑是应用大量的计算机技术、人工智能理论等高科技,采用集成化设计和开发,使建筑物的各个系统相互配合、协调运行,实现楼宇设备自控的智能化、综合保安的智能化、消防报警管理的智能化及通信管理的智能化等,这种智能化的管理可以节约能耗,降低人工成本,使档案库房内的设备运行管理、保养维护更趋自动化,达到能源、人员的集约化目的。

3. 节能环保原则

节能环保是经济原则中的重要组成内容,但强调的侧重点也有所区别。之所以单独提出来,还有一个原因是"节能环保"是目前建筑行业发展趋势和新观念。所以,本着可持续发展的原则,贯彻节能环保是非常迫切的需要。有关建筑上的节能环保要求也有多种提法,诸如生态型节能建筑、智能建筑、绿色建筑等,其核心内容是倡导在建筑设计与建造过程中贯彻以自然生态原则为依据,探索人、建筑、自然三者之间的关系,为人类营造一个最为舒适合理且可持续发展的环境。近年来,我国制定一系列政策法规,将建筑融入大的生态循环圈,从整体的角度考虑能源和资源流动,将建筑设计、建筑建造、建筑使用过程中的消耗、产生的废物纳入整个生态系统来考虑,从而改变资源与能源单向流动的方式,趋向良性循环的模式。它对建筑的要求不仅仅是建筑的使用过程,而是建筑的整个生命周期。

我国建筑节能环保的重点包括建筑围护结构节能、采暖、空调设备效率提高和可再生能源利用等方面。有关这方面,我国也相继发布了一些相关的法规、标准、条例等。如《中华人民共和国节约能源法》(1997年),该法第四十条明确规定:"各行业应当制定行业节能技术政策,发展、推广节能新技术、新工艺、新设备和新材料,限制或者淘汰能耗高的老旧技术、工艺、设备和材料。"

2004年11月,国家发展和改革委员会制定的《节能中长期专项规划》中,更是明确提出了"十一五"期间住宅建筑和公共建筑严格执行节能50%的标准,加快供热体制改革,加大建筑节能技术和产品的推广力度。2005年4月4日,建设部与国家质量监督检验检疫总局联合发布了国家标准《公共建筑节能设计标准》(GB50189—2005),自2005年7月1日起实施。首次明确了公共建筑节能设计的综合性国家标准,提出从勘察、设计、施工、监理、竣工验收等各环节,对公共建筑的节能措施的实施进行行政管理。该标准适用于新建、扩建和改建的公共建筑的节能设计。

档案馆库在新建、改建和扩建中要充分考虑节能环保原则,并按有关法规、标准贯彻。

4. 美观原则

一个建筑物是环境整体的一部分,在适用、经济基础上适当考虑美观,与周围建筑既协调一致,又体现独自的专业建筑特色,起到美化环境的作用,这是最佳的选择。美观的更高要求就是要考虑到建筑文化的内涵,注意把建筑技术和建筑艺术完美地结合在一起,传递出档案文化、地域特色的内涵,这是更高境界的一种美观原则。但要注意不能片面追求外观美,而影响了适用、经济等其他基本原则。

(三)档案场馆各类用房的布局

按照功能划分,现代档案馆可分为公共开放区和非公共区两部分,两个区域要进行合理分割,发挥好各自的功能。公共开放区主要功能是满足教育、信息服务的需求,具体包括接待区、咨询处、阅览区、展览区、休闲区等;非公共区主要功能是档案管理区,包括业务办公区、档案库房、技术用房等。整体布局上,方便公众在开放区域享受到人性化的服务设施和浓厚的文化气息的熏陶。在建筑、设计时应根据不同等级、不同规模和职能合理配置各类用房,配置时应按照功能分区的原则,合理布局,既要相互联系,又避免交叉,达到利用方便、保障安全的目的。

档案库房关系到档案安全的大问题,因而库房在档案馆中的布局应精心设计。档案库的设置没有统一的模式,具体部门在实际设计、建造时应参照 JGJ25—2010《档案馆建筑设计规范》中的有关规定,以及各类地区典型库房建造经验,因地制宜,合理设计。

大型档案展览场馆可采取库房与各类用房分开建筑的原则,以确保档案的安全。有采用工字形,即办公、业务楼在前,库房楼在后,中间有通道相连形成工字形。也有采用放射形,库房主楼在中间,环绕库房四周为层数较低的其他用房;或者库房主楼在中间,两边为层数较低的其他用房,形成裙房。中、小型档案馆往往把库房和馆内其他用房放在一栋建筑内,其布局基本有两种方法:一种是将整栋建筑纵向一分为二,一部分是库房,一部分是馆内其他用房。中间用较厚的防火墙隔开,两部分各自单独开门,互不开通(为了工作方便,也可以在一定的楼层上开有通往库房的门,但最好是防火门)。另一种是将整栋建筑横向一分为二,某些层次作库房,某些层次作馆内其他用房。一般是将底层作展览、办公用房,顶层作会议室、技术室等使用。中间几层作为库房,这样可以简化地面基础防潮、屋顶隔热、防水等措施。但这种交叉状况不利于安全。此外,对于省级以上的综合档案馆来说,由于档案数量庞大,出于安全和保管上的要求,各区域要有独立的通道。

随着电子文件数量不断增多,档案备份中心的建设也提上了议事日程。备份中心可有两种建设方式,一种是本地区单独建立,一种是不同地理位置的两个档案馆采用交换备份的异地备份。

技术用房包括档案修裱室、缩微翻拍室及配套冲洗室、档案保护技术室、档案数字化室、电子文件管理室等,根据各自的技术特点和要求合理布局、设计。

(四)档案场馆水电系统的设计

1. 给排水设计

主要依据《档案馆建设标准》(建标〔2008〕51号)和JGJ25—2010《档案馆建筑设计规范》的要求实施:

(1) 馆区内给排水系统尽量集中布置,避免管道过长、过深,减少出现故障维修的困难。

(2) 库房内不应设置除消防以外的给水点,给、排水管道不应穿越库区。

(3) 上下水立管不应安装在与档案库相邻的内墙上。

(4) 各类业务用房的污水排放,应符合国家规定的排放标准。

2. 供电系统设计

(1) 总的原则是将照明电和动力电分开布线,在电压和电源上要合理安排,保证稳定供电和用电,防止电压电量过载引起断电、短路等事故的发生,用电上还要考虑安全接地和避雷要求。

(2) 为了适应档案信息化建设的要求,根据办公自动化安全、保密等要求综合布线、预留接口,通信与计算机网络设施齐全。

二、档案库房的设计

档案库房的设计包括使用功能的设计和围护结构的设计。

(一)档案库房使用功能的设计

1. 库房容量的确定

(1) 总容量的确定

档案库房总容量的确定涉及因素很多,如现存档案的数量、年平均接收档案的数量、计划接收年限以及排架情况等,具体可参照JGJ25—2010《档案馆建筑设计规范》所提供的计算指标。档案库房的总容量不宜太大,也不宜太小。库房太小,很快需要扩建;库房太大,易造成浪费,技术上也难以更新。一般预计满库年限以10—20年为宜。

(2) 库房的容量分配

档案库房根据容量的不同,分为大间、中间和小间:大间面积为201~300 m²,中间面积为101~200 m²,小间面积为100 m²以下。

小间库房由于各小间形成一个独立的环境,因此安全且有利于防火,尤其是随着新型档案材料的形成,小间库房更易于为不同材料的档案创造特殊的环境,起到更好的保护作用。但是小间库房内墙增多,减小了有效使用面积,在排架与管理上都不如大间方便。当然,大间库房虽然增加了有效使用面积,便于管理和排架,但在安全与防火方面不如小间库房。

在实际建造时,应根据馆内保存档案类别、数量等因素来进行。合理设计,大、中、小间库房兼而有之,以大间为主,结合一些小间库房,把重要的特殊材料的档案存放在小间库房,把一般档案存放在大间库房。这样既便于管理,又较为安全,有针对性。

在设计时还应注意无论是大间库房还是小间库房,都要预先根据档案柜架的尺寸、摆放的位置、过道的尺寸,经过精确计算,确定每间库房的长度和宽度,以免造成使用面积上的浪费。

2. 库房负荷、结构和举架高度

库房是一种荷载大的建筑,在结构上要求坚固耐久。建库时,档案部门应根据所使用的档案柜、架放满档案的重量,精确计算出库房每平方米的负荷,并增加 20%～25% 的保险系数,提供给设计人员参考。

根据目前条件,我国大、中型档案馆的库房结构以钢筋混凝土框架结构较为适宜。这种结构在荷载、防火、防震等方面有较好的保障。小型档案馆如果库房层数不多,也可采用砖石结构加钢筋混凝土。

库房的举架高度与所使用的档案框架高度结合考虑,以略高于档案框架为宜,一般净高不低于 2.4 m;当有梁和通风管道时,其局部净高不应低于 2.2 m。

3. 装具排列

档案装具的排列对档案库的平面布置及档案库的利用率等有着直接影响,设计时应注意选择合适的装具尺寸及排列方式。按照 JGJ25—2010《档案馆建筑设计规范》规定,装具排列的各部分尺寸如下:

主通道净宽不小于 1 m。

两行装具间净宽不小于 0.6 m。

装具端部与墙之间的间隔不小于 0.6 m。

装具背面与墙的间隔不小于 0.08 m。

4. 库内交通

档案库内交通包括水平交通和垂直交通。水平交通是指库内的走道,这种交通在排列装具时就基本上固定下来。垂直交通是指楼梯、电梯及升降机等,这种交通在建筑设计时应合理设计,将其设在库区防火门外邻近档案库的地方,并采用封闭式的垂直井道。

5. 特殊档案材料库房的设计

档案库房除了存放大部分纸质档案外,还有相当数量胶片、磁性载体的声像档案、光盘等,如专门存放缩微胶片的母片库房、声像档案的磁载体库房、光盘柜及战备库房等,在具体设计时应有特殊的考虑。特殊材料档案对温湿度控制、防光、防尘、防磁等方面有严格要求,在具体设计时应充分考虑到。如母片库适宜设计成无窗库房;地下库在防潮上有特殊措施;磁性载体档案库应有防磁场的屏蔽环境。

(二)档案库房围护结构的设计

档案库房的围护结构是指形成库房六面体的构造。包括屋顶、墙体、门窗和地面。档案库房对档案的保护作用,就是通过这些围护结构,为档案材料提供一个适宜的环境条件,起到控制温湿度、防光、防尘、防虫霉、防有害气体、防盗、防火、防震等多种作用。档案库房的围护结构对档案的保护起到隔绝外界环境的作用,但这种隔绝是相对的,各种外界因素可通过这些围护结构对档案产生影响。造成库内温度高的原因,主要是太阳的辐射热,通过库房屋顶、外墙、门窗把热传到库内;另外,库外的热空气通过门窗等缝隙流入库内,把库内温度较低的空气排出库外,这样不断循环,也会使库内温度升高。

造成库房内潮湿的因素主要包括地下水通过库房地面向库内蒸发;雨水通过屋面、墙体渗透到库内;库外湿空气通过门窗缝隙侵入库内,等等。因此,库房的防热防水(防潮)就是要在屋顶、外墙、门窗、地面等处采取相应措施。

我国大部分地区处于温带和亚热带,多数档案馆库内的温度比要求的温度标准高且高温时间较长,如长江、黄河流域的大部分地区和长江流域以南的广东、福建等地区气温高而且持续时间长,这些地区7月份平均气温为26 ℃~30 ℃,7月份最高气温为30 ℃~38 ℃。日平均气温高于25 ℃的天数每年约有175天;昼夜温差不很大,但内陆比沿海大一些;太阳辐射强度较大。因此防热(隔热)是档案库房建筑中一个极其重要的问题。

库房围护结构的隔热重点是对屋顶、墙体、门窗采取相应的隔热保温、遮阳措施。

档案库房的防潮、防水,需要在屋顶、墙体、门窗和基础等部位做相应处理,以提高库房防潮(防水)能力。

常见的防水屋顶结构有两种:一种是屋面铺设防水材料,这种形式多用于平屋顶;一种是构建自防水屋顶,这种多用于坡屋顶。

档案库房应满足Ⅰ级和Ⅱ级防水要求,在建造时应按照相关要求去做。此外,墙体的缝隙、外墙的勒脚(外墙墙身与库外地面接近部位)等部位也要做好防水、防潮处理。

为了减少库外湿空气和雨水通过门窗缝隙向库内侵入,库房门窗宜小而少,且有良好的密封性。

库房地面的防水与防潮是库房建筑中必须解决的一个重要问题。如果库房地面防水、防潮处理不当,地下水会经常通过地面的材料影响库内,即使库内采取吸潮、降湿等措施,也很难收到理想的效果。

地上库地面的防潮做法很多,根据档案部门多年来的经验,架空地面防潮较为理想。架空地面的防潮是在地面基层与库房地面之间留有一定的空间,以减少地下水直接通过地面影响库内,从而起到较好的防潮作用。采用架空地面时,架空层净高不小于0.45 m,架空层下部的地面宜用简易的防水地面,高出室外地面不小于0.15 m,并做不小于1%的排水坡度。架空层上部的地面宜采取适当的隔潮措施。如在地面的背面涂刷防水涂料等。基层地面也应进行一定的防潮处理,如用三合土夯实、做水泥砂浆地面、铺设防水材料、做钢筋混凝土浇灌地面,等等。

架空层的外墙应做通风孔,使架空层内潮湿空气排出,风口处应装铸铁通风篦或金属网以及可开启的封闭设施。

另外,库房地面也可做适当的防潮处理,如用密实的100号以上的细石混凝土实铺地面;用1∶2水泥砂浆抹面,或采用做一层混凝土垫层,然后加铺油毡防水层,最后做面层的方法等。

地下库的封闭性好,具有安全、防光、防尘、冬暖夏凉、库温度比较稳定的优点;但地下库的地面和墙体通常是在地下水位以下,容易使库房潮湿,这是地下库必须解决的问题。

按照地下工程防水等级要求,一共有四级,档案库属于最高级别Ⅰ级要求的地下工程。在此级别的建筑物不允许渗水,结构表面无湿渍。为此,在设计和施工中都要本着高质量的要求来进行。

在施工中采取各种措施做好防水、防潮工作。如地下库墙体外侧做水泥砂浆抹面,再涂防水材料,地下库地面架空,基础表面铺卵石后再灌水泥砂浆,地下库的外墙与地面做相应的防潮处理等。

总之,围护结构的防潮、防水主要是利用各种防水、防潮材料和防潮、防水结构的设计来达到目的。

根据中华人民共和国国家标准《建筑抗震设计规范》(GB50011—2001)和《建筑工程抗震设防分类标准》(GB50223—2008),对档案库房进行科学的防震设计(见表3-1)。

表3-1 我国建筑抗震设防分类和设防标准

设防类别	建筑	抗震作用	抗震措施
甲类	重大建筑工程和地震时可能发生严重次生灾害的建筑	高于本地区抗震设防烈度的要求,其值应按批准的地震安全评价结果确定	抗震设防烈度为6~8度时,应符合本地区抗震设防烈度提高一度的要求;抗震设防烈度为9度时,应符合比9度更高的要求
乙类	地震中使用功能不能中断或需要尽快恢复的建筑	应符合本地区抗震设防烈度的要求	抗震设防烈度为6~8度时,应符合本地区抗震设防烈度提高一度的要求;抗震设防烈度为9度时,应符合比9度更高的要求
丙类	除甲、乙、丁以外的一般建筑	应符合本地区抗震设防烈度的要求	应符合本地区抗震设防烈度的要求
丁类	抗震次要建筑	应符合本地区抗震设防烈度的要求	允许比本地区抗震设防烈度的要求适当降低,但抗震设防烈度为6度时不应降低

档案库房的防震标准应选择甲级和乙级标准。并且在建筑时,建筑物不能跨居于坚硬地基与松软地基之间,建筑物重量要轻、重心要低,建筑物柱梁等结构及其接缝处要有足够的强度和韧度。目前比较常见的木质结构、砌筑结构、钢骨结构、钢筋混凝土结构和钢骨钢筋混凝土结构中,前两种的抗震能力较差,后三种的抗震能力较强。

三、档案安全保护设施

档案安全保护设施是防止或减缓档案损坏的三项主要措施(库房建筑、必要的设备、经常性的技术管理)之一,只有提供了必要的档案安全保护设施,才能为开展经常性的技术管理创造条件,才能确保档案的完整与安全。

档案安全保护设施应包括空气调节装置,档案保存设备(档案装具),防火、防盗装置以及照明设备等。对于这些基本设备的设计、安装,应本着智能化建筑的原则去实施。这是目前一些功能性建筑设备发展的趋势。智能建筑的技术核心主要是信息网络、安全防范和楼宇控制实现资源共享,优化系统配置,满足方便管理,达到高质量、节能的要求。从这种技术和理念上来看,是非常符合档案库房设备的设计和管理需求的。

(一)空气调节装置

空气调节装置是便于档案文献库房取得符合保护要求的气候条件的理想设备。它可以使空气在输入库房以前经过适当的处理,使库房空气的温度和湿度按照人们的意愿保持在要求限度内,从而给档案库房创造出一种人造的气候。但是,空调必须与建筑方面的防热防潮措施结合使用,才能取得理想的效果。否则费用高、收效小,造成浪费。

空气调节简称空调,它能维持室内空气的温度、湿度、洁净度和流动速度(简称"四度")。在一定范围内变化的调节技术,包括对库内空气温湿度的调节,空气的过滤、交换、通风、空气流通等,其目的是使库内空气温度、湿度、洁净度和流动速度符合一定要求,为库内创造一个适合档案保存的理想环境。

1. 空调装置的类型及特点

空气调节系统一般由空气处理设备、空气输送管道、空气分配装置以及自动控制装置共同组成。其类别主要有以下几种:

(1)按空气处理设备的装置分类

① 集中式(中央式)空调系统。集中式空调系统采用大型或中型制冷机组,把所有空气处理设备以及风机、水泵等集中在一个空调房间中,经集中处理后的空气用风道送到多个空调房间。此系统适用于空间大、空气处理量大、房间集中、使用规律一致,并需同时、长期使用的空调环境。如大的档案库。其缺点是缺乏灵活性,无法满足不同的要求,容易造成能源浪费和送风管道中的空气相互污染。

② 局部式空调系统。将所有空气处理设备以及风机等组合在一起,形成一个整体机组,也称为空调机组或空调器。使用时直接安装在需要空调的房间或邻室中(以很短风道相连接),就地处理空气。这种空调不需要集中在机房里,使用灵活,随时开、停,安装方便。适用于一个大的建筑物内只有少数房间需要空调或者不同房间具有不同的送风要求。有利于防止相互交叉污染,节约能源,对于中、小型档案库比较适合。目前这种空调的自动化程度高,不需专人管理,制冷、制热功能齐全。但使用寿命短,初期投资高。

③ 半集中式空调系统。半集中式空调系统既有集中的空调机房,同时在各空调房间设有局部处理装置。这种系统的空调对来自集中处理设备的空气在使用房间内再做二次处理,减轻了集中空调系统的负担,综合了集中式和局部式空调系统的优点,克服了两者的缺点,但该系统较复杂,常用于对空调要求较高的场所。

(2) 按集中式空调系统所处理的空气来源分类

① 封闭式系统。封闭式系统所处理的空气全部来自使用房间本身,没有室外空气补充,全部为再循环空气。这样在使用房间与空调处理设备之间形成了一个封闭环路。多用于无法使用室外空气的密闭房间,如战时地下庇护所、很少有人出入的仓库等。这种系统冷、热耗量最小,但卫生效果差。

② 直流式系统。直流式系统所处理的空气全部来自室外,经过处理后送入使用房间。其冷、热耗量大,投资和运行费用高,但卫生效果最好。适合于不允许回风的场所,如散发大量有害物的车间、厂房。

③ 混合式系统。结合了综合封闭式和直流式两者的优点。进行一定的回风处理,根据回风次数,又分为一次回风系统和二次回风系统,即在空气处理室里再进行一次混合回风,然后送入库房。混合式系统既满足卫生要求,又经济合理,应用最广。

(3) 根据功能分类

空调设备可达到对空气的"四度"处理,但由于空气处理的要求不同,不是所有空调都能达到"四度"处理,也可以只对空气"四度"中的"某一度"或"某二度"进行处理。根据对空气处理功能的不同,可分为以下几种:

① 恒温恒湿机组。能将室内空气的温湿度恒定在一定数值范围内,如温度控制在20℃～24℃,湿度在50%～60%,温度不超过±2℃,湿度不超过±5%。这种空调可为大多数档案材料提供良好的保存环境。

② 冷风机组。只对空气进行降温处理。适用于夏季降温。

③ 窗式(热泵式)空调机组。具有降温与采暖的功能,体积小,重量轻,可安装在墙上或窗口上。

④ 窗台式空调机组。具有降温、采暖和去湿功能,装在窗台下或靠墙处。

(②～④三种空调装置适用于季节性的调节)

⑤ 超净空调设备。调控温湿度的同时,还可对空气的清洁度加以控制。某些非纸质档案(如胶片、磁带)对空气污染物极为敏感,应选用这种空调。此外,目前出现了一

些新型节能环保的空调方式。如辐射供冷空调方式、"低温"空调系统、下送风复合型空调方式等。档案部门可了解这些新型的空调科技发展动态,更新空调设备设计、使用的理念。

2. 空调系统的选择

(1)选用原则

购置和安装空调设备时应注意以下原则:

① 了解空调设备不同种类的性能和适用范围,选择与本单位需求相符的空调品牌,以适用为前提,并非自动化程度愈高愈好。

② 多种费用的预算:一次性投资费用、运行费用、维修费用等。

③ 空调适用方式和场所情况:如使用时间及负荷变动、建筑空间的性质和用途等,充分发挥围护结构的作用,因地制宜。

④ 与空调有关的土建、水电设施配合关系,如空调房间面积、位置、风道、管道布置等情况。

总之,不管选择什么样的空调系统,都应使库房条件达到在规定的范围内,保持温湿度的稳定状态;气体和固体的污染物应从进入库房的空气中滤掉;通风彻底,避免产生污染空气的死角,而且要节能。

(2)选用方法

选用空调应从制冷量、制热量、电源、噪声、耗电量、价格等方面考虑,并适当对外观、结构、重量加以选择。

选用空调的制冷量,应大于或等于对库房所计算(或理论估算)的总耗冷量。具体可请有关空调技术人员详细计算。但一般可参考下面的公式进行估算。

$$Q_o = Q_h \times F$$

式中,Q_o:空调器所需的制冷负荷(W);

Q_h:库房单位面积冷负荷(W/m^2);

F:库房面积(m^2)。

不同房间单位面积冷负荷不同,对于档案库房来说,可参照博物馆、图书馆的Q_h量,大约为145.3~174.4 W/m^2。

上面公式适用范围为房间温度在27 ℃以下,库房空间高度不超过3 m,且密闭性能不太差的环境。如考虑库房建筑本身的特点以及门窗、日晒、人员和电器发热等因素,可参照表3-2中各项累计的简单方法计算出耗冷量。

空调系统在短时间内可使库房温湿度调节到适合的范围内,但一旦停机,库内温湿度波动幅度就会明显增加,以下几种办法可以减缓温湿度剧烈波动状况。

① 在开启空调机时,逐渐增加制冷(制热)量,使之平稳过渡,以降低温湿度变化速率,并尽量把库房温湿度控制在调控要求的上限或下限,减少调控前后温湿度的变化幅度。这样既节省能源,又降低波幅。

② 根据外界气候条件的季节性变化，春秋两季温、湿度比较适宜，可合理增加新风送入量，减少空调开机次数。

表3-2 单位面积空调负荷

项目	每平方米面积所需制冷量(W)
东边和南边窗户	140
西南边窗户	232
正西边窗户	290
西北边和东南边窗户	188
其他窗户	81
安有天花板的屋顶	12
没有间隔的屋顶	24
上层没有冷气的屋顶	12
人数(每个人计)	220
所有电器设备(每 kW 计)	1 000

(3) 库内空气的净化

空调机的运行是通过对空气进行冷热处理来达到调控温湿度目的，根据对空气处理的方式，有不送新风的循环式（回风式）、送入部分新风的半循环式和完全使用新风，这三种处理方式都存在库内空气污染问题，一方面是反复循环中空气的互相污染，另一方面是库外空气的大气污染。所以需要对空调的空气做净化处理。具体可采取两种方法：一是在空调系统的新风和回风口处安装空气过滤装置，如活性炭吸附等；二是选择送入新风的最佳时机。

库外温湿度、大气污染浓度都有一定的变化规律，根据不同地区的大气污染状况，选择一天中空气污染浓度最低值的时候送入新风，可有效改善库内空气质量。

为了提高空调系统对库房温湿度调控的效果，一些单位还研制出计算机集中管理系统，如第一历史档案馆和航空航天部第四规划设计院合作设计的"散布式空调计算机管理系统"，对大中型档案馆空调进行集中管理，节省能源，对提高工作效率起到良好的作用。该系统的基本布局是：在总控制室内设置计算机调度操作台，每个空调机房设置一个执行端箱并与空调机组连接，中心操作台由微机系统对空调机组和冷却水系统进行远距离遥控、遥测，把系统内的所有机电动作信息全部反映在彩色显示器和模拟系统图盘上。该机具有自测自检、打印记录功能，提高了档案库房温湿度的调节精度。

(二) 档案场馆的消防设备

档案制成材料多为易燃物质,一旦发生火灾,档案将受到无法弥补的损失。档案库房发生火灾的原因很多,如电气设备走火、机房事故、随便吸烟、雷击以及人为纵火等。因此,防火在档案库房安全管理中是至关重要的。在具体实践中,既要强化库房建筑设计上的防火问题,又要加强日常管理,配备必要的消防设备,防患于未然,将火灾发生率降到最低的限度。

1. 库房建筑的防火

(1) 建筑构件的耐火性能

根据建筑构件的燃烧性能,可分为三个类别:第一,非燃烧构件。即空气中受到火烧或高温作用时不起火、不燃烧、不炭化的构件。如钢、钢筋混凝土、加气混凝土等构件。第二,难燃烧构件。即在空气中受到火烧或高温作用时难以起火、难以炭化的构件。如经过防火处理的木材、刨花板等。第三,燃烧构件。即在空气中受到火烧或高温作用时立即起火或燃烧。建筑物的耐火等级是由建筑构件的燃烧性能和最低耐火极限决定的。《档案馆建筑设计规范》要求档案库房建筑的耐火等级不应低于一级。我国将建筑物的耐火等级分为四级:一级建筑物是钢筋混凝土结构或砖墙与钢筋混凝土结构组成的混合结构;二级建筑物是钢结构架、钢筋混凝土柱或砖组成的混合结构;三级建筑物是木屋顶和砖墙组成的砖木结构;四级建筑物是木屋顶、难燃墙体组成的可燃结构。有关档案库房的耐火等级可参照表3-3进行结构、设计。

表3-3 高层建筑物的耐火等级

构件名称	燃烧性能和耐火极限(小时)	一级	二级
墙	防火墙	非燃烧体4.00	非燃烧体4.00
	承重墙,楼梯间机电梯井的墙	非燃烧体3.00	非燃烧体2.50
	疏散走道两侧的隔墙	非燃烧体0.75	非燃烧体0.30
	房间隔墙	非燃烧体1.00	非燃烧体0.50
	柱	非燃烧体3.00	非燃烧体2.50
	梁	非燃烧体2.00	非燃烧体1.50
	楼板、疏散楼梯	非燃烧体1.50	非燃烧体1.00
	吊顶(包括吊顶搁栅)	非燃烧体0.25	难燃烧体0.25
	屋顶承重构件	非燃烧体1.50	难燃烧体0.50

(2) 建筑物内的防火措施

档案库房选择一级耐火结构,可起到有效防火作用,但仍不能彻底避免失火。为了防止失火、火势蔓延,缩小损失范围,还应在库房设置耐火极限较高的防火分隔物,如防火墙、防火门,并且档案库与其他建筑物应保持一定的防火间距。防火墙选择用4小时以上耐火极限的构件。直接砌筑在基础或钢筋混凝土的框架上,不开门窗,以防火灾时热气流传播。如需开门,应设防火门封闭。防火墙可以把整个库房建筑的空间分割成若干防火区,从而限制了燃烧面积和火势的蔓延。库内的通风及空调管道不宜穿过防火墙。防火门根据其耐火极限分为甲、乙、丙三级。甲级防火门耐火极限不低于1.2小时,主要设在防火单元之间的防火墙处;乙级防火门耐火极限不低于0.9小时,主要设在疏散楼梯及消防电梯前室的门洞口处;丙级防火门耐火极限不低于0.6小时,主要用于管井壁上的检查门。档案库区的缓冲间及档案库的防火门均应为向外开启,其宽度不小于1 m。空调设备应设在专门房间内,且房门应为甲级防火门。

2. 消防设备

消防设备是指防火、灭火装置。随着现代科学技术的发展,防火、灭火装置种类不断增加,自动化程度也逐步提高。

目前档案库房灭火系统主要有:

(1) 新型惰性气体灭火系统——IG-541混合气体灭火系统

IG-541—灭火剂是由氮气N_2(52%)、氩气A_r(40%)和二氧化碳CO_2(8%)三种气体组成的无色、无味、无毒的混合气体。不破坏大气臭氧层,对环境无任何影响。不导电,灭火过程洁净,灭火后不留痕迹。其灭火机理为物理作用,通过降低燃烧物体周围的氧气含量来达到灭火的目的。该类灭火系统适用于扑救表面火、油类、气体类和电气火灾,可以用于保护经常有人的场所。其灭火剂价格低,现阶段主要用于通信设备、计算机房、工艺控制中心和其他机电设备室等场所。

(2) 细水雾灭火系统

细水雾灭火系统是利用高压或气流将流过喷嘴的水形成极细的水滴进行灭火或防护冷却的一种固定灭火系统。细水雾具有良好的电绝缘性,对环境无污染,可以降低火灾总烟气含量的毒性。它的灭火机理是冷却、窒息、阻隔辐射热。高低压细水雾灭火系统是近年来国际上流行的绿色灭火系统,此技术具有投资成本低、灭火效率高、污染小、灭火以后不影响档案质量等优点,是档案库房智能化消防系统的一种较好的选择。

(3) 灭火装置

根据JGJ25—2010《档案馆建筑设计规范》,"库区外应设室外消防给水系统。特级、甲级档案馆中的珍藏库和非纸质档案库应设惰性气体灭火系统。特级、甲级档案馆中的其他档案库房、档案业务用房和技术用房,乙级档案馆中的档案库房可采用水喷雾灭火系统或非卤代烷气体灭火系统"。

根据自动化程度的不同,灭火装置可分为人工灭火、半自动灭火系统和全自动灭火系统。

① 人工灭火。基本上靠人观测和操作,如库房制定防火、灭火规章制度和责任制,并配备手提式的灭火器。中、小型档案馆均采用这种灭火方式。

② 半自动灭火系统。该系统具有火灾自动探测、报警和灭火功能。火灾刚一出现,自动探测报警装置立即启动报警,若需要,人工启动探测灭火装置立即进行灭火。

但这种装置彼此独立,未连成一个体系,中间需人工判断操作。许多大、中型档案馆都有这种装备。

③ 全自动灭火系统。具有火灾自动探测、自动判断、自动报警和自动灭火等多项功能,且各功能均连接在一个统一的系统中,在无人操纵状况下自动工作。甲级档案馆应在档案库房、空调机房、缩微用房和计算机房等重地配置这种装置。

（三）档案的防盗设施

档案是档案保护的主体对象,做好档案安全保护工作是根本,倘若由于档案存放环境没有严密有效的安全保护措施而造成档案文件丢失或泄密,其损失是无法挽回的。所以,保障档案及信息安全除了具备必需的安全责任意识,防盗设施的作用同样不容忽视。

档案是国家的宝贵财富。在日常管理工作中,一方面要防止自然因素的破坏作用,另一方面要防止人为因素的破坏作用。这要求我们要采取一定的安全措施,制定相关制度,从档案的流动、利用等各个环节着手,保证档案的安全。

已研制成功的防盗自动报警系统采用接触式自锁装置,分别安装在档案库房各楼面的前门和后门内上端,当外来因素致使门开启 10 毫米时,便构成电器回路,连通控制系统防盗自动报警信号的继电器,立即发出报警信号。

（四）照明、保安系统以及库内各种设备的智能化控制

1. 档案库房照明的控制

档案库内的照明与办公室和公共场所照明的要求不同。档案库房的照明亮度不需要太高,满足库房管理者调卷、清洁、维护库内设备的照度即可,同时选择的灯具发出的光线应对档案没有伤害或损害很少,如白炽灯、灯管表面经过防紫外光处理的日光灯。对灯的开关控制可以使用人进灯开、人走灯灭的自动控制,既节能又安全。

2. 档案库房的保安系统——闭路电视监控

档案库房的安全级别要求较高,为了防止库房有非法人员闯入、盗窃重要档案文件等情况的发生,应安装实时闭路电视监控系统。闭路电视监控由四部分组成：一是产生图像的摄像机及其装置；二是图像传输装置；三是控制设备；四是图像显示装置。档案部门可根据不同的需要找专业厂商进行设计和安装。

（五）档案库内设备的智能化控制

档案库内的建筑是整个档案馆中比较重要和核心的建筑,库内设备种类多、功能多,它们之间既各负其责,又相互关联。传统建筑中,各种不同设备采取单独设计、单独运行、单独管理的模式,这种模式既浪费能源,管理起来也比较麻烦。随着科学技术的进步和发展,建筑行业中出现了智能建筑理念和技术。智能建筑的"智能化"在于它采

用多元信息传输、监控、管理以及一体化集成等一系列高新技术,实现信息、资源和任务的共享,以达到"节能、安全、高效、舒适、环保"的目的,取得较高的建设投资效率。

有关建筑设备智能化控制和管理的技术,主要是综合采用目前国际上最先进的4C技术(即计算机技术、现代控制技术、现代通信技术和现代图形显示技术)建立了一个由计算机管理的一元化集成系统,实现系统管理的最优化设计和节能目的。这些技术的综合应用体现在智能化建筑上,主要包括建筑物自动化系统(BAS)、办公自动化系统(OAS)、信息通信系统(CAS)和结构化布线系统(SCS)。有关建筑设备管理上的智能化控制主要集中在建筑物自动化系统(BAS)中。

建筑物自动化系统(Building Automation System,BAS)又称楼宇自动化控制系统或建筑设备管理自动化系统。它采用现代传感技术、计算机技术和通信技术,对建筑物内所有机电设施进行自动控制。这些机电设施包括交配电、给水、排风、空气调节、采暖、通风、运输、火警、保安等系统设备。具体主要由以下四个方面构成:

1. 能源环境管理系统

用于对冷、热负荷预测控制,室内二氧化碳浓度控制,各种冷源机组、空调机组、新风机组等的监测控制,太阳能集热、蓄热控制管理,以及给排水控制管理等。

2. 防灾与安保系统

用于火灾报警及消防控制系统(包括火灾报警、自动消防、排烟系统)和安保系统(闭路电视监控、电子出入口控制、身份识别、防盗防抢、保安巡逻等)。

3. 电力供应管理系统

用于配电及备用应急电站的监控系统和照明控制等。

4. 物业管理服务系统

运输设备控制系统(包括电梯、停车场监控等)和运行报表统计、分析与计量,设备维护与管理系统(包括数据采集、能源计量、节能诊断、故障与诊断、各种信号记录采集、机器维护、设备更新等)。

对于档案库房来说,主要是对各种设备和档案馆整体要求的配电系统、照明系统、温湿度调控系统、防火监控安保系统、终端控制等进行智能化的设计和管理。目前已经研制成功档案库房计算机安全监管系统,它是一种可对库房温度、湿度进行自动调节和对火警、盗警进行自动监视的微机综合管理系统。有条件的库房可以优先考虑应用该系统。

四、档案装具

档案装具是指用于存放档案的各类柜、架、箱以及包装档案的卷盒、卷皮、卷夹等。它们是存贮和保护档案的基本工具。由于档案装具的用量大,其形式、用材、结构、规格等是否合理,将直接影响档案保护条件和设备的投资。所以在选择时既要考虑到坚固耐久、不损害档案的功能需求,也要考虑便于管理、经济适用,能合理地利用库房的空间和面积的基本情况,并且随着档案种类和形式的变化,装具的形式、材料、放置方法等应配套跟进。当然在满足个性化需求的基础上,加强档案装具标准化的研究和推行也是必要的,只有这样才能确保档案装具在档案长期保存中对档案持续的保护作用。

档案装具的种类很多,目前普遍使用的有档案架、活动式密排档案架、档案柜和档案箱以及档案卷夹、卷皮、卷盒等。

(一)档案装具类型及特点

档案种类繁多、形式多样,不仅制成材料性质各异,而且规格、形状、保存特点都有各自的个性要求,为了适应这种多样化的需求,目前档案装具类型也多种多样。

1. 档案柜

档案柜是比较传统的保存档案的装具,一般是双开门,古已有之,如所谓的石室金匮、龙柜等都是这类档案柜。现代档案柜形式多样,有双开门档案柜、侧拉门档案柜、抽屉式档案柜、单开门五节柜、双开门五节柜、两节档案柜、三节组合式档案柜、双面柜等。其优点是:使用比较灵活,便于挪动,有利于防尘、防火、防盗等。

2. 档案架

(1)有传统式木质开放档案架、钢质的单柱挂斗开放架、复柱挂斗开放架等形式。这种档案装具的优点是:造价低,要求库房地面的承重与图书架相同,生产工艺简单,工艺水平接近或达到国际同类装具水平,利用档案比较方便。

(2)密集架

密集架,也叫活动式密集架、活动式密排档案架。它是在档案架的基础上采用轨道把多个架列密集到一起,使档案在单位面积上的存贮量提高,节省面积可达50%以上。活动式密排架连接的地方装有气垫框,可密封为一个整体,有利于防火、防盗、防尘等。密集架现已形成系列产品,并不断更新换代。现在不少档案部门已使用这种档案装具。密集架是一种具有发展前途的档案装具。但是,活动式密排架造价高,增加了建筑的负荷,调阅档案不如一般档案架方便,遇特殊情况,抢救档案比较困难。

密集架有手动式,也有电动式,根据密集架开合的方式有旋转式、抽拉式和平行移动式等形式。

(3)专用档案装具

这类装具主要用于保存特殊形式和专业的档案,常见的形式有:目录卡片柜、财会档案柜;报架、图柜、架;底图柜、底图密集架;卷式缩微品装具(片盘、片盒、片夹)、片式缩微品装具(封套、开窗卡、活页夹、平片盒等);照片与底片盒、册;影片架、声像档案装具(防磁柜等)、计算机磁盘装具(磁盘柜、架)等。

例如胶片专用档案装具,根据其密封程度,有开放式、密闭式和密封式三类。

① 开放式装具。这是一种能防止胶片遭受机械性损伤，但不防光，可以接触到周围空气的装具。这类装具有开窗卡片、片盘、片夹等，短期保存的胶片档案可使用这类装具保管。

② 密闭式装具。这是一种能限制胶片与周围空气的接触，并可以防光、防尘、防机械损伤的装具。这类装具有封套、片盒、平片箱等，短期保存或长期保存的胶片档案均可以使用这类装具保管。

③ 密封式装具。这是一种能完全切断胶片与周围空气接触，并可以防光、防空气污染物、防潮的装具。这类装具有密封式平片盒、密封式卷片盒、密封袋等，主要用于胶片的长期保管或耐火保管。

④ 档案存放转移装具

档案在利用或日常工作业务中，需要在库内或库外运送。这种运送也需要一定的装具。这类装具有档案手推车（挂斗式或折叠式）、档案架梯、档案过渡盒（主要指温差过渡，以免档案因温度剧烈变化发生结露、脆化等现象）等。

（二）档案装具用材要求

1. 档案柜架用材

用于制作档案柜架的材料有木制和金属两类，可根据库房及其他综合条件选择档案柜（箱）、架的制成材料。

（1）木质柜架

- 优点

① 防潮、隔热性能良好。防潮的特点最适合南方地区，木制柜架的防潮性可以在一定程度上解决潮湿问题。

② 自重轻，搬动容易，在遇到灾害时便于及时转移和抢救。

③ 造价低，取材方便，制造技术比较简单。

- 缺点

木制柜架耐久性差，不利于防火、防虫和防腐，易挥发一些对胶片、磁性载体材料等有危害作用的气体。因此，木质装具入库前应做灭虫防腐处理。如用聚氨酯清漆上2~3次，也可在柜架上加一层薄的聚酯膜。使用时要根据实际需要选材。

（2）金属柜架

- 优点

① 防火、防潮、防磁，防火主要体现在金属家具能经受烈火考验，使损失减到最低程度。

② 移动时不易损坏。

③ 功能多样，节省空间。由于冷轧薄板强度较好，金属档案柜架经过折弯工艺的加工可满足多方面的功能需求，不仅使用起来方便，还可节省空间。

④ 绿色环保。金属材料从选用到制作过程以及用后淘汰,都不会给社会带来资源浪费,更不会对生态环境产生不友好的影响,是可重复利用、持续发展的资源产品。

● 缺点

金属柜架防潮隔热性能不及木质装具,且造价较高;易锈蚀,其表面必须经过喷漆、镀锡或其他防腐蚀处理。

2. 档案包装用材

用于制作档案包装的材料有纸质、金属和塑料三类。

(1) 纸质

常用纸张或纸板制作的档案包装材料,如装案卷的档案盒、案卷夹、档案袋等,装胶片的纸卡、纸袋、簿册和纸盒等,这类包装纸应为表面光滑的中性纸张或偏碱性纸张,而且包装纸中不应含有木素、磨木浆或明矾松香胶料。含酸量较高的纸张或含有硫或二硫化碳的玻璃纸不宜用于制作档案装具,因此纸质档案盒、案卷夹、档案袋必须是中性的。

(2) 塑料

用塑料制成的档案包装材料,如装纸质案卷的档案盒、案卷夹、档案袋等,装胶片的有片轴、片盘、片盒和封套等。这类塑料档案装具应使用化学性能稳定、不易老化、耐腐蚀、不释放有害气体的塑料。这些塑料材料有聚酯薄膜、聚乙烯、聚丙烯等,都具有化学性质稳定、透明度高、质地坚固等特点,用塑料做成的封套可防止档案原件等在取放时的机械损伤,也便于直接查看,还能防止照片等档案原件沾上手印被污染。

(3) 金属

用金属制成的档案包装材料,如声像档案、光盘档案的片盘、片盒及柜架等。所用金属材料一般为经过氧化处理的铝或不锈钢,也可使用经过喷漆、镀锡或其他防腐蚀处理的金属材料。

第四节 档案场馆建设项目简介

一、广东省档案馆

(一) 档案馆建筑的基本情况

广东省档案馆于1997年开始兴建,2002年竣工,总投资达2.4亿元,大院占地面积13 792 m²,建筑实际用地9 892 m²,总建筑面积44 385 m²。整个建筑按功能划分为三部分:档案楼、综合楼及二期的科研楼。档案楼高25层,左右分别为6层和4层的裙楼,档案楼的东南侧为18层的综合楼,综合楼正北预留了科研楼的建筑用地。

档案楼的总高度为102 m,基础下有97根桩柱,最深的桩柱达44.68 m,最大的桩柱截面直径为1.3 m。采取一级防火措施,抗震设防烈度为7度。楼身洁白,面北立面,中间部位是宽4 m、高60 m的玻璃幕墙,整个大楼远望像一本已经打开的厚厚的书,很有创意(见图3.13)。

图3.13 广东省档案馆

(二)档案馆建筑的功能分区

1. 档案楼外的文化广场

档案楼的前面是超过1 600 m² 的文化广场。档案楼大门外的左侧是一座8 m高的历史文化之桩,上面有文字、图表等,是人类文化发展的一个缩影,给人以历史感和发展感;右侧是一个4 m高的雕塑,可看作一个大印章,也可看作历史的一个见证,寓意着盖章定论、求实存真。文化广场上有画坛、水池、草坪、座椅,四周绿树成荫,供使用档案的人们和社会公众参观学习、散步、休息。

2. 档案楼的功能分区

档案楼的主楼和裙楼浑然一体,为方便对外开放和管理,整个建筑进行了合理的功能分区,办公楼位于东裙楼,展览区位于西裙楼,档案库房及业务技术区位于南边主楼,三者之间用3层贯通的共享空间将其进行有机联系。

(1)档案馆对外开放区

档案楼门厅达1 000 m²,内有象征中华民族几千年悠久历史和广东地方文化特征的浮雕。档案展览厅位于主楼和西侧裙楼的1至3层,面积为3 906 m²,围绕中厅而设,结合回廊,各层形成一个环形的参观路线,通过室内展和回廊敞开展,创造不同的档案利用效益,营造不同的档案利用氛围。档案阅览厅位于主楼和东侧裙楼1至

2层,有3个阅览室,面积为1 250 m²;东裙楼的2层还设有贵宾阅览室。学术报告厅位于西侧裙楼4层,为阶梯式,有201个舒适的座位,面积为491 m²。东侧裙楼6层有多功能厅,可进行小型展览、召开中型会议,也可进行体育锻炼和文化娱乐活动,面积为625 m²。此外还有国际会议厅,设在主楼的24层,会议所需的功能设置比较齐全,面积为940 m²。

(2) 档案内部业务区

① 档案人员办公区

档案楼的4层为接待室、会议室、局馆领导办公室、办公室及文秘室等,面积为940 m²。5层为档案馆各部门的办公室,面积为940 m²。档案局各处室的办公室设在主楼和东侧裙楼的3至4层及主楼5层,面积为1 800 m²。

② 档案接收、整理、加工、保护等业务技术用房

档案楼6~7层设有计算机室,修裱室,缩微拍摄、冲洗、拷贝、质量检验室及技术部的办公室,面积为1 880 m²。8层设有照相室、照片档案扫描室、照片档案整理室、照片档案制作室及声像部办公室,面积为940 m²。25层设有档案接收整理厅,接收进馆的档案首先在这里进行整理,面积为500 m²。在25层半高的四角,有4个面积各为40 m²的消毒间,对整理好的档案视情况进行不同方式的消毒处理,然后才能由上而下进入档案库房。由于档案业务的技术原因,将档案业务技术用房相对集中于两个区域,总面积达3 480 m²,满足了档案业务技术用房的需要。

③ 档案库房区

档案楼9~23层是档案库房区,是进馆档案的保管基地,也是各单位档案的寄存中心。其中9~13层的荷载为12 kN/m²(千牛/平方米),14~23层的荷载为8 kN/m²。档案库房总面积达14 100 m²,能满足50年甚至更长的档案进馆需要。

(3) 辅助用房区

几乎都集中于地下室,其中有各种机电设备安装用房、设备维修间、水池、集水坑等,面积为642 m²;有45个车位的地下车库,面积为2 890 m²。

3. 档案馆综合楼

档案馆综合楼是18层建筑,总建筑面积为9 787 m²。地下室的一部分用作各种机电设备安装,另一部分用作档案人员存放自行车、摩托车的场所。1层用作声像档案冲印服务部、档案用品服务部、招待所的住客登记处、公建配套及居民委员会办公用房等,面积为980 m²。2层为档案人员及档案利用者的生活服务部门,主要包括食堂、伙房及其储藏间、档案教育培训中心等,面积为940 m²。3层的一部分用作小餐厅及公共用房;另一部分为武警住房。4层为招待所。5~18层为档案人员住房,根据居住人员情况,每套住房面积81~130 m²不等。

（三）档案馆的技术设备配置

1. 中央空调系统

档案楼各功能分区的空气调节参数不尽一致，例如，办公区要求舒适式空调，档案库房要求恒定式空调，胶片库要求低温恒定式空调，计算机室、磁性载体库等对温湿度要求都不相同。所有这些要求都需从技术和设备上予以保证并采用计算机系统进行控制。

2. 消防系统

消防系统是档案馆最为重要的系统，因而档案楼要配置两套消防系统。档案库房内配置烟感、温感自动火灾报警系统和二氧化碳自动灭火系统；其他区域安装自动火灾报警系统和水喷淋灭火系统；展览厅和档案库房等重点防火区域，还采取配置防火卷帘和防火门等措施。

3. 门禁和监控系统

阅览室、档案库房区和重要展览区都设置安全防盗门，阅览室、展览厅、档案库房区的通道等重要区域都设有360°和180°的视频监视系统，进入阅览室、重要展览区及档案库房的人员都能受到严格的监视。对于不同功能区域和重点部位实行分隔并设置门禁系统，不同的责任人持有不同的磁卡，只有磁卡数码和门禁系统相符的人员方能出入。

4. 布线及计算机网络系统

档案楼采用智能化布线，特别是对计算机网络、通信等布线，几乎布置到每个功能分区和相关房间，基本做到即插即用。设置涉密和非涉密两套计算机网络系统，涉密计算机网络系统处理未开放的档案信息；非涉密计算机网络系统处理开放的档案信息。局馆各处、室联网，组成局馆的局域网，方便局馆内部的信息交流和使用。局馆局域网并入省政府的网络系统，以便信息的交流和利用。留有与国家档案局、中央档案馆联网的接口，可适时联网；留有与本省各市档案局馆联网的接口，随时与建立计算机网络系统的市档案局馆联网，以便信息的交换等。

5. 电梯设置

档案楼设置四部电梯，其中主楼有 2 m/s（米/秒）电梯两部，一部是供人员使用，另一部是档案专用；裙楼有 1.75 m/s 电梯两部，一部通往学术报告厅，另一部通往多功能厅。综合楼设置 1.75 m/s 电梯三部，一部是人员上下用梯，一部是货梯，这两部均通到 18 层；另一部是配货梯，专供膳食之用，只通到 3 层。

6. 中央控制室

中央控制室是整个档案楼的管理中枢。大小屏幕的电视、有关信号显示的仪表及各种集线的箱柜等都集中于一个平立面和两个侧面上。其中主要包括火灾自动报警和消防联动系统、防盗报警和闭路视频监视系统、分层分区的中央空调系统及档案库房温湿度自动调节系统、出入口监控系统、地下车库管理系统、电源管理系统、通信系统等。各个系统都连续不断地工作,每天都有人24小时值班。

(四)档案馆楼的建筑特点

1. 档案馆建筑理念有较大突破

档案馆应该是一个自成系统的建筑,档案馆应是一个面向广大人民群众开放的场所,是让社会公众亲近的公共设施。还应是一个能体现广东省历史演变、文化发展的基础性设施。档案馆建筑造型和装饰要对人民群众有亲和力,要使人民群众自觉自愿地到档案馆来,了解广东省各方面的巨大变化,从而使档案馆达到社会教育和为广大档案利用者服务的目的。新档案馆楼正是在上述理念指导下进行设计和建筑,能满足档案馆对外开放和进行爱国主义教育的需求,展览厅一次可接纳800人同时进场参观;能满足利用档案的需求,有宽敞舒适的阅览场所;能满足国家档案信息资源的保存,并可长期接纳各单位档案的寄存;能满足举办各种会议的需求,有较高规格的会议室多个,此外还有国际会议厅和学术报告厅;能满足参加各种会议、培训者的生活需求,在综合楼有25间标准接待用房,此外还有内部餐厅和包间式的小餐厅,可举办各种宴会,多功能厅能举办各种文娱体育活动等。总之,在新理念指导下建成的档案馆楼,功能比较齐全,各方面的效果都比较好。

2. 坚持档案库房以"结构为主,设备为辅"的原则

为使档案库房的温湿度恒定在规定范围内,扩大建筑面积的使用率,经研究后彻底抛弃了环廊式的思维模式,改用厚墙体建筑。墙体过薄起不到应有的作用,墙体过厚也会造成建筑面积和投资的浪费,为此,广东省档案馆与相关部门合作进行了热工性能的实验性研究,确定档案楼库房墙体由外饰面层、防水砂浆层、多孔砖层、批荡防水层、聚乙烯保温层、灰砂砖层、批荡刷白层、刷漆层等组成复合式墙体,总厚度为54 cm。档案库房采用双层小窗户,档案库房门前设置过渡间,门为防火保温门。档案库房楼板采用无黏结预应力结构,档案库房地板采用耐磨砖,增加隔热效果。档案库房设隔热循环层,每5层为一个小循环。采取上述措施后,空调系统停机68小时,档案库房温度回升1℃,相对湿度回升5%,减少了空调系统的运行时间和费用,大大提高了库房建筑面积的利用率。

3. 保证档案物流走向,避免相互交叉

档案楼建造时坚持按档案物流顺序设计,防止档案来回交叉或与人流交叉。从外单位接收或征集来的档案,先从南边门进入专用电梯,直至25层档案整理厅,经过整理、消毒处理后,才能向下进入指定的档案库房存放。档案借阅利用是在档案楼1～2层,档案由库房调出传至1～2层供利用,使用后的档案再回归原存放的档案库房保存。档案接收、整理、消毒、入库、利用、归还入库的通道,只有管理档案人员才有资格进入,其他无关人员不得进入,从而避免了档案相互交叉感染和管理混乱

的现象。

4. 技术设备配置的先进性

档案楼的内部技术设备与配置,采用与时代、科技发展相适应的原则。为实现档案馆各项功能,需要采用一些相应的技术与设备,例如选用智能化布线,保证计算机网络化的实现和通信系统的畅通。在火灾自动报警消防方面,采用误报率比较低的先进的报警技术和环保型的二氧化碳、水喷淋作为灭火剂。在防盗报警方面,采用直观的荧屏监视和门禁系统。常用设备电梯,首选质量可靠、运行平稳的品牌。

5. 档案馆楼装饰体现地方特色

档案楼的塔顶为蓝灰色,与蓝天相称。主楼的外饰面贴有 45 cm×45 cm 浅白色仿瓷砖,与四周建筑物能严格地区别开来。裙楼主色调与主楼一致,显得整体性比较强。档案楼大门左右上方,是两块 11 m×14 m 的浮雕,上边镶嵌着原广东省省长卢瑞华同志的题词。档案楼门厅装饰别具一格,大门左右两侧为 9 座大柱,柱与柱间装有 4 m 多高的玻璃墙。门厅地面铺的是浅色花岗岩;顶部吊的是现代化式样的灯具;门厅正面是 10 m×20 m 的大型壁画,从历史、现实和发展的角度来审视,壁画既有文化品位,又有历史印记,使人可以从档案中了解历史,从历史中预知未来。展览厅装饰具有现代气息,环廊通透,通道宽阔,展品架大小别致,展品引人入胜,灯光音乐伴随,使公众觉得展览厅是借鉴历史、学习知识、追求发展、深得启迪的好地方。会议厅装饰大气,国际会议厅的中心会议室有国画,也有油画,整个南墙是一幕 384 m² 的大玻璃,可以鸟瞰广州市容,观看改革开放为广州带来的巨大变化。中心会议室外的平台装饰得比较悠闲,有小桥流水人家、"故乡水"、"故乡情"等。会客厅装饰得热情温馨,表现了广东人的好客热情,给宾客以如归故里的轻松感。

二、青岛市档案馆建筑

青岛市档案馆成立于 1961 年,原馆址位于青岛西部海滨,是一座 20 世纪 20 年代建造的小楼。这小楼原是一家银行,欧洲建筑风格,高坡度的红屋顶,雕饰的阳台围栏,高大的柱廊,若只是用作办公,倒也不错,但作为档案馆,便有若干明显的不足。例如建筑面积只有 3 000 m²,远远不能满足保存档案的需要,周围又无扩展余地,木质结构,承重不够,密封性太差,火险因素极大。1993 年,青岛市档案馆借市中心东移之机,毅然决定出让原馆址及其建筑物,着手新馆的规划、征地、设计。1995 年 6 月到 1996 年年底,一座建筑面积为 13 800 m²、投资 4 500 万元的新档案馆大楼全部完工(见图 3.14)。1997 年 4 月,全部档案搬运到新档案馆库房存放,8 月 1 日正式举行新档案馆开馆典礼,标志着青岛市档案馆翻开新的一页。

图 3.14　青岛市档案馆

(一) 周围环境

青岛市档案馆坐落于市区东部,这里是青岛市新的政治、经济、文化中心。1992年,市委、市政府东迁至此,经过几年的时间,这里便高楼林立,一派生机勃勃的繁华景象。档案馆与市委、市政府机关大楼几乎在同一中轴线上,相距约 2 000 m,与青岛市图书馆在同一条街上,相距几百米,有六条公交线路从附近经过,地势较高,视野开阔。站在顶层,小半个青岛市尽收眼底,从 2 000 m 以外的海滨也可遥望档案馆楼的风姿。将档案馆建在政治、经济、文化中心的位置上,本身就是一种无形的宣传。

(二) 档案馆的平面布局

青岛市档案馆占地面积 10 000 m²,呈正方形,在 10 000 m² 的土地上建造 13 800 m² 的档案馆楼,应该说不算太拥挤。但档案馆保存档案数量会不断增加,档案馆的功能也会不断扩大,档案馆建筑不能仅考虑现有档案能否放得下,还要考虑到今后的发展,尤其是档案馆建筑结构上的特殊性,一般不易改作他用,因此在平面布局上必须留有足够的扩展余地。当然,扩建毕竟是多年以后的事情,也不能为了将来的扩建而将眼前的建筑偏于一隅,影响了现在的美观。青岛市档案馆在平面布局规划时,充分考虑了上述因素,将主体建筑坐落于地面中央,约占总面积 25%,呈长方形,左右宽 80 m,前后进深为 36 m,这样从正面看只有一座 13 800 m² 的建筑物,显得格外宏伟气派。主体建筑前面,留有占地面积约 30% 的空地,用于停放车辆和绿化。这样虽然邻近一条交通干道,但不至于使马路上来往车辆的噪声影响档案馆的静谧氛围。从视角上看,绿树簇拥着一座宏伟气派的建筑,也为之增色不少。主体建筑后院留有超过 4 000 m² 的空地以备将来扩建二期工程,目前暂辟作运动场和绿化用地,档案人员和档案利用者在工作之余,可在这里休息活动。一期工程与二期工程同时规划设计,以达到整体和谐和使用上的便利。2000 年后已扩建 4 000 m²,用来举办档案展览及陈列,开展爱国主义教育和档案宣传等活动场所。

（三）档案馆的外观造型

青岛市档案馆是高层建筑,除了占地面积小等因素外,也考虑到青岛市区东部是新区,以高楼大厦为主。

青岛市档案馆主楼选择无窗建筑,这样的设计在所建成的档案馆楼中并不多见,但由于设计得当,反而成了青岛市档案馆的一大特色。为了防止视觉上的呆板,在高12层的主楼中央,设计成有窗户并使之略微凸出,而两边大面积的无窗墙体上,用不同颜色的建筑材料勾画出一个个大方格,远远望去,像一部厚重的已经打开的书,预示着历史在这里蕴藏、在这里延伸。裙楼采用错层设计,使整个建筑增添了立体感和活力。门厅采用四根高大的方形立柱支撑,给人一种宏伟的印象。立柱及裙楼墙体镶挂花岗岩机刨石,以"石使人古"的喻义,显现出档案馆的庄重、气派。院墙用黑色的铁围栏,与绿树一起,衬托出档案馆的典雅。

为了能有一个优美的外观造型,青岛市档案馆没有过于追求使用面积最大化,却拿出相当一部分资金用于外观造型的美化,例如左侧的偏厦及正面柱廊的设计建造及材料的选用,等等,有些单从使用角度看用处不大,却给整座大楼增添了不少姿色。

青岛市档案馆主楼高12层,另有地下一层。自下而上依次为:负一层为设备用房和职工食堂,1~3层为办公、阅览及业务技术用房,4~11层为档案库房区,12层为隔热层。从使用情况看,其功能分区和结构是比较合理的。

1. 功能分区

（1）档案库房区与办公区连而有界,分而不离。1~3层无档案库房却又都可直达档案库房区,这样既可避免档案库房区与办公区混杂而产生不安全之虞,又便于工作人员随时方便地进出档案库房。

（2）每一层档案库房区中间设过渡间,库房被过渡间一分为二,库房无回廊,这样不仅方便管理,而且最大限度地增加了库房使用面积。

（3）办公室多为南向或东向,大小适中,两部电梯、五处步梯,上下方便。

（4）对外服务窗口和对外联系较多的业务部门大都安排在一层,如查档接待室、阅览室、培训室、检索室及具有行政职能的处室等。为前来查阅档案、参加培训、联系工作的人员提供了方便,同时又便于管理。在后院扩建的4 000 m^2,用来举办档案展览及陈列,开展爱国主义教育和档案宣传等活动。

（5）一层设有超过300 m^{2}的门厅,让每个走进档案馆内的人都会产生一种敞亮、气派的感觉。门厅正中,楼梯拾级而上,更增添几分典雅之感。厅内采光良好,高约8米,没有压抑感。门厅四周及立柱上悬挂几幅反映地方史诗的照片,摆放几盆鲜花,颇有几分文化艺术气息。

（6）顶层做隔热层,既可防水、隔热,又可当办公用房。因为顶层设有窗户,从外观看,好像给大面积的无窗墙体画了一层"眉毛",收到一举多得之功效。

2. 墙体结构

青岛为海滨城市,环境优美,气候宜人。由于濒临大海,所以对档案造成损害的因素主要是潮湿,通常是因门窗封闭不严而侵害了档案。经验证明,窗户即使采取封闭措施,也难以完全达到隔热阻潮。为了有效地保护档案和节约能源,青岛市档案馆的档案库房选用无窗户结构,大大减少了室内外空气交换的概率。库房墙体是由双层墙体加空气层组成,轻质空心砖做建筑材料,外表贴面砖,作为第一道防线,对阳光起一定的反射作用。双层墙体中间的空气层不超过 12 cm,不会形成空气对流,又形成一道屏障。轻质空心砖本身也具有隔热效果。

墙体总厚度达 60 cm,配以中央空调进行空气调节。青岛市高温潮湿天气一般不超过 3 个月,所以不会因空调和机械送风造成过高的运行维护费用。无窗户墙体结构使库内温湿度每天停机后也不会有太大变化,多年来的使用效果证明是比较理想的。

3. 主要设备

档案馆所必须具备的技术设备,通常是在建造档案馆的同时进行采购安装。青岛市档案馆设备投资约占总资金的五分之一,主要包括:

(1) 消防系统。如用烟感温感探头的火灾自动报警系统、气体喷淋灭火系统(用于库房)、水喷淋灭火系统(用于办公、技术用房)等。

(2) 防盗报警系统、闭路视频监视系统及录像设备等。

(3) 温湿度控制系统。如温湿度感应探头、自动显示记录系统以及与之相连接的中央空调系统等。

(4) 电梯。青岛市档案馆安装两部电梯,考虑到除了搬迁之外很少有大批量的档案运送,两部电梯均为客梯。如果从运送档案和工作人员上下楼看,全用客梯是正确的,但如果想充分发挥闲置库房的作用,譬如出租或暂作他用,安装一部货梯或许更好一些。

(5) 档案密集架。这是保管档案的必备设备,考虑到原有一些档案架柜还可以用,青岛市档案馆只安装了 608 组档案密集架,将来随着档案数量的增加再逐步配置。

(6) 网络布线及局域网络系统。鉴于档案管理现代化的需要和信息时代数字档案馆的实现,100 万元专门用于计算机网络系统的建设。如果建设资金不足,计算机系统缓一步安装也是可以的,但网络布线一定要与档案馆建筑同步进行(其中包括通信线路)。

(四) 建馆的经验体会

1. 处理好业主和设计施工部门的关系

建筑一座档案馆,档案人员不能"大撒手",也不能"越俎代庖"。档案馆具有自己的特殊性质和功能,要设计和建造一座好的档案馆,必须准确地理解和把握其性质、功能。

搞建筑档案人员是外行,但对档案馆的性质、功能理解,档案人员又是内行。作为设计人员来说,一般都是初次设计档案馆,因此需要档案人员主动地向设计人员宣传解释,帮助他们深刻理解档案馆的性质和功能。档案人员应与设计人员一起外出参观学习,一起分析外地档案馆建筑的利弊得失,主动提出一些建议供设计人员参考。当然,档案人员毕竟不是搞建筑的,不能凭着对建筑的一知半解,非要设计人员按档案人员的思路去设计,从而束缚了设计人员的手脚。

2. 处理好当前与长远的关系

建一座新档案馆楼,不能只满足现今仅存的档案,还要满足今后几十年档案源源不断进馆的需要,甚至还要想得更远一点,留出今后进一步扩建的余地。青岛市新档案馆楼在设计建造时,既留出可以满足今后50年接收档案的库房,也为二期扩建工程留出了余地。对部分近期内暂不利用的库房没有进行装修,这样就节约了一大笔资金,用在了必需的项目上。但也要承认,青岛市档案馆对现实的需要考虑得还不够周全,譬如说,如果在不影响美观的情况下将部分暂时闲置的库房开上窗户,改作他用,将来需要库房时再堵上,或许会更好一些。

3. 处理好资金与美观的关系

既美观又节省,这是每个从事档案馆建筑的档案人员和设计师共同追求的目标,两者有时可以兼得,但有时也很难兼得,必须有所取舍。青岛市档案馆建馆资金很不充足,但是对脸面上的设计建造,坚持不降低标准。例如上面提到的门厅、柱廊、裙楼及墙面处理等。而有些部位则比较简陋,这样确保有限的资金用在刀刃上。

如果说青岛市档案馆建筑有什么大的遗憾的话,那就是在当初设计建筑时,对档案馆的爱国主义教育基地功能的认识尚不到位,没有设计建造一个可以发挥馆藏档案优势、举办大型展览的展览厅,以至于前几年搞档案展览都不得不外借场所,2008年扩建后才解决了这个问题。

三、上海市浦东新区档案馆

(一) 上海市浦东新区档案馆建设概况

上海市浦东新区原有两个档案馆:一个是区委、区政府领导的综合档案馆,另一个是区建委领导的城建档案馆。新区成立后,于2001年7月宣布两个档案馆合并,成立带有文献中心性质的新档案馆,组建领导班子,选择新馆馆址,通过招标选定设计单位,确定档案馆造型和功能布局等。2002年11月30日举行新档案馆奠基仪式,经过3年多的建筑过程,克服无数的技术、协调等难关,于2006年4月18日竣工并举办开馆典礼。

新馆占地面积28 092 m^2,总建筑面积45 226 m^2,建筑占地面积15 439.3 m^2,占建

设用地 55%,投资近 7 亿元,是一座集新区档案局、新区档案馆、新区史志办公室、新区规划设计院、新区史料展示厅、开发开放成果展示厅、新区规划展示厅等七个单位于一体的大型档案馆。该馆外形具有标志性、识别性、新颖性,内部功能齐全、布局合理、技术设备先进。在总体设计或使用功能上都符合"合理组合、资源共享、对外开放、全国一流"的区委、区政府提出的建设思想,是一座比较成功的档案馆建筑(见图 3.15)。

图 3.15　上海市浦东新区档案馆

(二)档案馆的功能分区

档案馆由一座四方形主体和一幢东西向 10 层板楼,由走廊连接,组成有机整体。

档案库房区建筑面积 8 000 m²,是在主体的地上一层后半部,由几个大库房组成。档案技术用房建筑面积 7 000 m²,是在主体的地上一层前半部,主要用作档案接收、整理、消毒、档案缩微、档案数字化加工、档案修裱等。档案对外开放区建筑面积 2 000 m²,是在板楼一层、二层及主体和板楼连接部位,布置"浦东记忆"及"浦东礼品"两个陈列展示厅。在对外接待服务方面,设置八个接待窗口,向读者提供电子档案、纸质实体档案、声像档案、缩微品档案,并为档案使用者提供阅读相应档案的设备。主体建筑的地上二层、三层用于举办各种展览,地下一层用作车库和各种机房。板楼三层、四层是档案局馆的办公用房,建筑面积达 1 000 m²。五层以上是其他相关单位的办公用房。整个建筑群由档案馆统一管理和调度,具体运行事务,如电力保证、温湿度控制、安全防范、消防等都委托物业公司管理,经费由新区行政部门统一支出。

(三)浦东新区档案馆大量使用新技术设备

1. 先进的借阅技术

浦东新区档案馆,查阅档案的人很多,为了应对实际需要,减少用户的等候时间,设置八个接待窗口,利用银行的叫号系统,用户先取号等候,减少排队现象。当接待人员验证用户身份后,即按其要求,检索出相应的数字档案内容,供用户自行在终端上阅览;也可按用户要求,调出多卷数字档案,由用户自行查阅相关内容。若用户需要查阅相关实体纸质档案,由接待人员检索有关档案信息,由系统传送至库房,库房管理人员取出相应档案,放入运输档案的小车内,启动小车自动控制系统,将小车由一层传送至板楼二层接待窗口,供有关用户使用。小车的货斗采用稳定平衡的原理,不管传送路线如何曲折上下,其货斗的口始终朝上,保证档案不会在传送途中倒掉。阅览室除提供查阅数字档案终端外,还提供声像档案视听设备和场所、缩微品档案阅读设备和场所等。此外,还提供各种复印设备,大型复印机可复印0号图纸,只要用户提出复印要求,接待人员即可满足。浦东新区档案馆充分利用计算机软硬件及相应设备,将接待、验证、借阅、运输、阅览、复印等组成一个档案借阅自动化系统,极大地方便了用户,也减少了档案人员的体力劳动。

2. 档案装具

浦东新区档案馆,现有210万卷纸质档案、12 500张照片档案、2万余件特藏档案及大量数字、声像档案。这些档案分别用密集架、图纸柜、底图柜、服务器及声像档案柜等存放,其中以密集架为主。为了减少档案管理人员的体力劳动,方便管理,提高效率,将密集架设计成手动、电动、无线启动以及档案数据网络自动控制系统启动等四种方式,通常用网络或无线启动,特殊情况下用电动或手动开启、关闭密集架,还可以在任何时刻将密集架列与列之间分开几厘米距离,以保证密集架内换气及安全的需求。

3. 温湿度控制系统

浦东新区档案馆整体建筑采用中央空调系统。冷源是位于地下室机房内的三台冷冻机组,与之配套的三台冷却塔置于板楼屋面。其中档案库房,除两间由三台恒温恒湿机组进行恒定的温湿度调节外,其他库房用全空气空调系统,或采用风机盘管加由一台新风机组处理后的新风相结合的空调方式,使档案管理人员在库内同样感受到新鲜空气。对缩微冲洗间、档案修裱间、消毒室等技术用房,除采用全新风空气调节外,还设有独立的排风系统,并在排风管末端安装活性炭过滤器,以免有毒气体排放到大气中。

4. 消防系统

浦东新区档案馆对消防极为重视,配置烟感火灾自动报警系统,特别是档案库房区配置德国先进的高压细水雾灭火设备。高压细水雾是利用10 MPa~12 MPa(兆帕)的高压,将水打到特制的水雾喷头,从而产生颗粒直径小于200微米的雾滴,在保护空间内密集而均匀分布,且在空间滞留时间较长。该细水雾具有高效吸热、窒息灭火、阻隔热辐射、净化烟尘、着火体表面冷却均衡及细水雾导电性低等特点,其控制设计成自动、手动、机械操作三种模式,当处于自动工作状态时,灭火系统自动完成防护区内的火情探测、报警、联动控制及喷细水雾灭火全过程。在有人值班情况下,将灭火自动控制系统的手动/自动转换开关转拨到手动挡,这时消防系统可自动接收火灾信息并发出警报信号,经人工鉴别确定无误后,可启动自动灭火系统进行灭火。在自动、手动两种灭火系统都失效时,可对各灭火区实行应急机械操作方式,人工开启灭火系统进行扑救。此外,新馆还将馆内火灾报警系统,经总控室与110系统联网,组成防火报警应急处理系统,利用社会力量协助做好消防工作。

5. 防盗报警系统

浦东新区档案馆地处浦东闹市区,其周边又是经过绿化的休闲场所,防盗尤为重要。为此,浦东新区档案馆采取四种强有力措施,确保档案的绝对安全:一是在档案馆的四周及建筑物内各出入走廊都安装远红外报警装置,若有闲杂人员出入都能及时报警;二是档案库房及其重要的业务用房,都设置门禁系统,一切闲杂人员都无法入内;三是对外开放区及其重要部位都安装视频监控系统,进行实时监控并记录;除上述三项措施外,四是设计安装巡更系统,督促保安人员,在节假日或日常要按时巡逻,查看防控区域实时情况,安保人员是否按时巡逻,巡更系统都一一记录在案。

6. 保证档案数字信息的安全

档案及其信息的安全是档案馆工作人员的头等大事,绝不可掉以轻心。对于纸质及其他实体档案安全,我们可通过档案原件的有效安全管理得到解决。而数字档案信息安全管理绝非如此简单。浦东新区档案馆采取多项措施确保数字档案信息安全:一是配备大功率 UPS 电源和自备发电设备,以防在数字化加工及利用期间,突然断电而造成信息的损失;二是将内网、政府网、互联网分开建立,以防相互串联而造成失密失窃;三是采用全屏蔽数据库,以防别有用心的人攻击和窃取档案信息;四是采用本地备份和异地备份,确保档案信息系统遭受破坏后能迅速恢复;五是将档案馆常用的几个系统分开,各自独立以免相互干扰,造成不必要的损失;六是采用加密技术,各个系统只有相关人员掌握密钥,以防无关人员随意使用档案馆各个系统;七是定期对数字档案信息存储介质是否含有病毒以及非需要内容进行检查,确保档案数字信息的质量。

7. 档案消毒系统及设备

浦东新区档案馆的消毒室超过 200 m^2,用来安装消毒柜及氮气生产和尾气处理。有一台真空充氮消毒设备,其消毒柜容积达 6 m^3。经过一番技术改造,实现了一台消毒柜可用环氧乙烷、硫酰氟、氮气等三种试剂对入库档案或馆藏档案进行杀虫灭菌。各个试剂都有杀虫灭菌的运行参数,只要认真严格执行相应运行参数,就能达到杀虫灭菌的目的。消毒柜内气体通过处理才能排放到室外。此外,还购置臭氧发生器,用于馆内档案库房日常消毒,特别是用于档案库房使用前夕的消毒。

8. 弱电系统的配置

浦东新区档案馆对弱电系统配置特别关注。共分 4 大块 16 个子系统:楼宇设备自动化管理、安全防范、背景音响及紧急广播、机房工程等档案馆建筑设备自动化系统;程控交换通信、结构化综合布线、计算机网络、有线电视及卫星信号接收等通信自动化系统;演播室、信息导航及公告、电子会议及远程会议等多媒体系统;信息制成平台、一卡通服务、建筑智能化集成管理、物业管理、文献档案综合管理等信息自动化系统。这些系统的建立为档案馆提供了安全、舒适的办公环境,提供了全面、先进、畅通、多样而完善的内外通信手段；提供了全面、综合的档案文件信息获取和服务；提供了高效的管理及办公手段，从而建成以文件档案综合信息管理为核心的先进、高效、稳定可靠的档案综合社会化信息系统。

（四）档案馆建设中的体会

1. 建立健全各项管理规章制度和操作规程

浦东新区档案馆现代化程度高、设备多，但再高的现代化程度也要有人操作和管理，所以规章制度和操作规程绝对不能少，越是现代化越要有规章制度、标准和规范及设备设施的操作规程的保证。为此，浦东新区档案馆各项工作都制定了规章制度，各种设备、设施都有操作规程，并粘贴在显著的位置，各个系统都有操作程序，为安全、高效工作打下坚实基础。

2. 建立各项应急预案

任何事都有可能发生意外，为了预防万一，浦东新区档案馆建立了各种情况的应急预案，如《重大突发事件应急处理办法》《消防应急响应预案》《防台风防汛应急预案》《网络与信息安全应急处置预案》《信息平台数据备份恢复方案》《治安事件应急预案》等。同时，宣传教育深入到每个工作人员心中，其责任和任务也落实到每个职工身上，一旦紧急情况发生，每个职工都知道自己要做什么、怎么做。这样就能达到事半功倍的效果，不至于紧急情况发生时慌乱一团，耽误了时间，造成不应有的损失。

3. 积极开展研究和技术革新

浦东新区档案馆采用很多新技术新设备，这些技术设备和馆内各项业务相结合，还有待提高和完善，有些技术还应继续开发研究，有些设备还有待改进。馆内职工正是基于此做了大量研究和技术开发工作，如将真空充氮杀虫灭菌设备改造成可用三种试剂，以不同的杀虫灭菌机理杀虫灭菌；拓展和完善从德国进口的全套高压细水雾灭火系统；成功地应用和提升了《档案密集架计算机网络控制和数据库管理系统》；进行电子及缩微影像整合应用系统开发与安全保障技术研究，并成功得到应用，提高了数模转换工作的效率和质量，同时也提高了相关人员的技术水平，激发出参与研究创新的热情，为各项档案管理工作奠定了基础。

四、江苏省太仓市档案馆

（一）太仓市档案馆新馆建设概况

太仓市档案馆为市委直属文化事业单位，具有行政管理职能。内设业务指导科、保管利用科、征集编研科、信息技术科、机关文档中心、办公室六个科室，2008年增挂"太仓市政府信息公开查阅服务中心"牌子，2012年增改"太仓电子数据备份中心"。

目前馆藏全宗213个,档案20余万卷(册)及18万件,形成了书画、名人、荣誉、名特优、非物质文化遗产等文化特色及土地、房产、婚姻、独生子女等民生档案集中的馆藏系列。档案馆于2000年10月晋升为江苏省一级档案馆;2004年9月被命名为太仓市爱国主义教育基地;2005年8月通过了江苏省三星级国家档案馆认定;2008年6月通过了国家二级馆测评;2010年6月通过了国家一级档案馆测评;2012年通过了江苏省5A级数字档案馆评估。

(二)太仓市新馆建设理念

太仓市档案局积极落实国家和省档案局关于21世纪档案馆功能建设的新要求,依照江苏省档案局《关于档案馆基本建设项目有关问题的意见》(苏档〔2003〕55号)的有关精神,结合太仓档案工作实际,积极推动档案馆转型,努力建设集档案安全保管基地、爱国主义教育基地、档案利用中心、政府信息查阅中心、电子文件中心于一体的公共档案馆,实现档案馆事业的跨越式发展。在向市政府的报告中重点强调了档案馆建设的"五个性"。一是安全性:档案馆应成为一个相对独立整体,有独立的出入口,馆址应远离易燃、易爆场所,不应设在有污染腐蚀气体源和烟尘下风方向,以确保周边环境的安全和档案实体保护的安全。二是发展性:用发展的眼光规划建设档案馆,档案馆应有10 000 m²以上建筑面积,以保证档案馆未来50年的可持续发展,保持太仓市档案工作在全省始终处于领先的位置,使档案更好地为太仓经济建设和社会发展服务。并提出档案馆建筑除办公区外全部按库房承重设计,新馆一至四层9 000 m²面积都可以改造成库房使用,而不会有承重之忧。三是社会性:档案馆必须面向主要道路,便于社会各界查询档案。底楼要设有800 m²的服务区域。四是开放性:档案馆不仅是社会各界集中利用档案的场所,还蕴涵了丰富的地方文史、掌故信息,它与图书馆、博物馆一样,在社会文明发展到一定阶段,是人们愉悦心情、松弛精神的休闲之所,也是爱国主义教育的重要基地。以有1 000 m²的展览区域为宜。目前太仓历史文化陈列展览的面积为1 500 m²。五是文化性:档案是社会进程的真实反映,它折射了悠久的历史文化,沉淀了社会文明的精粹,它是城市文明的一个体现,其建筑设计风格应作为文化标志性工程来考虑。

(三)太仓档案新馆的建设成效

太仓市新档案馆于2007年年底开工建设,2009年12月全面对外开放,新馆为五层单体建筑,总建筑面积11 000 m²,总投资8 000多万元,一至四层全部按库房承重设计建设。走进档案馆大门,是一幅巨型浮雕,浮雕内容彰显了郑和下西洋、娄东书画、江南丝竹、太仓港口建设等太仓历史文化和地域特色元素(见图3.16)。

图 3.16 江苏省太仓市档案馆

1. 功能布局

太仓市新档案馆对功能布局进行了科学规划,根据JGJ25—2010《档案馆建筑设计规范》的要求,突出档案馆公共服务、档案馆对外展示和档案保管保护功能,建全了档案馆各种业务用房。一楼为对外服务区域,总面积为 2 600 m²,设置政府公开信息查阅、开放档案查阅以及档案资料查阅和休息等候区,涉密查档室、检索工具室和用品装具室,配备内外网自助式查档 16 台,配置了 4 个 LED 视频和一个液晶电视发布政府信息和服务指南,以及播放城市宣传片。大厅背景为代表太仓形象的娄东四王金箔画,文化气息浓厚,装饰简洁美观,可同时接待 200 多人查阅档案资料。二楼为对外展示区域。由档案陈列展示区和多媒体报告厅组成。国家档案局局长杨冬权在视察太仓时为"太仓市历史文化档案陈列馆"题词,该陈列馆总面积为 1 350 m²,多功能报告厅面积为 150 m²,可同时容纳 150 人,为青少年爱国主义教育提供了一个重要场所。以"领导关怀、荣誉集萃、历史文化、经济建设、名人名贤、珍品集萃、对外交往"为主要载体内容,运用多种表现手段,展示太仓深厚的历史文化底蕴、群星璀璨的人文资源和改革开放辉煌成就,彰显太仓历史文化,弘扬太仓城市精神。三楼为档案库房,面积为 2 600 m²,分为普通库房、机关文档管理中心库房和特藏库房。库房配备了恒温恒湿精密空调,视频监控、红外报警、消防报警一应俱全,库房设备设施超过了对县级档案馆建设规范的要求。四楼为技术用房和备用库房,主要用于信息化机房、声像处理、数字化加工、档案消毒、修裱等。五楼为办公和培训会议用房,设有办公室、会议室、接待室等。

2. 设备设施

太仓新档案馆建设在设备设施购置上积极争取领导支持,协调建设单位做好新馆的设备设施招标建设。一是投资 500 万元用于新馆库房密集架建设,建成了智能型密集架和库房系统自动集成以及条形码管理系统。二是投资 500 万元用于陈列展览的建设,展厅运用多种现代声光电表现手段,展示太仓历史文化和各领域的建设成就。三是投资 500 万元用于新馆信息化建设,配置 IBM 服务器 8 台,扩充磁盘阵列容量达到

66T，添置了快速扫描仪、底片扫描仪等设备，高规格地建设档案馆中心机房。四是建立了四位一体的消防系统，将细水雾、水喷淋以及两种不同气体的消防集成一个联动系统。五是建成了库房恒湿恒温的空调系统、大厅中央空调和办公室 VRV 空调分类控制系统。六是建立了弱电管理系统，全面建设了视频监控、红外监控和智能门禁系统，对大楼进行了综合布线，每个楼层都有弱电数据交换，大厅公共区域和电梯口、会议室门口都有液晶电视。七是档案专业设备配备齐全，添置了真空充氮消毒设备、自动修裱机等档案专用设备。八是物业管理紧跟其后，大楼实行 24 小时物业和保安管理，绿化、保洁、维护保养及时，有保障。

（四）太仓市新馆建设的体会

1. 档案馆建设时期要强化协调

新档案馆建设历时三年。新馆建设由市重点工程发展有限公司负责，属于交钥匙工程。市委、市政府根据档案馆建设的特殊性，明确了工程建设由公司负责，功能建设需求由档案局负责。为此档案局成立了由局长负责的班子，明确一名副局长全面协调，各分管部门积极配合，同时与建设单位形成了良性的协调机制，为新档案馆建设提供了保障，尽管如此，其间不配合、不协调的地方还有很多，档案馆与建设方、施工队伍和监理方、建设单位和承包方，哪个环节出问题都会直接影响到进度和质量，需要深入现场及时发现解决，档案馆作为业主，既要当设计者，又要当管理者，更要当监理者，进行全面协调。

2. 档案馆建设需要立足长远

档案馆是一座城市的标志性、基础性建筑，建设档案馆是百年大计，一定要立足长远。何况社会发展、经济发展又对档案馆的建设提出了更多要求。太仓市档案馆在规划设计时的想法和实际施工装修时的理念就有所不同，发生变化，这是发展的需要。在库房容量上要有发展的空间，在综合布线上要有充足的余地，在设备设施的配备上要有先进的理念，在文化建设上要有特色品牌，因此在具体建设时要不断根据形势发展，做好争取工作，多点责任，少留遗憾。

五、苏州市工业园区档案馆

苏州市工业园区档案管理中心于 2007 年正式成立，是苏州市工业园区管委会直属副处级建制的全民事业单位，主管本行政区域内的档案事业，是集中保存、管理苏州工业园区永久档案的基地和利用档案的服务中心。按照"大文化、大档案"理念，形成多档合一的集中统一管理模式。馆藏以文书档案和城建档案为主，主要是园区管委会各局办的文书档案，国有控股公司、各直属单位和各镇的档案，以及园区开发建设以来城市活动中直接形成的具有保存价值的文件材料、图纸、声像、电子文件等不同载体的城建档案,还包括拆迁、审计、会计、环保等专门档案和照片、声像、视频、实物等各载体档案,现有馆藏档案16万卷,图书资料1.3万册。目前,档案馆已基本形成了一个门类齐全、内容丰富、结构较为合理的馆藏体系。该园区档案馆于2007年4月开始设计,2008年5月开工建设,2010年10月竣工,2011年5月正式启用。2011年8月,被苏州工业园区命名为苏州工业园区爱国主义教育基地;2011年11月,档案馆晋升为"国家一级馆"。

图 3.17 苏州市工业园区档案馆

(一) 档案馆基本情况

苏州市工业园区档案馆自成立以来,以建成国家一流档案馆为目标,以档案资源、档案利用和档案安全三大体系建设为核心,形成了具有园区特色的档案馆模式和全面、系统的发展之路。档案馆建筑用地面积为 36 390 m²,总建筑面积为 82 679.91 m²,由五块具有档案特色的方块体巧妙组合而成。设计布局分为档案馆主楼、展览展示区、接待区等。档案馆主楼共 18 层,总建筑面积为 22 400 m²。展览展示区建筑面积为 25 200 m²,包括一楼的园区规划展示、园区开发建设成果展和七楼展览区。接待区建筑面积为 10 300 m²。档案馆主楼分为办公区、库房、技术用房区、服务大厅、开放阅览区、档案接收整理区、报告厅、培训室、数字化加工区、计算机机房等功能区域,其中 11 层库房面积近 10 000 m²,设计库房储藏规模 150 万卷。以"智能化档案馆"为目标,采用了智能密集架、轨道智能小车、风淋系统、消毒设备、安全监控设备、自动报警和灭火设备、温湿度测量与调控设备等,为实体档案的长久保存提供一流的硬件环境。

档案馆服务大厅包括对外服务查询窗口、纸质和电子档案阅览区、现行文件中心和政府信息公开阅览区等及其配套的服务设施,并充分整合城建档案报建、接收、查阅等相关业务,以多渠道、多层次的全方位服务形式,为社会公众提供优质、高效、便利的档案利用服务。

1. 功能组织有序

苏州市工业园区档案大楼集多种功能于一个整体,各种功能既相互独立、特征鲜明,又有机组合、和谐融洽。展览展示、接待共用中央门厅,来访者进入门厅后可以通过精心设置的电梯、扶梯,到达会议区及各个展厅,参观流线便捷高效。档案馆主楼门厅独立设置,大楼一、二层设置了对外服务查阅窗口及档案查阅区,并配置完备的服务设施。档案库房摒弃了以往的布置模式,采用垂直叠加式布置,内部采用专用货梯及轨道小车系统,这样大大节约了用地,也符合绿色建筑的要求。

2. 形体简洁,材料适宜

档案大楼建筑形体简洁而有力度,各功能外化为干净的盒子式形状,各式方盒巧妙组合,创造出丰富的空间形态,位于七层的七彩盒,通过大跨度悬挑得以悬浮于绿色之上,成为整个建筑的点睛之笔。各个方盒根据功能使用要求的不同,选择了相宜的建筑饰面材料,档案管理中心采用蓝白相间的镀膜釉点玻璃幕墙,气质独特,表意生动;接待会议区采用深色镀膜玻璃幕墙,优雅大方;规划展示区采用灰色石材嵌镀膜玻璃,沉稳而又不失活力。

(二)档案馆绿色建筑设计理念

档案大楼为国内最早一批实践绿色理念的建筑项目。设计伊始就本着节能环保的设计理念,通过先进的模拟软件,指导设计的前行。项目中采用的绿色先进技术有风环境模拟,优化室内外的风环境技术;透水地面;屋面绿化系统;地源热泵技术、光伏发电技术;空调水系统二次泵变频控制技术;空调通风设备运行工况监视控制、测量技术;智能照明控制系统;全热交换转轮技术;光电幕墙;光导管技术;雨水回收技术;高强混凝土、高等级钢筋优化等。通过综合运用绿色技术,在有限的投资条件下,不仅实现了节能、节地、节水、节材的目标,同时创造出一个健康舒适的室内环境。档案大厦已荣获国家三星级绿色建筑设计标识证书,成为江苏省乃至全国有领先和示范意义的三星级绿色建筑。

1. 被动技术优先

(1)自然通风

为了达到夏季自然通风的效果,甚至有时可以取代空调,以有效降低建筑能耗,建筑采用了不同的窗与墙的比例设计方式,通过模拟比较分析,最后给出最优化方案(见表3-4)。

表3-4 档案馆大楼窗墙比例统计表

朝向		东	南	西	北
窗墙比例	办公部分	0.3	0.63	0.34	0.37
	规划展示	0.07	0.31	0.11	0.08
	档案部分	0.25	0.31	0.14	0.23

(2) 渗水砖

渗水砖既减轻了排水系统负荷及雨水尖峰径流量,补充地下水涵养,减少因地下水位下降造成的地面下降,又减少了城市及住区气温逐渐升高和气候干燥状况,降低了热岛效应,调节了微气候。

(3) 地下室自然采光

为了改善地下空间的自然采光效果,本项目采用导光管自然采光技术将室外的自然光引入地下室,改善地下空间自然光效果,节省了地下空间日间照明能耗。项目北侧还设立了采光井,可以提高地下车库的自然采光面积。

(4) 双层玻璃幕墙

项目采用双层玻璃幕墙,高性能玻璃幕墙的使用能够最大限度解决全玻璃建筑带来的冬季过冷、夏季过热的问题,节能舒适。双层玻璃幕墙的使用不仅能最大限度地满足舒适的视野等方面要求,还能体现建筑对城市的影响,展现园区日新月异的变化。

2. 主动技术优化

(1) 可调节外遮阳

大楼七层双层玻璃幕墙为透明中空玻璃,且层间高,进入室内的阳光较多,所以在内幕墙外设电动遮阳系统。通过此装置夏季可以减少太阳热负荷,冬季可以尽量增加室内太阳热负荷以及防止室内眩光。此遮阳系统的控制有开关控制、遥控控制、风光雨感应灯等多种控制方式。遮阳帘设计成可同步动作,也可以根据阳光在一天中不同的位置情况,每组各自单独动作,以达到遮阳和最大的自然采光效果。

(2) 太阳能建筑一体化

太阳能建筑一体化项目南侧由于不能设置成采光井和天窗,所以选择设置了太阳能光伏电板负责地下室照明,光伏发电板安装在主入口的斜坡屋顶上,一部分负责约 300 m^2 的地下室照明,增加空调机房照度,另一部分负责部分庭院照明。

(3) 地源热泵

项目采用国家首先推荐的适合于苏州地区的地源热泵节能系统。项目空调系统设计采用复合式系统,冬季完全由土壤换热器系统提供热量,夏季土壤换热器提供冷量不足部分由冷却塔系统辅助制冷,即用冷却塔来进行相应的冷负荷平衡,则土壤换热器的设计以满足冬季热负荷为准,冷却塔辅助制冷系统的设计以满足余下的冷负荷为准。

(4) 雨水积蓄利用系统

城市雨水利用,是通过雨水入渗调控和地表(包括屋面)径流调控,实现雨水资源化,使得水文循环向着有利于城市生活的方向发展,既可节省有限的水资源,又能保护环境、防止水污染,是建设和谐社会的重要技术保障。本项目合理收集屋面雨水用于绿化、冷却塔补水等,整体回收期为 13 年。同时,通过收集雨水代替市政供水,每年可以节省市政供水 10 948 m^3,产生的直接经济效益为 6.3 万元,经济、社会、环境效益显著。

(5) 新风热回收

苏州属于湿热地区,7月份最高月平均气温为 30.3 ℃,极端最高气温达到 39.2 ℃;

1月份最低月平均气温为0.3 ℃,极端最低气温为-9.8 ℃。多年平均相对湿度为80%,采用新风热回收,节能潜力会很大。采用DesT能耗模拟软件可以看出,新风全热回收降低冷负荷效果明显,占8.8%,综合冷热新风热回收,全热回收能够降低13.8%。仅新风热回收一项就可以节能13.8%,对苏州湿热环境比较适合。

(三)档案馆绿色节能效益明显

苏州市工业园区档案馆过渡季节不使用空调,直接进行自然通风,可节省能耗约36万千瓦时,约节约电费28万元/年。采用地源热泵、水泵变频、新风热回收技术,正常运行后每年可节省能耗150万千瓦时,相当于每年节省运行费约100万元。采取节水器具和收集雨水,每年可以节约市政供水10 948 m²,产生的直接经济效益为6.3万元。此外,在施工阶段,就制定了建筑施工固体废弃物管理规定,对固体废弃物进行处理再利用,回收处理总效益达到250万元。综上所述,苏州市工业园区档案馆在规划、设计、施工阶段遵循绿色设计理念,大量采用绿色技术,实现节能降耗的效果,取得了良好的经济效益,对档案馆建筑起到了良好的示范作用。

思考题

1. 展览活动场馆的主要分类有哪些?
2. 档案展览的常用设计包括哪些?
3. 在展览空间的空间感塑造环节要采取哪些措施?
4. 如何把握好展览展示设计中的基本尺度?
5. 如何选择档案展览场馆地理位置?
6. 如何做好档案展览场馆的防盗、保安及智能化管理?

第四章

档案展览信息化技术应用

第一节 档案展览信息研究

一、信息化技术发展

据不完全统计,1960—2019年国内共出版档案学图书两万余种,收入北京大学《中文核心期刊要目总览(2020年版)》的档案学期刊(见图4.1),包括《档案学通讯》《档案

图4.1 北京大学《中文核心期刊要目总览(2020年版)》

学研究》《中国档案》《浙江档案》《北京档案》《档案管理》和《档案与建设》等七种,其中《档案学通讯》《档案学研究》为中文社会科学引文索引(CSSCI)来源期刊。这些期刊共发表档案学论文一万余篇。1996—2018年,国家社科基金立项中,档案类项目共计293项,其中重大项目25项,重点项目27项,一般项目166项,青年项目61项,西部项目11项,后期资助项目3项。无论从历史还是现状来看,中国有着世界上最大规模的档案事业体系、数量庞大的档案从业人员、历史悠久的档案资源,这些都应成为档案学基础发展的研究人员取之不尽、用之不竭的理论研究和发展的源泉。

进入21世纪以来,信息化技术主导的社会浪潮将世界变成了以信息化技术为基础、以信息化产业为主柱、以信息化价值生产为中心、以信息化产品为标志的信息社会。信息化技术已经充分渗透到档案管理和档案服务利用各个环节,并不断发展其方式与内容,成为今天档案行业工作中不可缺少的要素。其中,档案展览作为档案馆开展档案宣传教育,提供文化教育、惠民服务的重要方式,也已经大规模地应用各类信息化技术,将中华文化传统知识精华、档案知识文献都应用到今天的社会发展中,为社会与广大公众提供更加生动、立体、交互的方式,呈现了现代社会的信息化知识。

二、政策法规落实

2018年,按照中共中央《关于深化党和国家机构的决定》和《深化党和国家机构改革方案》,全国各地机构完成了改革。以江苏省为例,管理体制由原来的"局馆合一"改为"局馆分设",档案局和档案馆的相应职责得到进一步明确,江苏省档案馆作为省委直属事业单位,负责档案的保管利用、服务的相关事项。2020年新修订通过的《档案法》,强调了档案馆的文化职能,并在第三十四条中,鼓励档案馆开发利用馆藏档案进行文化教育,具体开展形式包括专题展览、公益讲座、媒体宣传等。如今,档案馆作为独立的档案事业单位,其职能得到明确和聚焦,因此,各级党和政府领导机构十分重视档案展览等各类档案服务利用工作的开展和提升。

三、档案服务导向

随着现代经济社会发展,城市建设发展,加之旅游业、展览业等活动开展,文化休闲活动成为档案利用服务的新导向、新热点,越来越多的社会公众开始走进档案馆,参观档案展览,了解中华文化的发展,传承红色基因,了解档案知识,聆听档案故事。档案展览活动,通过在展览过程中引入新兴的信息化技术等方式,不断提升展览的互动性,通过翔实的实物、资料、图片、影像等,吸引人民群众参加。全国各地档案部门将档案馆和档案展览活动打造成城市的风景线,成为文化休闲的一个重要场所,使档案事业发展成就得到认可,档案学研究的实际水平不断提高,唯有如此,我们的档案学(包括档案展览)才能凸现出"中国特色",只有"中国特色"档案,才具有世界意义。

第二节 文献检索与展览

一、文献检索

2019年,以"档案展览"和"技术""信息技术"作为主题词在中国期刊全文数据库以及"中国人民大学学位论文库"等四个数据库进行精确检索,得到77篇相关文献,经过数据清理共获得27篇相关文献。对于国外文献,选取"Web of Science(SSCI)""ProQuest(Academic Research Library)""EBSCO(Discovery Service)""ProQuest博硕士论文全文数据库"四个外文数据库,以"archive exhibition"和"technology""information technology""technology application"作为标题相互组合进行检索式查找,未获得与研究主题相关的可参考文献(见表4-1)。

表4-1 文献检索表

数据库	检索词	数量(篇)	总计(篇)
中国期刊全文数据库	主题为"档案展览"和"技术""信息技术"	24	27
中国优秀博硕士学位论文全文数据库		2	
中国重要会议论文全文数据库		1	
中国人民大学学位论文库		0	

文献检索得到的文章中已有部分研究成果:
(1) 技术本身的介绍(原理、特点、应用现状)。
(2) 技术在档案展览中应用的可行性分析。
(3) 技术在档案展览中应用的优越性分析。
(4) 技术在档案展览中应用的现存问题分析。
(5) 技术在档案展览中应用需要注意的问题思考。

二、研究述评

从文献总体数量来看,关于档案展览中的技术应用方面的学术研究,学术界的关注度和研究热度不高,相关主题的专著和论著也较少。这其中的原因笔者认为有两方面,其一是因为展览起源于艺术行业,后多应用于博物馆和美术馆,所以在档案馆和档案学方面对此进行的专门研究起步较晚、成果较少。其二是因为各类新技术尚处于档案展览的发展阶段,很多并未完全成熟,因而不利于学者们对此进行研究与探索。

从研究的主要内容来看,已有文献主要涉及信息技术原理和特点介绍、档案展览中应用技术的可行性和优越性、技术在档案展览中现存问题分析等方面。研究的不足:缺乏对档案展览概念、类型、特点的系统研究;主要聚焦单一信息技术在档案展览中的应用及影响,未结合具体档案展览实践将信息技术系统归类;缺乏从档案展览与信息技术的适配性角度思考其中存在的困境及解决之策。

鉴于此项研究,旨在明确档案展览的概念要义、调研总结档案展览中信息技术应用现状,分析当前我国档案展览中信息技术应用问题,并提出应对之策。

三、信息化技术在档案展览的作用(见表4-2)

表4-2 信息化技术在档案展览中的应用

技术类别	具体技术项
展示技术	IT、数字影像、显示技术、演示技术、数字展陈、现代展示
交互技术	VR、AR、3D打印、互动投影、虚拟翻书
传播技术	互联网、新媒体
资源安全技术	数据库、区块链、入侵报警探测技术

档案展览中应用信息技术具有深化档案叙事方式、拓展档案展陈模式、优化公众交互体验的作用。

1. **深化档案叙事方式:还原历史,解读档案**

现代展示技术的运用,使档案展览能够以全新方式、全新角度解读档案及档案背后所承载的历史信息,通过技术手段还原历史的真实,讲述档案背后的故事。

2. **拓展档案展陈模式:丰富展示方式,注重观众感受**

现代展示技术引入档案展览,使档案展览的陈列语言更加丰富,更多地注重观众的观展感受。同样一份历史档案、照片,运用现代展示技术呈现,可根据展览需要,在尺寸、介质、静态与动态、平面与立体、画面与声效等方面设计制作成不一样的展示效果。

3. **优化公众交互体验:欣赏方式多元,拓展档案展陈方式**

现代展示技术凭借丰富的表现形式、强大的功能使参观者与档案之间的联系更密切和多样化,使观众不再是简单的信息被动接收者,而是积极的参与者。

四、信息技术应用

通过文献研究和网络调研对目前档案展览中应用的主要信息技术进行归类后可以发现,存在技术划分粒度不一致、技术描述名称不统一等情况。以每一类技术中应用相对广泛的代表技术为例,本章节对档案展览中的技术应用现状进行案例研究与分析,为后文得出目前档案展览中技术应用的问题与对策,奠定可持续基础。

第三节 信息化技术应用

一、信息化技术应用

1. 面向展览的信息技术应用——以 IT 技术为例

人工智能是计算机科学的一个分支,它通过了解智能的实质,生产出一种新的能以人类智能相似的方式做出反应的智能机器,该领域的研究包括机器人、语言识别、图像识别、自然语言处理和专家系统等。

人工智能的发展主要经历了以下几个阶段:第一,形成阶段。第二,以专家系统为代表的人工智能快速发展阶段。第三,以神经网络为代表的高速发展阶段。第四,普及应用阶段。国际上普遍认为人工智能有三类:弱人工智能、强人工智能、超级人工智能。

要素一是从人工知识表达到大数据驱动的知识学习技术。

要素二是从分类型处理的多媒体数据转向跨媒体的认知、学习、推理,这里讲的"媒体"不是新闻媒体,而是界面或者环境。

要素三是从追求智能机器到高水平的人机、脑机相互协同和融合。

要素四是从聚焦个体智能到基于互联网和大数据的群体智能,它可以把很多人的智能集聚融合起来,变成群体智能。

要素五是从拟人化的机器人转向更加广阔的智能自主系统,比如智能工厂、智能无人机系统、智能无人驾驶汽车等。在档案展览中,用机器人替代人工讲解,讲解屏上内容可以自动替换等。

案例 1:人工智能揭秘梵蒂冈秘密档案馆

图 4.2 梵蒂冈教皇私人档案馆

梵蒂冈教皇私人档案馆是当今世界现存最重要的历史收藏馆之一,档案馆中包含了天主教会在 800 多年里所采取的所有行动的文件,涉及政治、宗教实践、治国方略等(图 4.2)。

维基百科指出,该档案馆完整保存了 1198 年至今的档案,但馆藏的大量文件采用中古拉丁文,这极大地限制了学者的研究。学者们曾尝试将光学字符识别(OCR)用于档案识别中,但成果有限,于是转向运用 Codice Ration。Codice Ratio 将字符划分为笔画,通过测量较薄的连接位置来创建字母标识,现在这个软件还在改善中,已达到96％的准确率,足以阅读文本,但当需要调查某一特定的教皇或文件时,还需求助于拉丁学者。

案例 2:高校联手企业力推人工智能应用档案管理研究

2019 年 8 月 25 日,2019 中国知识管理论坛暨中国 CIO 论坛在科大讯飞股份有限公司语音产业基地成功举办。会上,中国人民大学信息资源管理学院与科大讯飞股份有限公司共同签署了战略合作协议(见图 4.3),并建立"人工智能与数据管理联合实验室"。未来,双方将紧密开展教学科研合作,共同推动人工智能技术在档案、数据管理等方向的创新应用,切实解决档案工作中的实际问题,提升智慧化水平,革新档案利用体验,为档案智慧化管理提能增效,为全国档案管理智慧化发展贡献力量(科大讯飞股份有限公司在语音、大数据及人工智能核心技术上具备国际领先优势,近年来更是将人工智能技术应用于探索档案数字化、管理智慧化、使用便捷化等方向)。

图 4.3　中国人民大学信息资源管理学院与科大讯飞股份有限公司战略合作签约仪式

- IT 技术使档案展览更加生动有趣

人工智能技术主要聚焦档案信息资源的数字化显示和呈现,使档案展览中的档案展品、展览场景、展品信息发布更智能。

- 档案展览中可能应用的其他 IT 技术

目前 IT 技术的三大内容:语音识别(已有)、计算机视觉(待用)、自然语言处理(已有),见图 4.4 至图 4.6。

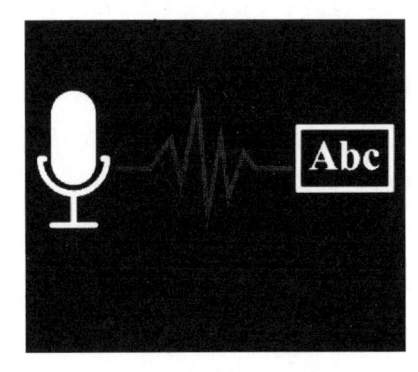

图 4.4　语音识别示意图　　　　图 4.5　计算机视觉图

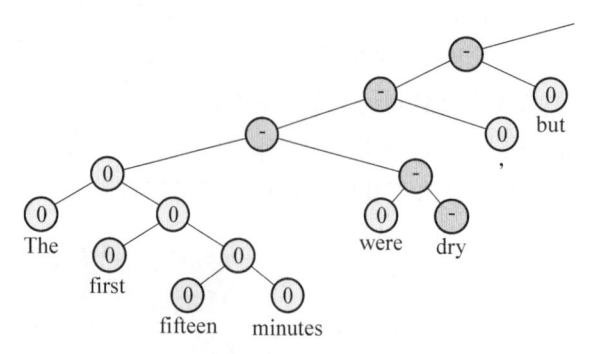

图 4.6　自然语音处理(树状数据结构)

2. 面向交互的信息技术应用——以 VR/AR 技术为例

(1) VR 技术

● 含义

虚拟现实技术(简称 VR)是指利用计算机生成一种可对参与者直接施加视觉、听觉和触觉感受,并允许其交互地观察和操作的虚拟世界的技术。

● 发展

图 4.7　虚拟现状图

虚拟现实起源于 1965 年 IFIP(国际信息处理联合会)会议上发表的一篇题为"The Ultimate Display"(《终极的显示》)的论文。论文中提出,人们可以把显示屏当作"一个通过它观看虚拟世界的窗口",以此开创了研究虚拟现实的先河。1968 年头盔显示装置和头部及手部跟踪器研究成功。20 世纪 80 年代后期信息处理技术的飞速发展促进了 VR 技术的进步。90 年代初国际上出现了 VR 技术的热潮,VR 技术开始成为独立研究开发的领域(见图 4.7)。

● 要素

一般来说,一个完整的虚拟现实系统由虚拟环境,以高性能计算机为核心的处理器,以头盔显示器为核心的视觉系统,以语音识别、声音合成与声音定位为核心的听觉系统,以方位跟踪器、数据手套和数据衣为主体的身体方位姿态跟踪设备,以及味觉、嗅觉、触觉与力觉反馈系统等功能单元构成。

● 特点

沉浸、交互、想象。

(2) AR 技术

● 含义

VR 系统主要分为沉浸类、非沉浸类、分布式、增强现实四类。增强现实(简称 AR)

是一种实时地计算摄影机影像的位置及角度并加上相应图像的技术,是一种将真实世界信息和虚拟世界信息"无缝"集成的新技术,这种技术的目标是在屏幕上把虚拟世界套在现实世界并进行互动。

- 发展

AR 技术这个词本身是在 1990 年创造的,最早的商业用途之一是在电视和军事领域。随着互联网和智能手机的兴起,AR 掀起了第二波热潮,例如微软公司于 2015 年 1 月 22 日发布 HoloLens 全息眼镜。

- 特点

真实世界和虚拟世界的信息集成;具有实时交互性;是在三维尺度空间中增添定位虚拟物体。

案例 1:青岛档案信息网三维展厅启用

10 月 27 日,青岛档案历史知识库和青岛市档案馆三维虚拟展厅建成启用。用户可以进入"青岛档案信息网"查阅青岛历史展览,观看三维虚拟展览:"青岛:1945 年日军投降仪式的台前幕后"。该展览分为照片资料展厅、报纸资料展厅、档案资料展厅、电影厅四个展览区域,通过原始的档案、照片和电影,介绍了 1945 年 9 月起美军在青岛登陆,帮助国民党军队抢占沿海战略要地,干预中国内政的历史。

图 4.8 青岛市档案馆三维虚拟展厅

这是青岛档案馆借助 3D 虚拟技术和互联网技术推出的首个虚拟展览,给观众以在线亲临档案展厅的全新体验(见图 4.8)。

案例 2:香港推出抗战主题 VR 虚拟展览馆

为纪念抗战胜利 75 周年,中国文化研究院 2019 年 9 月 17 日推出"抗日战争与日占香港"档案资料,并运用虚拟现实(VR)技术,首次制作以抗战为主题的 VR 虚拟展览馆。该展将于 18 日上传至研究院网页,供教师、学生及公众免费浏览。展馆内增添了互动元素,分布于不同位置的"思考点",以开放式问题启发参观者思考;而各个主题均设有互动选择题,让参观者学习历史知识,寓学于乐。参观者可辅以 VR 眼镜观看,更有亲身游览展馆的效果。研究院希望能加强学生及大众对史实的理解,感恩前人为国家做出的努力和付出,培养民众的家国情怀(见图 4.9)。

图 4.9 香港推出抗战主题 VR 虚拟展览馆

案例3：湖北省档案馆举办VR展览

2019年9月27日，由湖北省档案馆、中共湖北省委党史研究室联合举办的"丰碑——庆祝新中国成立70周年暨湖北解放70周年档案史料展"在湖北省档案馆开展。本次展览是湖北省庆祝新中国成立70周年系列活动的重要组成部分。展览精心遴选全省各级档案馆馆藏的400余件珍贵档案史料，利用VR技术建立虚拟档案展厅，用户佩戴VR头盔，手持数据手柄进入，通过转动头部调整方位和视角，按动手柄控制进退和模拟触摸。用户"走"到每个展示区，系统就会自动放大图文及视频内容，并同步播放语音讲解。展厅内特设一处沉浸式情景体验区，仿佛通过时光隧道进入战争现场，身边是持枪奔跑的战士冲锋陷阵，耳边是震耳欲聋的枪声、炮声，用户能够真切地以"现场亲历者"的身份感受历史事件（见图4.10）。

图4.10 湖北省档案馆举办VR展览

案例4：荷兰国家档案馆"记忆宫殿"展厅

图4.11 荷兰国家档案馆"记忆宫殿"展厅

"记忆宫殿"展厅通过讲故事的方式展示珍贵馆藏，充分利用数字化技术、可视化技术、数字叠加技术、3D技术，观众可以阅览古老档案的现代翻译版本；可以通过佩戴3D可视眼镜立体生动地浏览虚拟地图，观看经典地点不同时期的景观；可以通过游戏遥控器发出相应的指令，从而完成自己想要获得的信息；可以通过扫描二维码，进一步深入了解档案（见图4.11）。

案例5：庆祝新中国成立70周年档案展在上海中心开展

由上海市档案局（馆）、上海城投（集团）有限公司、陆家嘴金融发展局、上海中心大厦建设发展有限公司联合举办的《70年记忆见证上海传奇——庆祝中华人民共和国成立70周年档案展》2019年9月20日起在上海中心大厦B2艺术长廊展出。展览以上海解放70年以来70个具有重要意义的历史瞬间为主线，为此上海市档案馆特意遴选了百余件珍贵档案和照片，利用现代VR+AR等智能阅读方式，立体化地展现新中国成立以来特别是党的十八大以来，上海在党中央领导下取得的举世瞩目的辉煌成就（见图4.12）。

图4.12 上海市档案局（馆）等单位举办新中国成立70周年档案展

案例 6：口述 AR 图书《了不起的非遗》首发

由武汉市档案馆、武汉广播电视台、武汉市文化和旅游局共同推出的 AR 全媒体书《了不起的非遗》(第一辑)发布会在武汉会议中心举行。据介绍，该书收录了 40 篇国家级、省级、市级非遗传承人的对话专访，涵盖了包括蔡林记热干面、楚式漆艺、武当纯阳拳、汉绣、马应龙眼药制作技艺等在内的 40 类传统项目。该书还包含 40 万字的口述记忆、458 张珍贵图像档案、500 多分钟精彩视频实录。读者阅读文本的同时，可扫描页面上的二维码观看相关视频，通过 AR 技术让阅读与视听相结合，将珍贵的非遗口述和影像档案接连呈现(见图 4.13)。

图 4.13　口述 AR 图书《了不起的非遗》展览

目前，武汉市有国家、省、市、区级非物质文化遗产项目 580 多项，其中大多数杰出传承人年事已高。为抢救记忆、保存记忆，武汉市有关部门接下来将继续开展《了不起的非遗》AR 影像图书(第二辑)编撰工作。

案例 7：档案馆利用 AR 技术使历史文物重现生机

"增强档案项目"是华盛顿学院档案馆和华盛顿学院学术技术部的合作项目，该项目通过使用增强现实技术，将那些珍贵的文件、易碎的文物以及策展人的评论视频提供给观众观看。在学校资助下，学生们使用惠普 AR 软件(最近更名为 HP Reveal)为图书馆档案的每个文件全部创建了 AR 版本，包括视频、照片、3D 场景和网页等。这项技术提高了这些历史文物的可访问性，让更多的学生体验到档案馆所提供的东西(见图 4.14)。

图 4.14　档案馆利用 AR 技术展示

案例8："新广州好"数字展厅

广州市国家档案馆创新性打造长达108米的"新广州好"百米动态数字长卷,利用虚拟漫游、增强现实、人体感应等技术特质,与传统的城市文化融合成若干创新性展项,还将水文化、木棉花等极具广州特色的元素融入展厅的空间设计和百米长卷的画面设计中,使"人在画中游"真正成为现实。展厅有怀旧式手摇播放器,通过手柄的简单操作,屏幕上将显示广州同一地点、同一视点在不同年代的景象,展现广州翻天覆地的变化,"复活"广州的前世今生(图4.15)。

图 4.15 广州市国家档案馆打造"新广州好"百米动态数字长卷

案例9：VR/AR 档案技术展览

VR/AR 技术丰富档案展览的形式和效果以 VR 技术为代表的信息技术应用丰富了档案展览的形式和效果,带给用户交互式、沉浸式的新奇体验,有利于更好地发挥档案展览的宣传、教育与启迪功能。

档案展览中可能应用的其他 VR/AR 技术:无标记 AR,利用 GPS、指南针、陀螺仪和加速度计等确定用户所在位置,提供特定的 AR 内容数据(待用);基于标记的 AR,需要特殊的视觉对象和摄像头才能对其进行扫描(待用)。

基于投影的 AR(已有)

基于叠加的 AR:档案基本陈列＋VR(见图 4.16);网上展览＋VR;移动客户端展览＋VR(已有)(见图 4.17)。

图 4.16　VR 网上展览　　　　图 4.17　VR 移动客户端展览

3. 面向传播的信息技术应用——以新媒体技术为例

● 含义

利用数字技术,通过计算机网络、无线通信网、卫星等渠道,以及电脑、手机、数字电视机等终端,向用户提供信息和服务的传播形态。

- 发展

新媒体的概念是相对于传统媒体，如报刊、广播、电视而言的。

1967年，美国哥伦比亚广播电视网(CBS)技术研究所所长P.Podmark发表了一份关于开发电子录像(EVR)的商品计划书，将"电子录像"称为New Media，"新媒体"一词首次出现。随后，美国传播政策总统特别委员会主席E. Rostow在向当时的美国总统尼克松提交的报告中多次提到New Media，"新媒体"一词逐渐在美国流行，20世纪70年代扩展到全世界。

精英媒体阶段→大众媒体阶段→个人媒体阶段

- 要素

技术层面：利用数字技术、网络技术和移动通信技术。渠道层面：通过互联网、宽带局域网、无线通信网和卫星等渠道。终端层面：以电视、电脑和手机等作为主要输出终端。服务层面：向用户提供视频、音频、语音数据服务、连线游戏、远程教育等集成信息和娱乐服务。

- 特点

媒体个性化突出，受众选择性增多，表现形式多样，信息发布实时。

案例1：漳州档案打造全媒体矩阵

漳州市档案馆构建漳州档案全媒体传播矩阵，入驻《人民日报》"人民号"、中央广播电视总台"央视频"、百度"百家号"、今日头条等平台。截至2020年6月，《漳州档案》全媒体矩阵全网浏览量突破5 000万，粉丝超过20万，点赞的数量最高达到100多万，漳州档案抖音、今日头条等十多个新媒体账号是全国档案系统粉丝量较大的账号之一。漳州市档案馆精心办好室内固定展，与国家档案局联合举办"中国档案精品展"等展览；构建网上展览新平台，把馆内7个常设展厅通过扫描建模，做成3D数字展馆；对馆内100件珍贵实物档案珍品进行720°全维扫描，做成网上3D展厅，观众通过电脑、手机等设备，随时随地浏览。

案例2：苏州市档案馆在"哔哩哔哩"云直播档案展

为助力武大师生打赢疫情防控阻击战，苏州市档案馆、苏州市工商档案管理中心参与武汉大学信息管理学院"百年院庆——档案专业云认知"活动，通过网络直播档案展览的方式，讲述苏州故事，帮助学生进一步了解苏州档案工作(见图4.18)。在直播中，市档案馆工作人员带领大学生"云游"苏州各个档案展览："锦绣江南、古韵今辉"近现代中国苏州丝绸档案展还原了苏州丝绸的历史；"文明互鉴"苏州市对外交往礼品展

图4.18 苏州市档案馆在"哔哩哔哩"云直播档案展

精选135件苏州对外交往的代表性礼品;在"吴门珍档"历史文化档案陈列展厅,学生们看馆藏集萃串起姑苏历史脉络,回溯新中国成立以来苏州发生的重大事件、重要节点,了解苏州的人文风貌。

案例3:国际档案日上海浦东举办"云观展"

2020年6月9日上午,主题为"档案见证奔小康,而立浦东再出发"的2020年浦东新区"国际档案日"系列宣传活动以网络直播方式展开,观众以"线上观展""线上赏书"的方式体味浦东故事(见图4.19)。据统计,共计500余万人次观看了主会场网络直播。活动共推出三大展览:"档案见证奔小康,而立浦东再出发——浦东新区开发开放30周年档案史料展""新冠肺炎疫情防控工作档案资料捐赠暨征集成果展""盛世华档——浦东新区档案馆珍档展"。今年的档案日活动,是在统筹抓好疫情防控和经济社会发展的背景下,及时转换思路、调整方式,以全新手段、多样渠道、优质内容向公众呈现的一届高品质、高水准、传播形式更新颖的活动。

图 4.19　国际档案日上海浦东举办"云观展"

应用新媒体技术可以调整档案展览思路和方式,以全新手段、多样渠道进行档案展览和文化传递,尤其是增强了档案展览在年轻群体中的影响力。

档案展览中可能应用的其他新媒体技术:

手机媒体:微信、微博、博客等本身属于应用手机媒体的范畴(已有)。数字电视:上海电视台《档案》、北京电视台《档案》(已有)。网络电视:包括直播、电子杂志等(已有)。户外新媒体:楼宇电视、公交电视、地铁电视、航空电视、大型LED屏等(待用)。

多媒体技术是指多种媒体的综合,一般包括文本、声音和图像等多种媒体形式。多媒体的特点:集成性、控制性、交互性/互动性。多媒体技术的应用:档案工作的八大环节是收集、鉴定、整理、保管、检索、编研、利用、统计,根据前文对档案展览的概念内涵分析,可以发现档案展览是档案利用的一种方式。因此,尽管传统档案研究重收藏、轻使用,但在本研究中重在强调利用而非存储,多媒体技术的应用主要涉及收集、保管和编研阶段,因此暂不做多媒体技术应用的专门性梳理。

4. 面向资源安全的信息技术应用——以区块链技术为例

(1) 含义

从本质上讲,它是一个共享数据库,是一串使用密码学方法相关联产生的数据块,某一个数据块中包含了某一批次比特币的网络交易信息,用于验证其信息的有效性(防伪)和生成下一个区块。

(2) 发展

区块链起源于比特币,2009年1月3日第一个序号为0的创世区块诞生。2019年1月10日,国家互联网信息办公室发布《区块链信息服务管理规定》,自2019年2月15日起施行。2019年10月24日,在中央政治局第十八次集体学习时,习近平总书记强调,"把区块链作为核心技术自主创新的重要突破口","加快推动区块链技术和产业创新发展"。"区块链"已走进大众视野,成为社会的关注焦点(见图4.20)。

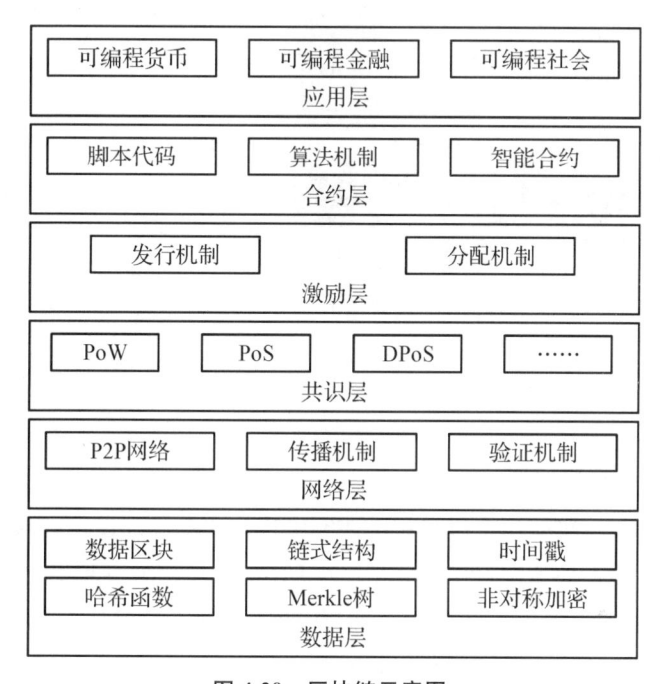

图 4.20　区块链示意图

(3) 面向资源安全的信息技术应用——以区块链技术为例

案例1:英国政府的官方档案正在尝试应用区块链技术

英国国家档案馆(TNA)正在调查区块链用于文件共享的情况(见图4.21)。这项名为"大天使"(Archangel)的研究项目由萨里大学(University of Surrey)牵头,该项目将探讨区块链在多大程度上可以解决与档案管理相关的紧迫问题。Archangel项目暂定完成时间为18个月,它将设计一个分布式账本技术(DLT)服务的原型,该服务将从数字内容中收集可靠的数字签名。该研究由工程和自然科学研究委员会资助,该委员会每年在数学、材料科学

图 4.21　区块链技术应用

和信息技术等领域投资超过8亿英镑。

案例2：大数据让档案"活"起来：用于区块链技术防篡改，用量子加密技术防盗窃

在2019中国国际大数据产业博览会上，梵瀚科技带来了"档案管理＋区块链＋量子加密"这一技术，吸引了众多目光。贵州梵瀚科技信息有限公司CEO谭鹏凯介绍，随着技术更新，全国都在对各种档案进行数字化加工，可信度保证是档案实现数字化和智能化的基础，梵瀚科技基于区块链技术，让档案数据不被篡改。档案如果是机密的，在传输过程中就涉及可能被窃取的风险，量子加密则能保证电子档案在传播过程中的保密性和安全性（见图4.22）。目前，梵瀚科技已与贵州大学、南明区财政局、黔东南州红十字中心血站等单位达成合作。未来，"档案管理＋区块链＋量子加密"这一技术，将广泛应用到学校、法院、银行档案馆等部门。

图4.22 贵州梵瀚科技"档案管理＋区块链＋量子加密"新技术展示现场

5. 信息化技术应用回顾

（1）结合案例，对当前档案展览相关研究中比较典型的新媒体技术、VR/AR技术、IT技术和区块链技术的作用点进行分析（见表4-3），可以发现档案展览中的技术应用作用点和表现形式比较泛化，没有精细到具体的档案展览类型及流程中。

表4-3 档案展览信息化技术应用

信息技术	在档案展览中的作用点	表现形式
人工智能技术	档案资源内容挖掘	知识组织和呈现
VR/AR技术	媒介融合	虚拟重建和交互
新媒体技术	社会传播	可视化宣传推广
区块链技术	数据建设	档案资源库安全保障

（2）技术的应用并非严格局限在某一环节，不同工作流程间的技术存在互通性，技术与技术之间也存在你中有我、我中有你的相互依赖。通过档案展览中技术应用的常见类型与代表案例的汇总分析发现，档案领域所研究的技术是一些面向用户的技术，而顶层技术的实现往往还依赖坚实的底层技术的支持。以新媒体技术为例，几乎所有的相关研究都承认并认可互联网在"新媒体"中的主体作用，新媒体技术与互联网技术相伴而生，互联网既是新媒体的重要表现形态，也是新媒体发展的深刻动力。在档案展览（陈列）中，采用虚拟现实增强技术，需要计算机软硬件技术、传感技术等支撑，人工智能技术则包括三维图形生成技术、多传感交互技术以及高分辨率显示技术等。

二、信息化技术应用思考

(一) 信息化技术应用思考

档案展览中的信息技术应用在主题档案资源陈列展示、公众观展互动体验、展览安全保障方面已取得一定成效。但结合档案展览的概念要义及当前的档案展览实践案例，同时根据档案展览中"主题资源为主，技术应用为辅"的原则，可以发现档案展览在信息技术应用方面存在技术应用与档案展览适配度不强，以及在档案展览中出现重体验轻叙事、技术应用成本高且复用性弱等问题。如：

(1) 技术应用喧宾夺主，缺乏档案展览精品力作。
(2) 技术应用与档案展览的匹配度不强。
(3) 技术应用重体验轻叙事。
(4) 档案展览中技术应用成本高且复用性弱。

叙述1：技术应用喧宾夺主，缺乏档案展览精品力作。

(1) 过度依赖技术应用，技术效果无序堆砌。档案展览的技术应用应是场景化的、情景式的，这种场景和情景取决于不同的档案展览的不同主题。档案资源从本质上来讲是对人类社会生产、生活方式和内容的原始记录，而任何东西都可能成为记录的主题，也因此可能成为档案展览的主题。不同主题的档案展览应当先分析展览的目标和特点，再结合不同技术的特点选取合适的技术进行应用，而非完全依赖技术。

(2) 缺乏档案展览精品力作，运用多种技术后，用户对档案的接受度没有提高。目前实体档案馆举办的档案展览并不稀少，但能给用户留下深刻印象、在业界形成良好口碑和广泛影响的代表性作品比较欠缺，导致用户对档案展览的认可度降低，对档案展览的接受取决于偶遇，对档案展览的印象更多的只有新鲜感。真正效果好的档案展览可能并非技术更先进，而是内容汇集更合理，用户的感受不再停留在技术有多酷炫，而是切实感受到档案内容的价值。

叙述2：技术应用与档案展览的匹配度不强。

(1) 档案展览中存在技术应用分散且笼统的问题。现有档案展览主要聚焦陈列展示技术、互动观展技术、传媒技术、资源保障技术四大类型，但在具体的档案展览中各种技术名称杂乱、技术应用水平参差不齐，未形成与档案展览目的需求相适应的技术应用规范。

(2) 不同类型特点的档案展览与不同种类的技术尚未匹配。造成此种现象的原因是档案展览策展与布展的分离，即档案展览布展多由档案馆策展、外包公司布展。档案展览的类型不同，其特点和需求也不尽相同。例如，数字成像技术适合展厅规模受限、档案规格过大、档案原件极其珍贵的档案展览，而虚拟现实技术则侧重展示档案背景以及传统手段不易解释清楚的历史档案展览。

叙述3：技术应用重体验轻叙事。

（1）档案展览中的技术应用过度强调用户的体验感、现场感与互动感。目前有关档案展览中的技术达30余种，其中应用较多的是投影互动、Web3D、360°全景技术及虚拟现实技术，此类技术应用均聚焦用户"体验感、现场感与互动感"，体现出档案展览的"高大上"。但这种"高大上"之感主要依附感官体验，主题档案资源内在的文化属性可能被这种感官体验淡化。例如，上海世博会上，中国馆展示的《清明上河图》画卷即是利用动画和声效的场景展示档案原件（见图4.23）。这种展示方式可能带来视听冲击，但是档案本身的文化元素及记忆故事可能会被忽视，需要进一步探讨和研究。

图 4.23　上海世博会中国馆展示的《清明上河图》

（2）档案展览中的技术应用未嵌入策展的全流程，忽视档案展览的整体叙事性。一方面，档案展览中的技术应用呈散点应用状态，未融入档案展览设计、展品制作、展品呈现、环境布置、展览服务五个组织和实施环节，构成档案策展的全过程。另一方面，档案展览需要维护档案的本质属性，呈现档案及其背后的完整故事记忆。当前，技术应用未参与档案展览的叙事流程（串起展览主题和内容的线索），故难以对主题档案信息进行系统化、条理化和叙事化的呈现，无法充分调动公众以一种问题化、思维式的导向观展。

叙述4：档案展览中技术应用成本高，且复用性弱。

档案展览中技术应用成本高，后续运维难度大。

目前在档案展览中应用到的三十余种信息技术大部分需要通过购置专门的硬件设备、专业的软件系统、配套的声像资源才能够实现落地应用，动辄需要数十万元甚至数百万元的购置费用，因此成本相对传统实物陈列式展览更加高昂。且由于专业性极高，应用后的长期设备运行和软硬件维护、资源更新也需要在人、财、物方面予以长期的、持续性的投入，这也成为阻碍各类新兴的信息技术在档案展览中大规模、高质量应用的重要因素之一，导致部分展览由于成本控制而实际应用效果不佳，由于无法提供配套的长期专业运维而成为"昙花一现"的临时性展览。

（二）档案展览中技术应用的可复用性和移植性差

由于对设备、软件和多媒体数字资源的专业性要求高，除硬件设备外，大部分展览中所设计、开发的软件系统和影音视频材料均无法实现复用和移植使用,这不仅进一步提高了展览的成本,而且会大大加长展览的设计周期,提高后期运维的难度。但开发可复用的软件也存在一定的缺点,比如由于需要适应更多的场景(足够的适应性),所以其针对性并不是很强,往往性能较差,而且开发成本也要高于一般软件成本。

(三)档案展览中的信息化技术应用与思考

针对上述档案展览中信息技术应用存在的问题与困境,本章节拟从凸显主题资源特色、聚焦档案展览目的需求、构建档案展览知识场域、统筹评估技术应用效能四个方面提出应对策略与思考。如:

(1)凸显馆藏档案资源特色,借助信息技术打造 IP 精品。
(2)聚焦档案展览目的需求,将技术应用与档案展览适配。
(3)建构档案展览知识场域,将技术应用与主题叙事互融。
(4)统筹评估技术应用效能,实现档案展览可持续化发展。

叙述 1:凸显馆藏档案资源特色,借助信息技术打造 IP 精品方面。

(1)挖掘和凸显档案资源特色。

在档案展览工作中,应当进一步凸显馆藏档案资源的特色,结合内容主题做好内容建设,再借助信息技术,打造能够有一定品牌效应的精品展览,把档案的传统优势借助新兴的信息技术进一步彰显。此外,档案展览的价值不是单方面决定的,而是展览与社会公众相互作用的结果。档案展览 IP 的打造是一个系统工程,需要多方面的协调联动,需要策展人和专业团队合作,通过整合优势资源、深挖档案价值,推出极有创意又有吸引力的主题活动。

(2)坚持适度原则,合理运用信息技术。

档案展览过程中对技术的使用不能盲目选取。例如对于非版式字符,不能使用 IT 技术中的光学字符识别(OCR),因为 OCR 功能的关键在于能够识别字母之间的空格,以区分字母本身,而手写体的文字记录等无法适用这一规则。另外,技术本身也存在局限,不能为了提高"知名度"而盲目炫技、抛弃内容,否则强调的只是技术,档案内容始终没有得到广泛重视。

叙述 2:聚焦档案展览目的需求,将技术应用与档案展览适配,聚焦档案展览的技术需求方面。

(1)虽然档案展览从时间、形式、规模、单位、场所、内容、目的等方面可以分为多种类型,但根据档案与历史的同构性原则可知,任何类型的档案展览均离不开时间、地点及内容三个关键支撑要素。因此,可以依据档案展览周期、场所及内容聚焦档案展览的技术需求(内容呈现、互动沉浸、传播、资源安全)。

(2)档案展览与不同类型的现代信息技术适度匹配。将现有比较零散的档案展览技术按照档案陈列展示技术、互动观展技术、传媒技术及资源安全保障技术进行细分和规范，形成档案展览与信息技术适配图谱，为不同类型档案展览提供技术应用参考和规范。例如馆内长期综合性档案展览倾向于比较成熟的陈列展示技术，而馆外临时主题性档案展览则适合与公众交互性更强的信息交互技术；馆内固定档案展览适合选择计算机图像技术，而馆外流动档案展览则适合选择互动观战技术。

叙述3：建构档案展览知识场域，将技术应用与主题叙事互融。

（1）建构档案展览知识场域。

档案展览中的知识场域是指依托档案展览建构公众档案文化体验和学习的知识传播闭环，主要强调档案展览的文化休闲属性。档案展览知识场域构建不仅要求赋予档案展览技术色彩，也要赋予信息技术文化属性，实现信息技术与档案展览的双向赋能。

（2）将技术应用与档案展览主题叙事互融。

档案展览主题叙事贯穿展览大纲、展览脚本、形式设计和展览服务全周期，是档案展览围绕和聚焦的主线。将技术应用与档案展览主题叙事互融的本质是要求实现档案展览技术应用的前端控制，避免技术应用与档案展览内容主题两张皮的现象。

叙述4：统筹评估技术应用效能，实现档案展览可持续化发展，统筹评估技术应用效能。

（1）筹办档案展览应当充分综合考虑技术的成本、应用场景、运维难度和综合效益，在符合展览预期投资的金额范围内，确保技术特点与展览的场景需求相契合，后续运维难度与本馆人员的专业能力相吻合，成本投入与效益收获相切合，切忌出于攀比心理而造成资金浪费，以期实现档案展览的可持续化发展。

（2）实现档案展览可持续化发展。档案展览作为公益性文化展览的一种，是向社会宣传档案的有效方式，是档案具有的传播历史知识、弘扬传统文化、进行爱国爱岗教育的功能再现，是开发馆藏资源，服务大众、服务社会的主要平台。档案虽然能通过社会效益取得间接经济效益，但关键在于发挥持久有力地维护档案展览的社会效益，因此在档案展览的技术应用过程中要充分考虑档案展览效果，实现档案展览可持续化发展。

（3）档案展览是档案及档案工作宣传的有力手段，也是档案利用服务的重要方式。当前档案展览中应用信息技术虽仍存在困境和不足，但档案展览和信息技术仍是未来重点关注的研究方向，相信随着对档案展览类型及价值的明确、信息技术发展的成熟、政策法规的进一步引导，档案展览中的信息技术应用将会更加科学、合理。未来，档案展览将会在联合主办、共建共享主题档案资源的基础上，将档案展览与信息技术匹配，构建档案文化知识场域，实现公众档案文化赋智。

本章节主要聚焦档案展览中的信息技术应用问题，系统整体地分析档案展览中的技术应用现状、问题与解决之策，提出注重底层技术应用设计、打造档案展览精品力作、将技术与档案展览适配等档案展览技术应用原则，一定程度上弥补了现有研究的不足，丰富了档案展览理论研究成果，达到档案展览可持续发展。

思考题

1. 收入北京大学《中文核心期刊要目总览(2020年版)》中的档案学杂志有哪些?
2. 信息化技术在档案展览中的具体技术应用有哪些?
3. 实现档案展览可持续化发展的措施有哪些?
4. 分析应用某一项信息化技术在档案展览中的实例。

第五章

档案网上展览

第一节 档案网上展览概述

一、国内档案网

"为党管档、为国守史"是档案部门的神圣职责,档案馆应当肩负起对公民进行国情教育、爱国主义教育的职责,把"档案馆"变成"思想库",把"死档案"变成"活动案",而主要途径之一便是举办档案展览。进入21世纪,各级党委、政府对文化建设越来越重视,档案网站成为社会主义精神文明建设的重要阵地。网上展览逐渐成为宣传档案特色、树立档案文化品牌和宣传档案文化成果的重要形式。纵观我国省市综合性档案网站,几乎都开设了档案展示性栏目,如"网上展厅""珍品博览""珍品荟萃""声像档案""城市记忆"等,展览的主题取材多围绕著名人物、历史事件、社会重大活动、热点问题、重要纪念日、庆祝日、节日等,展览视角也较宽,为丰富广大人民群众的文化生活发挥了良好的作用,社会反响较好。

下面选取几家有代表性的网上展览栏目进行情况综述。

1. 天津市档案网上展览

天津市档案网上展览栏目以"网上展厅"命名,其在网上展览分类与设计上较为清晰:

(1) 将网上展览分类划分得齐全规整。整个展厅分为视频专题片、珍档展示、专题展览、三维展厅四种类型。无论何种网上展览均可收纳至每个类型中,使网上展览阅览者更为直观方便地选择阅展。

(2) 增设了网上三维展厅。2011年10月,网上已发布了两个三维网展,即"天津城市记忆展览"和"廉政建设在机关展览"。三维展厅更好地将传统展览厅的信息传达给利用网络观赏展览的阅览者,生动形象且直观。

(3) 展览的选题广泛,充分地利用了馆藏资源。有反映国家发展变化的"共和国的脊梁图片展""天津老红军"等,有反映天津特色馆藏的"百件档案展示";有反映档案工作者谱写兰台赞歌的"档案工作创新篇";有反映钱币、书画、个人收藏展的"王定祥钱币收藏""杨锡安书画""何志华收藏展"等;还有紧跟时代步伐反映世博档案的"天津馆藏世博档案展"。

（4）网上展览的制作与设计风格别致。如专题展览中的"馆藏珍品",整个展览仅以单一网页框架承载,以动态网页将馆藏图片和文字说明置入其中,体现出设计简洁、制作风格别致的特点。

2. 北京市档案网上展览

北京市档案网上展览栏目以"专题展览"命名,其功能与设计较有特色:

（1）展出地方特色档案,挖掘特色"珍宝"。北京市的一些老字号如"同仁堂""全聚德""瑞蚨祥"等档案,记述这些企业的发展,也反映了北京的历史变迁。将这些档案搬至网上,成为北京档案信息网极具特色的篇章。

（2）公布相关的实物展览信息。如在公告栏中可以查看北京市档案馆专题展厅展出各类展览的信息。

（3）充分整合档案信息资源。将北京市档案馆及所属区县档案馆的展览汇集在一起,为社会提供便利。

（4）由各区档案馆自行制作网上展览,风格迥异,形式多样。如怀柔区推出的"怀柔区文物展"。

（5）广泛建立链接。北京市档案信息网除与各区档案馆网上展览建立链接外,还同"首都之窗"等门户网站建立了链接。

3. 辽宁省档案网上展览

辽宁省档案网站以"网上展览厅"命名网上展览,网上展览呈现如下特点:

（1）网上展览内容带有地方独特的视角与风格。在中央号召振兴辽宁老工业基地之际,辽宁省推出了"辽宁老工业基地的奉献（1949—1978）";在纪念中国人民抗日战争胜利60周年之际,推出了"辽宁人民抗日战争史实展览";在新中国成立60周年举国欢庆之际,发布了具有地方特色的"解放初期辽沈档案选展"。

（2）善用动画制作技术展现网上展览内容。紧随我国科技兴档脚步的加快,采用二维动画制作技术编制网上展览,思维超前,技术精湛。"八旗史话"采用Flash动画的翻书效果,"满文满语"中运用Flash动画导航菜单功能。

（3）大胆尝试,改变"单兵"作战风格。如今是信息化高度共享的时代,消除"孤岛"是根本目标。辽宁档案信息网在信息共享方面做出有益尝试,引入国家档案局发布的"共和国脚步——1949年档案"。此种做法充分地发挥了档案馆关于网上展览的馆际交流作用,由"单兵作战"走向"集团军式联合作战"。

（4）选题丰富多样,贴近民众需求。将局、馆的职工摄影作品制作成展览进行网上发布,既有利于丰富职工生活,又能起到宣传档案事业的作用。

4. 上海市档案网上展览

上海市档案网站以"网上展览"命名栏目,通过阅览和分析可以看出:

(1)在发掘特色档案上"下工夫"。发布的展览内容取材于本馆、本地区的馆藏档案,反映了上海本地的民俗、民风及特色,如"上海婚姻习俗""上海风情""上海知青在江西",档案图片展览形成"独家看点"。

(2)注重网上展览的整体结构设计。对一个布局结构良好的网站来说,清晰的、有逻辑的组织和结构是通行的保障。上海市档案网站发布的网上展览虽各具特色,却保持了各展览的结构统一。即通过序言引入,根据涉及的题材分专题,点击专题即进入展览内容,通过点击"缩略图"可查看展示图片的完整内容。

(3)网页版式设计和谐统一。如"中国皇陵的绝唱——世界遗产地清东陵精华展"很具代表性,重视装饰性图片和整体色调在网上展览设计中的角色、地位,强化了网页视觉空间中的点、线、面,将统一与变化、对比与和谐、均衡与对称、节奏与韵律掌握得恰到好处。

5. 青岛市档案网上展览

该网站的网上展览以"展览厅"命名,栏目设计处处体现以用户为本的理念:

(1)实体档案展览与网上展览并存。在发布实体展览的同时,还举办网上展览,吸引观众的兴趣,积极创新宣传策略。

(2)围绕观众的需求选择展览主题。青岛市曾经发布"明信片里的青岛故事""青岛解放记忆纪念青岛解放 60 周年特稿""档案记忆中的青岛与电影"等反映地方特色的专题,让观众在展览中受到档案文化的熏陶和爱国主义教育的洗礼。

(3)以现代技术为手段,提高网上展览形式的科技含量。"青岛:1945 年日军投降仪式的台前幕后"采用了 Flash 3D 效果,模仿实际展厅效果,使网上展览真正成为虚拟的现实展览。Flash 3D 不是某个软件,它是网页中 Flash 播放器播放实时三维画面(三维游戏)的程序。

二、国外档案

纵观国外档案网上展览,不难发现其展示的形式多种多样、丰富多彩,呈现出百花齐放的态势。下面从整体规划、建设情况及制作方式方面进行分析与了解。

从整体规划来看,网上展览作为历史再现的专题栏目,成为档案网站建设的主流栏目,建立以观众为中心的档案展览制度,极大地方便了利用者,也使得档案展览的影响范围更大、影响效果更持久。如加拿大国家图书馆与档案馆(Library and Archives Canada)联合举办题为"加拿大移民的历史"的展览。美国国家档案馆(National Archives of the United States)网站的"Browse Online Exhibits"(在线展览),展览内容涉及历史人文、国家政策、环境建设等。更有一些颇具特色的展览,如"美国国家档案馆三大镇馆之宝""美国历史上知名女士事迹""总统的日记展"等。更有意思的是还将一些孩子给总统的礼物进行网上展出,其中包括孩子给历任总统所画的肖像。

从建设情况看,网上展览内容宽泛、贴近民生、雅俗共享的特点值得借鉴与参考。展览的主题正悄然发生变化,不再是清一色的历史文献,从历史回顾转向了展望发展,从政治的号角转向了经济文化的方向,开始出现文化休闲方面的展览。美国国家档案馆的一些网上展览比较赶时髦,迎合现在青少年热衷于追求时尚与个性的心理,网上展览的选题有创意、迎合时尚,高品质的图片下载功能使展览查阅更为方便。如随着一些好莱坞著名电影的播映,美国国家档案馆适时以相关档案为基础推出网上展览。耶路撒冷希伯来大学建立爱因斯坦网上档案馆,将收藏的 4 万余份爱因斯坦私人文档和约 3 万份迄今发现的与他相关的资料进行上传,方便浏览者在线观看。

从制作方式上看,网页设计运用图片处理软件将素材加工成各种形状,选择适宜的背景,提供阅览利用的各种便捷方式。新加坡国家档案馆(National Archives of Singapore)举办的一次网上展览,由四位来自新加坡淡马锡理工学院(Temasek Polytechnic)信息研究专业的学生所创作,他们把网络出版和多媒体设计技能运用到这个实际项目中,展示了从 20 世纪 60 年代至今的现代人的生活方式。采取这样的方式不仅有利于培养青少年的档案意识,还有利于网上展览制作的多样化,值得推广。

三、存在问题及应对措施

网上展览的质量是由以下几个方面决定的:一是反映档案内容的素材质量,素材大部分为图片形式。二是创作者自身的艺术造诣和创作水平,这是网上展览作品质量高低的决定因素。三是网页制作的精美程度,这主要取决于网页设计者的制作、策划水平,尤其是版面组合和色彩配置。

由于受多方面的影响,国内档案网上展览的质量与制作水平参差不齐,问题汇总如下:

问题一:网上档案展览的受众有限。国人受传统的儒家思想影响,习惯遵循"正统"。举办网上展览给人的感觉是师出无门的"民间活动"。这就导致了观众在认识上的偏差,他们会主观地认为网上展览是随意性的,缺乏"正规"。目前的网上展览浏览者大都是档案部门人员,此外还有在校学生或需要查找档案的社会人员。后者往往带着查找目的而来,很少去浏览网上展览。只有少部分对档案展览态度、意向明朗的观众会去浏览,但这些人群所占比例不大。

问题二:网上展览目前仍处于探索阶段。我国网络档案文化还是一种新事物,与其他行业相比仍有不小的差距,相关法规本身力度也比较薄弱。办展自身的流程尚未得到系统化的总结和提高,尽管相关部门都在有意识地办展览,但是究竟怎样办展、如何办展,没有明确的、系统的通则和办法,也没有程序化的模式可借鉴。从国家层面上来看,我国档案网上展览建设尚缺乏规范性的指导和标准,网上展览的设计及制作方法缺乏系统的归纳与总结,致使档案网上展览这个新领域无法上升到学科的高度,大大限制了档案网上展览的有序发展。

问题三:档案网上展览设计制作和策划欠周全。传统档案展览概念的内涵和外延正在发生变化,有些内容需要重新加以界定和补充。伴随着社会信息化建设的进程,档案展览形式已发生了质的变化,已由档案实体展览进入虚拟电子图像的网上展览新时代。现有档案学对档案展览论述有局限,适应不了新形势的需要。主要表现在:办展认识不足,跟风办展;网上展览选题定位不准确,缺乏时代特征;网上展览规划盲从,不科学;网上展览不成规模,单一化;网上展览缺乏连续性,无后续规划;制作技术不高、效果不佳、可读性差等。

问题四:档案展览在开放和公布档案信息方面遇到了新的亟待解决的问题。一是档案原件的保护问题。制作档案网上展览,需要对馆藏档案进行规范化的加工整理,即所谓"二次整理"。在这个工作过程中,如果忽视档案保护,往往会给档案原件造成损害。二是信息采集、信息安全、涉密、图片信息唯一性问题。档案资料本身具有保密性,而进行展览的档案资料一般均是各个档案馆的珍藏,即使已扫描成电子格式,一些文件仍具有很高的史料价值。实际情况是大多数档案网上展览制作者都没有考虑到这个问题,资源一旦上网就可以随意下载。三是档案网上展览长期保存的问题。档案网上展览中涉及的图片、网页等文件,属于电子文件范畴。而网上展览的长期保存受到显示格式的束缚,比一般的电子文件更为复杂,如何对网上展览进行长期保存还需进一步探索。

鉴于上述对当前档案网上展览存在问题的分析,档案部门可作如下对策:

对策一:采取"抓中间、带两头"的方针,扩大网上档案展览的受众面。了解公众的态度,是举办档案网上展览成功的起点;转变公众的态度,是档案馆工作成绩的重要依据。根据公众的态度,可把公众分为热衷型公众、淡漠型公众和中间型公众三类。热衷型公众是指对档案网上展览抱有好感,持肯定和积极态度的公众;淡漠型公众则相反,是指那些对档案网上展览缺乏好感,持消极态度的公众;中间型公众是指居于热衷型、淡漠型之间,对档案展览的态度、意向不明朗的公众。档案部门对这三类公众,应抓中间、带两头,在稳定、维系热衷型公众的前提下,努力做好淡漠型和中间型公众的工作,使他们进一步了解档案网上展览,增进其对网上展览的好感,逐步向热衷型公众转化。

对策二:制定相应的标准或规程,使网上展览流程化、规范化。档案网上展览是一个系统工程。系统是由相互联系、相互依赖、相互制约、相互作用的事物和过程组成的具有整体功能和综合行为的统一体。系统并不局限于实体,也可以指概念、原理、问题、程序等作为元素而组成的客观存在。档案馆在总结历来办展成功经验的基础上,对网上办展组织实施过程及过程的每一环节进行了全面、系统、深入的探讨和研究。立足于创新,着眼于发展,吸收最新的办展理念和技术技巧,条理化地提出并拟制切实可行的办展规范,为档案网上展览提供一套可以借鉴的模式和操作方法。

对策三:提倡展览形式多样化、与时俱进,并且不断创新。在继续做好传统网上展览的同时，可以尝试新的表现方式。随着网络技术的不断发展，存在于网络上的虚拟展示活动也将越来越丰富，一个新的展示信息传播渠道会对展示活动产生更加深刻的影响。2010 年上海世博会利用网络技术开办网上世博会，用数字化技术虚拟出的展示空间，以多媒体交互方式打破线性的模式，突破了物理空间的限制，时间安排可以更加自由，使远在地球另一端的人也可以看到中国上海的世博展览。抽象的信息空间弱化了对物质材料的依赖，却强化了互动性与信息环境，也改变了展示设计的面貌。又如香港特别行政区档案网站的"从海报看禁毒运动"展览，不拘于传统展览的形式，利用网上展览的特点与优势，将档案展览制作成 Flash 游戏形式，将教育、娱乐融为一体。

对策四：力争在档案信息征集、开放和产权保护等方面有新的作为。档案信息资源是档案事业的核心和主体，档案业务建设是档案信息资源的基础和源泉。为此，从档案基础业务入手，夯实档案展览的资源基础。不断拓展档案业务指导范围，拓展各级国家综合档案馆的档案接收范围，在现有接收范围的基础上，增加接收国有破产企业档案、未设专门档案馆的国有企业到期档案、有重要保存价值的民营企业档案、城市社区档案、"三农"档案、非城市区域内的重点建设项目档案等，全面开展民间珍贵档案、国家重要档案、家庭（个人）档案、族谱档案的征集、收集、受赠工作。努力使这些有价值的档案资源得以全面进入综合档案馆进行长久保存。建立健全相关法律法规，在有充分的产权保障的条件下，随时开放档案并为公众提供网上利用。

第二节 档案网上展览特色

一、档案网上展览的特点

通过上述比较，可以对档案网上展览特点具体分析如下：

1. 展示形式的多样性

档案网上展览展示形式多样，具有广泛、主动、系统、灵活、直接的特点，是开放档案、开发利用档案信息资源，推进档案社会化及实现档案信息共建共享的好形式，它把传统的档案服务形式由被动变为主动。档案展览内容涉及社会的各个领域，包罗万象，信息容量大，且展品是经过挑选、加工、制作、排列等工序酝酿而成。从不同的角度展示档案史料的某一过程或片段，这必将满足不同社会层面的需求，增加档案展览的社会效益。

2. 展览手法的专业性

档案网上展览制作是一项具有专业性、技术性、科学性、艺术性的工作。制作网上展览是档案资料系统化、条理化的过程,是对档案中蕴含的知识、信息进行深加工和再创造的过程,从而实现档案知识的传播。"展示什么,怎样展示"都有其自身固有的规律性和严格的标准,这不仅反映出主办者的办展意图,而且还需历史、美术、摄影、现代科技等多学科的综合运用。

3. 依托互联网的科技性

网上展览依托于 Internet 及档案网站,从而实现档案资源的共建共享,扩大档案馆展览服务的范围,为更广泛的观众提供优秀的展览资源。档案网上展览也因为自身蕴藏的文化内涵和丰富的知识性、趣味性,吸引了大批浏览者。档案网上展览成为利用现代网络信息技术开发档案信息资源,为社会提供档案利用和服务的一种新形式。

4. 不受环境的制约性

档案网上展览与通常的实体、实地档案展览的不同点主要是不受展出场地的限制,利用者与展品实物无接触,无现场解说,避免了传统实物展览时间短、现场环境嘈杂而拥挤的限制。网上展览力求创造温馨舒适的观展环境,浏览者在自己熟悉的环境就可以欣赏到高质量的档案展览,拉近了群众与档案馆之间的距离,大幅度提高了网上展览的受众人群。

5. 内容信息的数字性

网上展览的所有内容都是数字信息,即包括文字、图形、图像、动画、声音和影像等多媒体,这些信息既可以是由实物展品经数字化而来或者是通过数码相机直接拍摄生成的图像文件,也可以是集文字、图像、声音和动画于一体的多媒体文件。

6. 服务覆盖面的广泛性

网上展览与传统展览相比,服务的覆盖面广,不受地理位置和参观时间的限制,可以自由控制。传统展览只在特定时间举行,宣传效果也只是短期效应;而网上展览可以全年全天候展出。传统展览只能在档案馆所在城市或固定的几个城市展出,受展览地域限制,覆盖面窄;而网上展览只要能登录 Internet 的地方就可以看到。传统展览只在特定群体中有一定的宣传效果,参观人数少;而网上展览可以多种语言对照,全球联网,参观人群遍及世界各角落。

7. 展览方式的系列性

网上展览的展览方式呈现系列性的特点。挖掘档案展览内容属于档案信息资源开发范畴,办展包含于档案信息资源利用范围。档案信息资源开放利用需要掌握社会对档案信息需求情况,熟悉档案信息"家底",对档案进行著录、标引、编制目录、使用检索工具,编辑档案史料,编写参考材料及运用各种先进技术设备和手段,进行信息加工和处理等。这就决定了网上展览的展览方式具有系列性,可将优秀的展览资源分批次、分系列地进行展出。

8. 制作成本的廉价性

经费不足是制约档案部门办展的重要因素。举办展览需要投入大量的人力、物力与财力。网上展览解决了传统展览因涉及场地安排、展台或展柜布置以及解说等相关事宜,需要专门安排人力的困难;网上展览不必考虑传统展览中的材料费、工程费、场地费等林林总总的项目开支,需要投入的仅是相关网页、动画等的制作费用,节约了大量资金,降低了成本且周期短,在数周内就能制作完成。

二、档案网上展览的分类

档案网上展览的形式根据题材的形式、内容、命题角度、技术特点等,有以下分类:

(一)按题材形式分类

1. 一件一题展

"一件一题展"是指一件或很少的几件档案单独设展,其展览内容(或档案展品)较少并且独立,但应是具有深厚文化底蕴或重要历史价值的稀世珍品。此类展览可不设前言和结束语,命题可直叙展品名称,配有简要的文字说明即可。

2. 主题展

"主题展"是指根据档案的某一个专题设展,以一个主题名命题,主题名称要能概括专题的内容。其下可设若干个分栏目或章节,并注有子题名称,主、子题的名称均要与所述内容相符合。页面以树型结构的形式搭建浏览层次,注意层次要清楚。

3. 系列展

"系列展"是指以不同的命题展出成组或成套的相互关联的档案资料。每个命题反映的是一个相对独立的主题。系列展览的总命题要宏大、生动、醒目。"系列展"中每个命题要具体、明了、实际,要能直接揭示该命题的主要内容,每个命题可下设若干分栏目。

(二)按题材内容分类

1. 人物题材

人物既可以是历史人物、现代人物,也可以是伟人、普通劳动者;既可以是正面人物,也可以是反面人物。人物选题要注重人物生平、时代特征与现实作用,要客观、真实、公平地再现人物的人生经历和历史作用。

2. 历史事件题材

历史事件要具有相对的独立性及历史背景,要注意事件发展的持续性和材料的完整性,可客观真实地揭示其片段或全程。既要展示真实的历史事件,也要通过对历史的回顾,使人们受到革命传统教育,从中激发民族精神、爱国主义,起到以史为鉴的作用。

3. 社会活动题材

档案工作是为党委、政府服务,为社会服务,是围绕档案的中心工作开展社会活动,具有很强的时政性和时效性。我们要抓住机遇配合各项活动举办档案网上展览,使之成为舆论工作的一部分。

4. 热点、焦点题材

包括国际和国内的政治、经济、文化、军事、外交、法律、科技、教育、体育、卫生、宗教等方面的热点和焦点,以此所举办的展览。

5. 纪念日题材

以重大纪念日、庆祝日、节日及特定时间段所涉及的事件为题材。如抗战胜利、新中国成立周年等。

6. 特殊档案题材

抓住档案载体多样性和特殊档案的统一性的特点,举办照片档案、家谱档案、户籍档案、商标票据等方面的档案网上展览等。

7. 馆藏特色题材

以反映一个档案馆有别于其他档案馆所特有的地域、文化、历史或独特风格的馆藏档案为题材,制作出能突出馆藏珍品价值和文化品位以及馆藏基本构成的网上展览。

8. 民风、民俗题材

既可单一民族选题,也可多民族系列选题。单一选题主要是展示某一民族文化相对的独特性,系列选题则展现我国作为多民族国家,各民族的民风、民俗及其特点、风采等。

(三)按展览命题分类

1. 独立命题

以直接揭示主题内容的方式拟定的展名,称之为独立命题。

2. 复式命题

以正、副标题方式拟定的展名,称之为复式命题。一般复式命题的正标题"务虚",须气势宏大;副标题"务实",必须揭示主题内涵。

3. 展现方式

目前,在互联网上已经发布的档案网上展览样式繁多、琳琅满目,却并不繁杂。

（四）按技术特点分类

1. 在线浏览型网上展览

（1）简易明晰型

该类型的网上展览通过图片与文字说明的结合，以网页形式反映展览主题，无须过多的网页修饰效果和复杂的编程技术就可实现。

（2）网页美化型

该类型的网上展览是根据展览主题，制作者巧妙地美化网页，独具匠心地将平实的图片与文字变"活"，体现设计者对网上展览主题思想的诠释。又可详细分为缩略图与原图结合模式、实地展览与网上展览同步模式及创意设计模式。

- 缩略图与原图结合模式

使用"缩略图"的好处就是能够直观地预览图片，方便浏览者有的放矢地选择感兴趣的图片，避免了延长等待时间。制作原图时，要提供尺寸合理、清晰度较高的图像。

- 实地展览与网上展览同步模式

实地展览具有一定的时效性，为保持展览的长久性，可以将其完全迁移至网络，将实地展览利用先进的网络技术在互联网上进行直播。网上展览作为实地展览的网上"副本"，最大限度地提高实地展览的效果，从而达到扩大宣传的目的。辽宁档案信息网的"改革开放30周年成就展"，是2008年12月16日由辽宁省委宣传部、辽宁省档案局（馆）等单位主办，在辽宁省博物馆展出的"辉煌历程——辽宁解放60周年暨改革开放30周年成就展"的网上"副本"。

- 创意设计模式

制作者在已有的素材基础上，搜集关于此展览所需的图片、声音、模板等素材。对多种素材灵活运用，达到渲染主题的目的。如辽宁档案信息网网上展览"满语满文"，将网上展览内容与图片巧妙结合，作为Flash文件嵌入网页。

（3）视频展示型

该类型的网上展览通过多媒体剪辑软件，将网上展览的有关素材（图片、视频、音频等）结合起来并加入特效，供浏览者在线观赏，点击链接可在线观看视频内容。

2. 二维动画特效型

网上展览采用较丰富的技术手法和美工设计，以二维动画来展示其中的各种图片。目前网上软件技术发展很快，如Animate是目前应用最广泛的软件之一，通过其绘画功能，如基本动画类型的制作、高效动画类型的制作、文本动画制作、骨骼动画制作、AchionScript应用等，依靠制作者对网页制作及多媒体软件的娴熟运用，制作图文影音并茂的网页及动画，给浏览者带来视听觉的享受与震撼。

● 按展现方式分类

（1）图片静态式

该类型的网上展览以静态图片为展品,通过文字介绍展品,以网页形式反映主题思想,无须过多的网页修饰和复杂的编程技术。

（2）操作动画式

该类型的网上展览多采用二维或三维动画来展现网上展览中的图片,制作成图文影音并茂的网页及动画,给浏览者带来视听觉的享受与震撼。

（3）数据管理式

该类型的网上展览依靠数据库管理技术与动态网页技术,通过调用存放在数据库里的链接路径或图片,实现对展览素材的调阅。

（4）音、视频播放式

该类型的网上展览是对图片、音频、视频的综合处理,通过多媒体编辑软件制作有关音视频,以播放的形式展示。

（5）技术复合式

该类型的网上展览是对多种技术的灵活运用。有效地将美工设计、动画制作、数据库管理、视频制作技术合理地结合,完成网上展览设计者的设计理念,准确地反映主题。目前此种形式的网上展览得到许多专业档案网站的认可,使用频率较高。

第三节　网上展览制作提示

一、网上展览的资源

（一）网上展览素材的收集

俗话说"巧妇难为无米之炊",没有丰富的馆藏资源,举办档案实体展、档案网上展览就无从谈起。深入挖掘馆藏档案信息资源,加强档案编研工作,成为网上办展的前提。

1. 细致开展"家底"摸查工作

档案网上展览以档案信息资源为依托,以网络平台为档案信息资源开发与利用的必要手段。深入挖掘和掌握馆藏,是实现档案网上展览的资源保障。依托馆藏档案资源开展网上办展,就要做到真正意义上的熟悉"家底"。要分类摸查馆藏档案基本构成,坚持立足馆藏、突出特色,为创建网上展览精品做出有益的前期工作。全面掌握库房现有全宗数、案卷数和档案门类,了解本馆、本地区的特色档案和珍藏档案,建立起档案资源开发的项目储备库。确保在网上展览的选材上,全面反映出本馆、本地区的特色档案和珍贵档案,更好地体现档案工作服务于经济建设的主题。

2. 深入挖掘、整合馆藏档案信息资源

在深入了解馆藏的基础上,按专题对档案进行收集、筛选、加工,去粗取精、去伪存真,使之转化为不同形式的编研成果。对馆藏档案信息资料进行优化组合,使那些零散的信息资料形成一个新的有机整体,形成问题集中、内容准确、文字简练、概括性强的专题。在研究开发的深度和广度上"下工夫",对地方经济特色、民族文化特点、名牌产品、名胜古迹、重大历史事件、著名人物等档案内容进行收集、加工,编辑成档案史料,以备上网,向社会提供系统、准确、完整的参考资料。

通过深入挖掘馆藏资源,要掌握馆藏档案中有什么,要掌握馆藏档案中还缺什么,哪些重要档案史料需要进一步收集补充,哪些信息资源有开发利用价值。紧紧抓住重点全宗档案和地方特色档案内容进行专题性研究。

3. 做好档案征集、接收工作

档案的征集与接收,为网上办展史料来源提供渠道。根据《中华人民共和国档案法》《各级档案馆收集档案范围的规定》,档案馆必须依法收集反映本地区历史面貌、具有历史凭证作用和科学研究价值的各种门类及载体的档案资料。档案馆要做好档案征集接收工作,保证进馆档案的齐全完整,不断丰富馆藏,为经济社会发展储备更多的档案资源,为历史和后代留存更多的文化财富,同时也为开展网上办展提供广阔的资源渠道。

(二)网上展览平台的搭建

网上展览以数据信息传输取代了传统的实物展示,打破了时间与空间的局限,是信息时代的产物,是对传统展览的创新与突破。正如传统实体展览需要以展厅、展具为基础,网络成为网上办展的平台,它是数据、计算机、服务器、档案网站等基础资源形成的总和。随着科技进步、移动互联时代的到来,手机等终端设备也逐渐成为人们浏览网上展览的重要平台。

网上展览的发布平台,即依托档案网站的常规平台和依托手机网站的移动终端平台。

1. 档案网站建设

档案信息网站是众多网站中的一种,是在互联网上建立的属于档案部门的公共站点,是向社会提供档案信息查询服务的电子信息集合,是各级档案局(馆)、档案学会、协会、学院等档案机构和组织,为介绍档案部门和馆藏资源、提供档案信息服务、促进专业信息交流而在互联网上建立的档案专业网站。

(1)档案网站的入网

档案网站入网需要经过入网申请、签订协议、申请专线、申请域名等一系列手续办

理和网络设备的准备。

入网前的手续,一是要选择网络服务商 ISP(Internet Service Provider),ISP 有很多,要选择信誉好、规模大、服务佳、价格合理的。二是要选择入网方案,入网方案有虚拟主机方案、主机托管方案、专线接入方案。在入网申请得到批准后,网站建设单位要与所选择的网络服务商签订《入网协议书》。对于采用专线接入方案的网站建设单位,需要凭借网络服务商开取的《入网许可证》到专线提供部门办理专线申请手续(采用虚拟主机方案和主机托管方案的不需要)。

作为由 ISP 管理的一个网上单位,要办理 IP 地址和域名申请。在完成网站入网程序后,需办理备案手续。

(2) 档案网站的发布

完成上述工作后,需要将设计完毕的网站文件传送至服务器指定的硬盘目录中。此服务器可能是通过托管方式或虚拟主机方式存放于远端的服务器,也可能是通过专线接入方式自主管理、存放于本地的服务器。确保至少有一台机器能登录互联网,在发布之前,把已申请的 IP 地址和默认文档告知 ISP,ISP 会为网站做好地址的链接。使用专门的软件工具(如 CuteFTP)来完成,也可使用网页设计软件中的上传功能,如 Frontpage 等。最后要做好信息的备份,将这些内容以文件的形式存放在本机硬盘,定期做好全部信息的备份。

(3) 档案网站的宣传

档案信息网站发布的目的就是希望所有上网的人都访问到,起到宣传档案工作的作用。档案网站宣传有以下几种渠道:到百度、谷歌这样的搜索网站登记;积极与其他网站结成战略伙伴联盟;广告交换,与其他网站相互登出各自的网页广告,达到相互宣传;参与公众号、微博等相关网络社交媒体互动,发送 E-mail;在档案期刊上刊登档案网站地址或在信封信函上印上网站地址。

(4) 档案网站的管理与维护

网站开通后的管理与维护,主要包括信息更新、信息归档、网站安全管理。

① 档案网站的信息更新

档案信息网站的魅力在于它源源不断地提供档案信息和即时的档案工作动态,它的更新首先就是信息内容的更新,其次是功能与栏目的更新,再次是网页改版和后台管理的更新。

② 档案网站的信息归档

档案网站信息要实行归档管理。档案网站建设过程中主要产生三部分信息资料,即网页设计资料、网页内容资料和网站运营中产生的信息资料,需要予以归档保存。发布后的网站信息从存贮介质看,属于电子文件归档,因此必须符合电子文件归档的有关规定和办法。

③ 档案网站安全管理

档案网站安全是档案安全保障体系中的一部分,包括网络环境安全和档案信息安全。网络环境安全是档案网站安全管理的基础,主要包括物理安全、系统安全、防火墙安全、网络监测和锁定控制等。档案信息安全指网站中的数据受到保护,不受偶然的或者恶意原因而遭到破坏、更改、泄露,系统能连续正常地运行,信息服务不中断。应确保网站信息的真实性、保密性、完整性、可控制性、可审查性。对可能存在的威胁采取审批制度、访问控制、网站权限控制、数字证书、网页加密技术等措施来保证安全。

④ 移动终端平台建设

2009年,美国市场研究公司 Informa 发布报告称,目前全球手机用户总量已达33亿户,相当于全球66亿总人口的50%。人们可能随时带着手机,但不可能随时带着电脑。现在的互联网,可以说是名副其实的移动互联网。大家不仅可以利用无线网卡随时随地上网,还可以直接利用手机浏览网页、下载文件,而且现在的无线运营商也正在大力发展无线网络、扩展手机上网带宽。手机被称为互联网的第二个机会,手机网站被誉为传统网站的第二生命。

档案网上展览另一个重要展示平台目前主要指在手机等终端设备上搭建的发布平台,确切地说就是基于手机网站。手机网站(亦称 WAP 网站),通常以文字信息和简单的图片信息为主。实际上随着手机向智能化方向发展,安装了操作系统和浏览器的手机的功能同电脑是很相似的[这种智能手机也就是"口袋个人电脑"(PPC)],使用这种手机可以通过 GPRS 上网,可浏览几乎所有的 www 网站,无论网站是不是专门的 WAP 网站。目前很多主流网站都提供网站的手机版本,如腾讯、网易等。当然,网上展览网页不同于门户网页,手机版本的网上展览网页需要根据展品和说明文字有目的地进行设计制作,选取更能表现主题的展品和文字内容,要精简、干练,表达中心内容。由于手机的屏幕尺寸和 CPU 处理能力有限,专门为手机进行优化的网站更为方便用户浏览。这也对网站设计提出了新的要求,即网站要适应手机浏览。

(三) 软、硬件设备的配备

网上展览素材来源于照片、音视频、纸质及实物档案。这些档案选定后并不能直接进行网上展览。先要对这些档案进行加工、处理与整合,针对不同取材,需要不同的软硬件配合使用。具体的软硬件设备可分为以下四类:

1. 数码相机

网上展览的取材一部分来源于展览实体,数码相机(Digital Camera,DC)又名数字式相机,是一种利用电子传感器把光学影像转换成电子数据的照相机,集光学、机械、电子于一体化。它集成了影像信息的转换、存储和传输等部件,具有数字化存取模式、与电脑交互处理和实时拍摄等特点。按用途分为单反相机、卡片相机、长焦相机和家用相机等。拍摄展览实体时可根据不同环境和角度,因地制宜地采用不同用途的相机,获取最佳的视觉效果。

2. 数码摄像机

与数码相机相同,摄像机也是将展览实体转化为网上展览对象的工具。不同的是前者生成的是图像,后者生成的是视频。摄像机种类繁多,其工作基本原理相同,都是把光学图像信号转变为电信号,以便于存储或者传输。按用途分为广播级、专业级和民用级机型。

(1) 广播级机型

主要应用于广播电视领域,图像质量高,性能全面,清晰度最高,信噪比最大,图像质量最好。但价格较高,体积也较大。

(2) 专业级机型

应用在广播电视以外的专业电视领域,如电化教育等,图像质量低于广播用摄像机。近年来,一些高档专业摄像机在性能指标等方面已超过旧型号的广播级摄像机。

(3) 民用级机型

主要适合家庭使用,应用在图像质量要求不高的非业务场合。按照存储介质分为U盘式、光盘式和硬盘式三种。

U盘式——指以Mini DV为记录介质的数码摄像机,通过U盘来记录高质量的数字视频信号。

光盘式——是DVD数码摄像机,存储介质采用DVD-R、DVR+R或是DVD-RW、DVD+RW来存储动态视频图像,操作简单、携带方便,拍摄中不用担心重叠拍摄,更不用浪费时间去倒带或回放,尤其是可直接通过DVD播放器播放,省去了后期编辑的麻烦。

硬盘式——指采用硬盘作为存储介质的数码摄像机。

(4) 视频采集卡

视频采集卡(Video Capture Card)是将摄像机、录像机、LD视盘机、电视机等输出的视频数据或者视频音频混合数据输入电脑,转换成电脑可辨别的数字数据存储在电脑中,成为可编辑处理的视频数据文件。视频采集卡按照用途可分为广播级、专业级和民用级,主要区别是采集的图像指标不同。

(5) 扫描仪

扫描仪工作原理类似于照相机,通过使用灯管和镜头将文件图像曝光在玻璃板上,字迹或图形经反射灯光后形成波长不同的光波,扫描仪将这些光波转化为电子信号,作为图像文件存储进计算机。经扫描后的档案可保留原貌,形成"半成品",这些"半成品"在后期的网上展览制作中还要经过图片纠偏、格式转换、尺寸修正等步骤,才能真正成为网上展览对象。

扫描仪通常分为高速扫描仪和平板扫描仪。高速扫描仪处理速度一般可达每分钟20~120页,可分单面扫描和双面扫描。高速扫描仪扫描速度快,但无法处理大幅面的档案,对档案纸张质量的要求也较高,纸张状况较差时容易损坏档案原件,珍贵档案不适宜选用。平板扫描仪主要用于A3等大幅面档案的扫描,用途广泛、功能强大、种类颇多、价格低廉,但扫描速度相对较慢。

(四) 工具类硬件设备的配备

1. Web 服务器

Web 服务器也称为 WWW（World Wide Web）服务器，提供网上信息浏览服务。"工欲善其事，必先利其器。"网上展览以文件夹的形式存储于 Web 服务器，通过 Web 服务器软件对外发布。网上展览对使用何种类型的服务器发布没有要求，而是与所在网站采用何种数据库、动态语言有关。对 Web 服务器而言，安全性和稳定性至关重要，因此进行系统漏洞查补、合理的权限管理、脚本安全管理非常重要。

2. 多媒体计算机

多媒体计算机（Multimedia Computer）是能够对声音、图像、视频等多媒体信息进行综合处理的计算机。一般指多媒体个人计算机（MPC），可以把音频、视频、图形/图像和计算机交互式控制结合起来，进行综合处理。

多媒体计算机应用多媒体技术是当今信息技术领域发展最快、最活跃的技术，是新一代电子技术发展和竞争的焦点。多媒体技术融计算机、声音、文本、图像、动画、视频和通信等多种功能于一体，将各种网上展览对象、各种素材进行加工整合，恰似一个"加工厂"。网上展览制作涉及海量的照片、音频、视频、二维动画、三维动画等，处理图片、制作二维和三维动画需要占用计算机较大的系统资源，对计算机的配置要求很高。多媒体计算机性能高，有效地解决了占用内存大、CPU 速度慢的问题。而多媒体计算机的高性能取决于它较高的配置，包括海量存储的硬盘、大容量的内存条、高性能的 CPU、高清显示效果的显卡、高品质的声卡等。

3. 存储设备

网上展览的材料组织、编撰、采集工作产生了大量数据信息，这些信息的传递和存储离不开光盘及移动硬盘等存储设备。

光盘按其存放数据类型及其数据格式的不同，大体可分为三类。一是直读型光盘，有 CD-ROM、VCD、DVD 等；二是一次写入多次读出的光盘，如 CD-R、CD-RW、DVD；三是可重复读写光盘，如磁光盘 MO 等。移动硬盘可以提供相当大的存储容量，是性价比较高的移动存储产品。移动硬盘大多采用 USB、IEEE1394 接口，能提供较高的数据传输速度。主流的 PC 机基本配备了 USB 功能，与移动硬盘形成较好的兼容。光盘和移动硬盘各有优缺点，光盘稳定、不易中毒，但使用不方便，必须通过刻录光盘复制数据；移动硬盘高速、使用便捷，容量较大，但容易中毒。在实际工作中，两种移动介质是交互使用的，无明显差别。随着网络的普及，通过网络共享也可以达到传输移交的目的。

4. 系统类软件工具的配备

上面介绍了网上展览中信息采集、材料编撰、加工制作、内容发布过程中涉及的硬件,此外还需要与这些硬件相匹配的软件。与数码相机、摄像机、视频采集卡、扫描仪对应的有各类驱动软件及应用程序软件,与多媒体计算机、存储设备对应的有各种驱动程序、系统软件,与网络、服务器对应的有各种网络应用程序、数据库、网络信息发布系统等。

加工类软件工具的配备:加工类软件工具用于档案展览的资源加工与处理,主要有图片处理工具、网页制作工具、动画制作工具。

(1) 图片处理工具

网上展览需要的照片、图片不能"拿来主义",需要使用相应工具对图像进行分析、加工和处理,使其满足视觉、心理以及其他要求,这是网上展览制作中的第一步。

(2) 网页制作工具

对于网上展览来说,网页好比实体展览中的展板,通过网页制作工具进行一系列设计、建模并通过执行过程,将电子格式的信息通过互联网传输,最终以图形用户界面(GUI)的形式被用户浏览。

(3) 动画制作工具

网上展览通过动画来表现展览对象,富有感染力和吸引力。动画制作分为二维动画与三维动画技术。网页上流行的 Animate CC 软件动画属于二维动画,最有魅力的当属三维动画,动画制作大片、电视广告片头、建筑动画等都要运用三维动画技术。现在 C4D 软件功能愈来愈强大,操作起来也相对容易,这使得三维动画有更广泛的前景。

网上展览所使用工具种类繁多。除以上几类外,还涉及音视频处理、电子书的制作、数据库及编程工具等。

(五) 信息化人才队伍的建设

人才是档案事业发展的关键,起决定作用。制作档案网上展览既是档案信息化建设的主要内容之一,又是传统档案宣传和编研工作的拓展,作为当前档案信息化建设宏伟工程的一项内容,需要大批既具有丰富档案知识又熟练掌握信息技术的专业复合型人才。档案网上展览的制作是富有想象力和创造力的工作,需要档案理论、计算机知识、网页制作、动画设计、美工设计等多门知识多种技能的复合型人才,因此要加强信息化人才队伍建设,为档案网上展览提供智力支持和技术支撑。

1. 加强信息化人才队伍建设的必要性

一是保障档案信息资源开发、档案宣传工作、编研工作和利用工作长期性、可持续性的需要。如今信息时代的飞速发展给档案工作带来新的工作思路,档案管理由传统的"重保管、轻利用"到以信息技术为依托的新的档案资源开发利用模式。信息社会知识老化与更新的周期正在不断缩短,而其广泛性和复杂性却不断加深。在这种情况下,档案事业要发展,利用现代手段为宣传工作、编研工作、利用工作提供保障,技术人才是关键。档案事业需要一支热爱档案事业、坚定理想信念、掌握现代科技知识和专业技能、胜任本职工作、富有创新能力的档案人才队伍。

二是提供智力支持和技术支撑的需要。经济社会的发展离不开科技的进步,科技的进步离不开人才的支撑。掌握前沿科学技术、具有过硬专业技术知识并具有创造性思维的高层次创新人才,在科技进步和经济社会发展中起着举足轻重的作用。档案网上展览是信息时代发展的产物,是档案馆不断实现自身科学发展,以创新的服务理念、服务机制、服务方式服务各级党政机关和人民群众的又一新生事物。举办网上展览与传统展览相比,对于制作人员来说,是由劳动密集型转移到知识密集型和技术密集型。只有既具有丰富档案管理经验,又能熟练掌握信息技术的人,才可以为网上展览的筹划、设计、制作提供思路和技术;采用专业方法和现代技术,对分散的、无序的档案信息进行收集、鉴别、整理、加工,发掘有用的信息材料,进行编目与制作,使之成为别具匠心、精雕细琢的"艺术品"——网上展览,从而更好地被利用者了解和认知;更好地向社会提供知识资源,促进档案馆馆藏资源的知识创新及知识升华,从而达到档案馆知识管理的最终目的。

2. 培养信息化人才队伍的具体要求

培养信息化人才队伍,不仅要强调个体素质的优秀,更要重视群体结构的合理性,强调整体的效能。努力建立具有多学科、多专业、多层次优点的档案人才队伍,要体现出一专多能的群体结构优势;在个体上,培养出具备无私的敬业精神和奉献精神、掌握精湛的专业文化知识、具备各种计算机高新技能和丰富的创造能力的人才。

综合素质要求——能宏观决策、掌握大局、协调各种关系、实施总体方案建设的人才;具有一定的档案编纂、研究能力。

技能要求——能从事设备资源及设施的建设、运行、管理及维护工作,掌握信息化建设全部硬件管理;能从事系统维护工作,掌握多媒体软件工具的使用并随着软件技术的更新而不断提高技术水平;能从事网站建设的维护和管理,保证网站正常运营;能从事网络系统的安全监测、控制等管理工作,能应对网络突发事件的处理。

艺术素质——具备一定的审美能力,能够灵活地将这种"美"应用在网上展览作品中。

3. 培养信息化人才的具体措施

人才培养的根本目的在于最大限度地调动人才的积极性和创造性,做到人尽其才、人尽其用,获得最佳的人才效益。

第一,加强对人才培养的认识,树立人才意识。应尊重知识、尊重人才,把人才培养作为档案事业发展的大事来抓。在人才培养上,要具有超前意识,把人才培养提升到战略高度上来。21世纪的竞争是科学技术的竞争,也是人才的竞争,要面向未来看待人才。

第二,对现有档案工作者广泛培训计算机专业知识与技能。网上展览制作不只是网站设计者和制作者的工作,同时也关系到广大档案工作者。一个优秀的、有创意的档案网上展览需要技术人员去设计,更需要广大档案工作者的娴熟使用和灵活掌握。要有计划地分期分批对所有档案人员进行培训,普及现代信息技术、计算机技术、通信技术和网络技术等知识。

第三,培养复合型专业人才。多年来,档案馆中档案专业人才占主流。近年来随着档案信息化建设,计算机专业人才逐年引进,档案馆从事信息化工作的人员大都为高校计算机专业的毕业生,知识结构较为单一,主要偏重于信息技术的应用。而档案信息化建设的发展需要的是懂技术、会管理、熟业务、善于协调且需要与档案专业高度结合的复合型信息化人才。要大力培养此类高层次、具有创新能力的人才。

第四,选拔部分年轻的档案工作业务骨干进行高层次的技术培训。当今信息社会,档案工作正在从传统管理向创新开发型转变,档案部门要大力开展档案继续教育,采取派出去、半脱产、函授、短训等多渠道、多方式进行业务培训。在档案信息化人员中,选择一些接受能力强、好学上进,并对档案网上展览制作感兴趣的年轻人,送到高校、科研院所进行中长期的信息化技术培训,打造跨专业的复合型人才,使其成为档案部门"自产"的档案业务与信息化技术骨干。

第五,主动积极地发挥年轻人的优势。现代化技术是年轻人的技术,青年人富有想象力和创造力,接受新生事物快,反应敏捷,善于挑战。档案信息化建设应培养他们的创新精神和实践能力,给予重任,放手让他们去做,充分发挥其积极性和创造力,定能取得事半功倍的效果。

二、档案网上展览设计原则

档案网上展览是内容、技术、艺术相结合的有机整体,强调内容与形式相统一,须遵循内容真实、政治观点正确、以人为本等原则。

(一)真实性和目的性原则

"真实性"是档案的基本属性,档案源于人们的社会实践活动,反映了历史原貌和事实真相。网上展览是将档案在特定平台上有目的、系统化地展示,代表档案原件。确保档案网上展览的主体内容来源于真实的档案资料,这样才具有可读性。

弘扬先进文化,发扬时代精神,是档案馆举办展览的宗旨。档案网上展览必须主题突出,带有意向性、目的性,紧跟时代发展的主旋律。网上展览首先应传达给浏览者基本信息和印象,要确保制作的展览表意明确、内容翔实。选题和命题所揭示的内容、构成必须反映主办者意图,从不同的角度反映出时事政治的宣传主题和任务。

(二)以人为本原则

展览设计要考虑目标观众的目的、情绪、兴趣、观点、反应等因素。从目标观众的角度进行设计,这样容易引起目标观众的注意、共鸣,并给目标观众留下比较深的印象。

1. 使用者优先观念

网上展览从前期的准备直至完成,整个过程都应遵循浏览者优先的原则。随着科学技术的不断进步,当今时代已不再局限于互联网,而是向"物联网"发展,身边的各类电子产品成为网络的延伸。手机与网络的联系日益紧密,将网上档案展览延伸至手机平台,建立 WAP 版的档案网上展览已成为设计者必须考虑的问题。

网上展览需要实现"无障碍浏览",其设计要考虑具备操作引导提示,以图片信息替代文字,内容有完整的可理解提示等,使观者用键盘操作就可以完成网站内容访问等基本目标。盲人借助"读屏软件"等辅助工具可顺利浏览网上展览信息,弱视人群借助站内无障碍辅助工具,可以对文字大小、对比度、灰度等进行调整以满足需要。

2. 考虑用户浏览器

如果想要让所有用户都可以毫无障碍地浏览页面,那么应使用所有浏览器都可以阅读的网页格式,而不要使用只有部分浏览器可以支持的 HTML 格式或程序技巧。如果希望展现设计者的高超技术,又不想放弃一些潜在的浏览者,可以考虑在网上展览主页中设置几种不同的浏览模式选项(如纯文字模式、FRAME 模式、JAVA 模式),供浏览者自行选择。

在页面设计中,通常不将网页设计为满屏。由于当前浏览器屏幕通常设为 1 024×768 像素分辨率,因此网页设计中常以此为标准设计。但设计的页面宽度比 1 024 要小,一是因为要为页面留出滚动条的宽度;二是为页面留白,不至于将页面挤满。通常可以设计双侧滑动飘旗展示展览主旨、最新活动等信息,从而起到丰富页面的作用,并且这部分内容替换也比较方便。Flash 动画展示部分的 Div 和搭建"产品系列"部分的 Div,虽然栏目页面的 Div+CSS 布局方式和网站首页布局方式基本一致,但不同的是,在 ID 是"bannen"的 Div 中插入的是 Flash 动画,在页面左侧的"mainlefi"中设置产品系列表项。

3. 考虑网络连接速度

浏览者大多使用高速光纤、ADSL 或小区光纤。但是也有一些用户可能会使用低带宽上网,此类用户受到计算机配置、操作系统并发程序等因素影响,网络速度缓慢,致使网页或动画无法打开。在进行网上展览设计时必须考虑各种情况,不要放置文件量很大、下载时间很长的内容。为保证正常的网络运行速度,不要大量使用图片、滥用多媒体文件;随着 5G 等技术的广泛应用,网络运行速度将加快。网上展览制作完成后,要进行网络连接速度测试。

(三) 主题突出原则

根据心理学理论,大多数人易在短期记忆上模糊或遗忘,概括起来就是小而分立的信息要比长而不分立的信息更容易被浏览者有效地阅读和记忆。这个规律蕴涵在人们寻找信息和使用信息的实践活动中，它要求网上展览设计者在设计中必须自觉地掌握和遵从。

无论是采用网页还是动画的表现形式，在设计时要通过明确的主题来表达一定的意图和要求，并按照视觉心理规律和形式将主题主动传达给观赏者，以使主题在适当的环境里被人们及时地理解和接受。这要求网上展览视觉设计不但要直观、简练、清晰和精确，而且在强调艺术性的同时，更应该注重对主题的突出。优秀的设计必定服务于主题，也就是说什么样的网上展览应该有什么样的设计。只注重主题思想的条理性而忽视页面构成元素空间的形式美，或者只重视页面形式的条理而淡化主题思想的逻辑，都将削弱主题的最佳效果，难以吸引浏览者的注意力，也就不可避免地出现平庸的网上展览设计或以失败而告终。

网上展览设计要想达到主题突出的效果，一方面要通过对网上展览主题思想运用逻辑规律进行条理性处理，使之符合浏览者获取信息的心理需求和逻辑方式，让受众快速地理解和吸收；另一方面还要通过对网上展览构成元素运用艺术的形式法则进行条理性处理，以更好地营造符合设计目的的视觉环境，突出主题，吸引浏览者的注意力，增进浏览者对网上展览内容的理解。通过页面的空间层次、主从关系、视觉秩序及彼此间的逻辑性的把握和运用，使网上展览从形式上获得良好的引导力，并达到突出主题的目的。

（四）整体和谐统一原则

网上展览是由很多要素组成的，包括展览主题、展品、布局、色彩、美工等。好的设计是将这些要素完美组合，形成统一协调的整体。内容和形式，达到整体性和统一性。内容是指它的主题、形象、题材要素的总和，形式是它的结构、风格设计等表现方式。优秀的设计必定是形式与内容的完美表现。

网上展览表达的是一定的内容、主题和观念，在适当的时间和空间环境里为人们所理解、接受，以满足网上展览浏览者的使用和需求为目标。设计时强调其整体性，可以使浏览者更快捷、更准确、更全面地认识并掌握它，并给人一种内部联系紧密、外部和谐完美的美感。

网上展览的结构形式是由各种视听要素组成的。在设计页面时，强调页面各组成部分的共性因素或者使各个部分共同含有某种形式特征，是形成整体性的常用方法。这需要从版式、色彩、风格等方面入手。如在版式上要对页面中各视觉要素作全盘考虑，从周密的组织和精确的定位入手，即使运用"散"的结构也要经过深思熟虑之后才能决定。一般页面使用三种以下的标准色，并注意色彩搭配的和谐。对已分屏的长页面，不能独立设计每一屏，要全面完整考虑。整个网上展览内部的界面，应该统一规划、风格一致，让浏览者体会到设计者的设计思想。

网上展览设计所追求的形式美必须符合主题需要，这是设计的前提。只追求表现，网页设计就会变得空洞无力。设计者只有将这两者有机地统一起来，深入领会主题的精髓,再融合设计者的想法,找到一种完美的表现形式,才能体现出设计独具的分量和特有的价值。

要确保网上展览的每一个元素都有存在的必要性,不要为了炫耀而过多使用没有必要的技术和装饰,否则得到的效果可能会适得其反。只有通过认真设计和充分考虑来实现全面的功能并体现美感,才能实现形式和内容的统一。如果技术因素影响了传达信息的效果,那就不是形式和内容的完美统一。假如网络的网页数据传输到用户端,某个网上展览为了丰富其艺术效果而大量使用图像或其他多媒体元素,虽展示了设计制作者高超的美工技巧,却产生多达几百、几千字节甚至更大的数据,使浏览者需要等待很长时间才能看到整个网页内容或动画全貌,这样的网上展览不够优秀,因为它不符合网页传播信息的快捷性,使内容不能很快地展现给浏览者,从而影响了访问效果和质量。

设计制作者在注意单个页面形式与内容统一的同时,也不能忽视同一主题下多个分页面组成的网上展览整体的形式与内容的统一。网页具有多屏、分页、嵌套等特性,可以对其进行形式上的适当变化以达到多变的处理效果,丰富整体的形式美。

强调页面形式的视觉整体性可能会牺牲灵活的多变性。必须注意,如果过分强调整体性,可能会使页面呆板沉闷,以致影响浏览者的兴趣和继续浏览的欲望,要适当掌握和处理好整体与多变的关系。

(五) 版面精美生动原则

制作者设计版面要生动形象。与众不同的设计能吸引更多的浏览者,精美生动的版面设计是对展览艺术性和观赏性的要求。随着人们审美能力的普遍提高,浏览者对网上展览的版面设计、展览的品位和档次提出更高的要求。

第四节　网上展览制作程序

就办展的品位、档次、质量而言,有时档案网上展览举办者虽做了最大的努力,可最终却不一定能达到预期。这与办展理念、技巧及选题命题、结构层次、栏目设置等制作程序的规划有关。网上展览制作程序大致相同,本节就一般程序予以介绍。

一、确定组织结构

网上展览制作是环环相扣、紧密结合的,需要管理部门、基础业务部门、技术部门等多个部门通力配合、精诚合作。有效的组织结构的建立便于统筹规划、提高团队能力,保证网上展览项目运作有效和连贯,以收到预期的效果。

档案网上展览是档案馆多个部门联合工作的结果，需要建立相应的工作制度和有效的组织结构，以确保工作的顺利进行。网上展览制作中档案馆各部门的角色及分工：网上展览的工作环节首先是展览的策划，一般由管理部门承担，围绕展览主题进行详细、周密的计划安排和大纲部署，勾勒出办展粗线轮廓。其次是展品的收集，由档案基础业务部门承担，围绕展览主题和目标，对馆藏档案资料、文字材料、图表照片、实物标本等有针对性地进行文字编撰和内容采集。接着是档案展览架构的成型阶段，由技术部门承担。

总体设计大体分为内容设计和版面形式设计两部分。一般来说，内容设计在先，版面形式设计在后，两者要有连续性。最后是展览的测试，要责成专人对即将发布的网上展览进行测试，确保发布信息安全正确、功能完善、无计算机病毒等。

二、选择网上展览题材

档案网上展览要适时选择题材。题材是对所涉及的特定档案内容的高度概括，选题和选材是档案网上展览的起点，题材选定的准确与否，关系到其他环节可否顺利地进行。题材适时的选择对于档案网上展览至关重要。

1. 选题的方向

档案网上展览应以围绕党和国家现阶段的目标任务，配合各级政府的中心工作和经常性工作作为选题的基本取向。必须抓住和把握社会热点、焦点、亮点，深入挖掘馆藏，以档案的独特视角和内容，开发出具有历史和现实意义的档案信息产品。宣传党和国家的大政方针，宣传社会主义的建设成就，歌颂社会主义祖国，维护党、国家和人民的根本利益，弘扬民族先进文化，展示历史瑰宝，促进档案事业科学发展。

2. 选材的依据

选材应以社会需求为向导。社会需求是第一位的，满足社会需求和社会效益最大化是检验和衡量选材正确与否的唯一标准。特别是近年来国家档案局多次强调要做好档案工作，进一步提高档案服务能力。只有把握住社会的热点、重点和亮点，才能及时主动地选出针对性强、受参观者欢迎和切合时宜的展览题目。选题应以馆藏档案资料为基础，必须在充分研究馆藏档案的基础上，将展出档案的数量、价值大小、完整程度等作为能否提供展览的参数。

3. 选材的原则

档案网上展览的选材要注意两大原则。其一是要以《档案法》为准绳，符合国家相关的政策法规，按照国家开放档案的范围挑选展品，使展出馆藏档案丝毫无损于国家安全、民族利益，无损于民族团结和个人隐私。其二是注重知识产权的保护。国际上知识产权包括工业产权和版权。档案网上展览需要展出大量馆藏照片、声像、专著等档案资料，很有可能涉及版权问题。

4. 展品的挑选

紧紧围绕展览主题和目标有针对性地进行展品的挑选，展品主要有档案资料、文字材料、图表、照片、音视频、实物标本等。不同类型档案展览，其展品构成有所不同。总体而言，展览材料一般以照片、图片、视频等多媒体素材为主，有"一图胜千文"之说，在瞬间有传递较大信息量的效果，易为浏览者所接受。打造档案展览特色品牌，是办展的精华所在。展品收集应先在本馆（单位）查找，以记载本地区的史实材料为主，也可适当选用反映其他省、市、县的史料，涉及相关馆（单位）的素材可发信函加以征集。初选展品数量要大，然后按展出要求筛选留用或清退。并将选定展品登记、分类编目、妥善保存，以备总体设计之用。

三、展品的数字化处理

纸质档案或实物档案需通过采集设备（如数码相机、数码摄像机、采集卡、读卡器等）和输入设备（如扫描仪、键盘、手写板、语音系统等）进行数字化。采用复制件进行档案展品的编辑制作，既有利于档案原件的保护，也方便档案展览的展品再加工。

为保证最优化选择，信息采集要适当扩展展品采集数量，以扩大选择范围。在筛选时要充分考虑信息视觉效果与艺术造型。如文献资料类档案展品宜采用正本、副本艺术性地结合搭配；出版物类档案展品采用不同年代版本相搭配；人物照片类档案展品可将正面照、侧面照、不同年龄段照片相结合；景观和实物要以正视、侧视、俯视等多角度拍摄。另外，通过互联网搜索引擎搜索网上展览相关素材，也成为丰富网上展览信息内容的有益补充。要注意，通过网络获取的资源要经过鉴定，去伪存真，选择其中真实有效的信息。

四、展示形式的策划

如果将制作网上展览看作一项工程，那么展示形式的策划是整项工作的统筹与安排。

第一，需要制订相应的工作计划和进度计划。如确立题目、确定负责人、确定参加部门、确定信息提供部门、确定信息鉴定和审查部门、确定网上展览制作执行人、成立完成小组、明确人员分工与职责、确定验收人、确定制作时间及具体进度安排等。

第二，制定展示方案，规划布局。对于某个主题展览来说，将需要上网的内容统统搬到网上是不现实的，也是不科学的。应理顺网上展览内容的层次关系，制定合理展示方案和布局，为制作网上展览奠定基础。

第三，确定展示的形式。展示形式应以反映网上展览主题思想为主，而不是在满足设计技术和能力的前提下制定需求方案，即为需求而设计，而不是为设计而需求。在满足需求的前提下,可选用网页模式、Animate CC 软件等展示形式。

第四,选定开发的工具。在确定展示形式后,依据展示形式,确定所用的开发工具,建立制作平台。如选用网页模式就要使用网页开发工具,选用 Animate CC 软件二维动画工具就要使用动画制作工具。工具的选择并不是唯一的,可以是多种工具的结合使用,如 Animate CC 软件在选用动画制作工具的同时,也许会选用数据库与之共同制作一个网上展览。

五、内容的整理与编辑

待档案网上展览完成选题、资源准备等步骤后,须针对展览内容进行系统的、深入的梳理,经过深层次、高品质提炼,将"死档案"变成网上展览生动的素材。内容编撰要求有:

1. 拟写题目

题目是展览和读者情感交流的第一个接触点,是提供给参观者知晓展览内容的独特视角。要求文字简练,题目明确、生动、新颖、有意蕴,准确反映展览的内容。

2. 撰写前言

成功的网上展览,前言至关重要。前言要全面概括展览的内容,文字要精练,阐述要简洁。撰写过程中要注意以下三个要求:一要开门见山,迅速入题,让参观者接触到文章的中心,了解文章的基本内容。二要引人入胜,抓住人心。使用有实质性内容和易于吸引读者的词句。三要简洁、有力。开头的文字不宜过长,以免显得头重脚轻、结构不匀称。

3. 编辑内容

网上展览内容选用的档案资料须符合《档案法》第十九条规定,原则上只选用向社会开放的档案。不利于社会安定、涉及国家机密与其他不宜开放的档案不得选用。内容编辑要全面,每幅画面、图片均要有详细说明,上下文要保持连贯。

4. 写结束语

结束语部分实际上反映了展览的价值和水平,起到画龙点睛的作用。在撰写上要与前言相呼应,简洁、有概括性和启迪性,使浏览者感同身受、意犹未尽、回味深远。

六、内容、形式的审查

根据信息发布的要求,对网上展览的成品要进行内容和形式的审查。内容审查可在选题组织材料后进行,形式审查可在网上展览设计完成后进行,也可阶段性进行。审查组应由分管领导、有关专家、学者共同参与,请他们对网上展览的形式、内容编排、文字说明、解说词等进行政治性、思想性、技术性和艺术性等方面的审查与指导,对存在的问题提出具体的修改意见。网上展览制作者可依据审查意见,采取内容修改和技术调整,进一步优化组合,以期提高网上展览的品位,取得社会效益最大化。

七、技术实施

按照制作方案运用技术手段对档案展品及相关素材进行再加工,制作出展览动画、视频等。档案部门从事计算机软件设计人员有限,独立进行网上展览设计和制作的能力较弱,大多数实行外包制作,由计算机专业单位或人员完成。外包时须提供全面的制作方案、相关展品及制作素材。签订书面协议书,明确合作双方职责,并实时跟踪配合制作,最终测试验收。为此,制作前需要签订网上展览建设合同或制作协议,明确合作双方职责。

八、网上展览测试

网上展览本身由一组程序组成,因此和其他的 Web 应用程序一样,在投入互联网使用前要接受测试,以防止失密泄密和技术失误,确保档案信息的安全。测试可在展览制作完成后进行,也可分阶段操作。对所有的可用性测试来说,都需要有外部人员(未参与网上展览制作的人员)的加入,这需要各部门的有力配合。

1. 内容测试

尽管网上展览相关信息已经通过主管领导和有关专家学者鉴定,但是内容测试环节仍非常必要。主要测试网上展览中各种功能的实现情况、文字使用的规范性和合理性、档案专业术语的正确性等。内容测试为检验网上展览提供信息的正确性、准确性和相关性。

2. 安全性测试

由于网上展览使用的设计语言存在差异,可能会引起客户端或服务器端的严重问题。例如,程序部分使用 Java、JavaScript、ActiveX、Plug ins 等脚本语言,容易产生网页漏洞,引起网上展览页面甚至是所在网站的中毒,因此需要进行安全检测。

3. 数据库测试

在采用数据库支持的网上展览中,数据库在其中起着重要的作用。在数据库测试中,为 Web 应用系统的管理、运行、查询和实现用户对数据存储的请求等提供空间,需要对性能进行测试,其中包括负载测试和压力测试。

4. 性能测试

性能测试包括负载测试和压力测试。负载测试是为了测量网上展览程序在某一负载级别时的性能,以保证程序正常打开。负载级别可以是某个时刻同时访问 Web 系统的用户数量,也可以是在线数据处理的数量。压力测试可以掌握是否需要更改程序或是对服务器硬件进行升级测试的指标,测试限制和故障恢复能力,获取开发用户的最大负荷、平均响应时间等。

5. 导航测试

导航测试又称链接测试。测试链接是否链接到了正确的页面,测试所链接的页面是否存在,确保没有孤立的页面(所谓孤立页面是指没有链接指向该页面,只有知道正确的 URL 地址才能访问)。链接测试可以自动进行,现在已经有许多工具可以采用。

6. 图形测试

图形测试包括对网上展览中的图片、颜色、边框、字体、背景、按钮、动画等的测试。需要验证所有页面字体的风格是否一致,背景颜色是否与字体颜色、前景颜色相搭配,图片的大小和质量是否合适,生成动画是否注意压缩这个环节,确保文件的大小能适合网页发布。

7. 整体界面测试

整体界面测试是指网上展览程序的页面结构设计能否给用户整体感。整体界面的测试是对最终用户进行调查的过程,一般采用调查问卷的形式,得到最终用户的反馈信息。

8. 监测效果测试

监测效果是对档案展览中互动的交流区域和展览访问量的统计。通过留言板的留言和展览访问流量的统计,可汇总该网上展览监测效果趋势图,从而了解该展览是否符合社会大众需要,是否达到办展目的,为今后档案部门更好地办展提供基础保障。

九、网上展览发布

将网上展览程序上传至服务器指定的硬盘目录。此服务器可能是通过托管方式或虚拟主机方式存放于远端的服务器,也可能是通过专线接入方式自主管理、存放于本地的服务器。网上展览的发布需要满足下列三个条件:

第一,至少有一台机器能登录互联网。登录互联网的机器可作为上传信息的设备。

第二,必须具备发布网上展览的软件。网上展览内容无论是最初一次性地上传,还是在运行过程中的随时性上传,均是依靠专门的上传软件。

第三,严格做好信息的备份。网上展览制作付出了技术人员的大量心血,凝聚信息采集、编辑和整理人员的辛劳。应做好本机的备份,每次更新信息都要随时备份,定期做好服务器全部信息的备份,降低一旦服务器出现故障或受到攻击,信息将会丢失的风险。

十、网上展览的归档

档案网上展览的归档范围包括两大部分,即纸质文件和电子文件。

(一)所涉纸质文件的归档

1. 归档范围

(1)相关文本。包括论证报告与请示、批复,工作计划,展览大纲,细目脚本,展览解说词,办展总结等。

(2)上网申请单或网上展览制作协议书。

(3)纸质展品。在提出上网申请时,常附以展品的纸质资料,即展览的图片和文字小样。

2. 归档方法

纸质文件的归档方法,可参照《归档文件整理规则》(DA/T 22—2000)进行。对于通过 OA 办公系统流转的上网信息申请单,可通过打印模式转化为纸质文件来归档。

(二)所涉电子文件的归档

近年来,档案业界一直致力于有关电子文件归档的研究,国家档案局于 2002 年出台了《电子文件归档与管理规范》(GB/T18894—2002),各地档案部门也制定了各自的管理办法。2010 年,国家档案局专门研究了文书电子文件归档的有关问题,出台了《电子文件元数据标准》等一系列行业规范,这些相关标准虽然并未直接对网页归档做界定,却为网页文件归档提供了很好的参考依据。

1. 归档范围

网上展览主体。即网上展览内容的数字信息,包括文字、图形、图像、动画、声音,或是合成多媒体。

(1)展品、素材及其他。包括文字材料电子版、照片、图片、声像、影像资料在内的原始素材;对照片、图片等进行二次加工的半成品素材;为美化网上展览采用的附加图片和动画;网页的工程文件及动画、图片的源文件;制作中使用的非常见性工具等。

(2)有保存价值的电子文件。含上网申请单、审批单、计划书、合同的电子版等。

2. 归档方法

对于网上展览主体的归档，可将制作完毕、经过测试的网上展览全盘拷贝到硬盘、光盘、磁带等本地存储器中脱机保存。对于网上展览的展品和素材，可脱机保管、保存载体为光盘和磁盘等，与相应的纸质文件一并归档。对于有保存价值的电子文件，可参照《文书类电子文件元数据标准》(DA/T 46—2009)及《基于 XML 的电子文件封装标准》(DA/T48—2009)等进行归档。

第五节 网页制作

互联网的快速发展为人们提供了更方便、快捷的信息交流平台，上网已经成为很多人工作、生活中不可缺少的一部分，网页承载了其他任何一种媒介都无法比拟的丰富资源。在档案网上展览中，良好的网页设计能够提升网上展览的品质。不同类型的网页在整体结构和风格上差别较大，但网页制作的基本规律则是相同的。

一、认识网页与网站

互联网是一个蕴藏着无穷资源的宝库，在资源共享和信息交互方面具有得天独厚的优势，网页正是传递这些资源和信息的重要载体。网页不但可以用于浏览文字、图片、多媒体信息，而且在娱乐、商务等领域都有重要应用（如电子邮件、聊天室、搜索引擎、网上购物、电子政务等）。网站由一个或者多个网页组成，是提供各种信息和服务的平台。对于初学者来说，学习网页设计与制作，首先要了解与网页和网站相关的基本知识。

(1) 认识什么是网页，熟悉网页类型和网页基本构成元素。
(2) 了解设计制作网页常用的软件和技术。
(3) 认识什么是网站，理解网站的网址与域名。
(4) 掌握网站建设的一般流程。

（一）什么是网页

网页（Web Page）是一个包含 HTML 标签的纯文本文件，它可以在互联网上传输，能被浏览器识别并翻译成页面显示出来，是构成网站的基本元素。在联网的计算机上打开浏览器，在浏览器的地址栏中输入诸如 http://cy.css.org.cn 等网址，即可在浏览器中打开网站的主页，如图 5.1 所示。该网页是全国大学生创业服务网站的主页（即 Homepage），具有呈现整个网站主题及页面导航的门户功能。

图 5.1　全国大学生创业服务网主页

一般网页上都会有文本和图片等信息，复杂一些的网页上还会有声音、视频、动画等多媒体内容。在网页上单击鼠标右键，选择"查看源文件"命令，可以查看网页的代码结构。用户可以使用记事本对网页中的文字、图片、多媒体等页面内容进行编辑，并通过超文本标记语言 HTML 对这些元素进行描述和控制，最后由浏览器对这些标签进行解释并生成最终呈现给用户的丰富多彩的网页。

网页比报纸、广播、电视等传统媒介在信息传递上更加迅速、多样化，交互能力更强。掌握一定的网页设计理念和网站开发技术，将有助于用户更好地利用网络资源。

（二）网页类型

网页分为静态网页和动态网页两种类型。

1. 静态网页

在网站设计中，使用纯 HTML 格式的网页通常称为静态网页，它运行于客户端。静态网页扩展名通常为".htm"或".html"。静态网页的内容仅仅是标准的 HTML 代码，但静态网页上也可以呈现各种动态效果，如 GIF 格式的动画、Flash 动画等，只不过这些"动态效果"只是视觉上的，与下面将要介绍的动态网页是不同的概念。

静态网页的基本特点归纳如下。

● 每个静态网页都有一个固定的 URL，并且网页 URL 的扩展名通常为".htm"或".html"。

● 每个网页都是一个独立的文件，当网页内容发布到网站服务器上之后，每个静态网页的内容均保存在网站服务器上。

- 静态网页的内容相对稳定，因此容易被搜索引擎检索。
- 静态网页没有数据库的支持，在网站制作和维护方面工作量较大，因此当网站信息量很大时，完全依靠静态网页的制作方式是比较困难的。
- 静态网页的交互性较差，在功能方面有较大的限制。

2. **动态网页**

动态网页是指使用 ASP、PHP、JSP、ASP.NET 等程序生成的网页，动态网页会根据编写的程序访问连接的数据库，可以与浏览者进行交互，也称为交互式网页。动态网页的优点是效率高、更新快、移植性强，可以根据先前制定好的程序页面，根据用户的不同请求返回相应的数据，从而达到资源的最大利用和节省服务器的物理资源。

动态网页的基本特点归纳如下：

- 动态网页以数据库技术为基础，可以大大降低网站维护的工作量。
- 采用动态网页技术的网站可以实现更多的功能，如用户注册、用户登录、在线调查、用户管理、订单管理等。
- 动态网页实际上并不是存在于服务器上的独立的网页文件，只有当用户请求时，服务器才生成并返回一个完整的网页。
- 关于动态网页中 URL 的字符"?"，搜索引擎一般不可能从一个网站的数据库中检索全部网页，或者出于技术方面的考虑，搜索引擎不会去抓取网址中"?"后面的内容，因此，采用动态网页的网站在进行搜索引擎检索设计时，需要做一定的技术处理才能适应搜索引擎的要求。

由此可见，静态网页和动态网页各有特点，网站采用动态网页还是静态网页主要取决于网站的功能需求和网站内容的多少。如果网站功能比较简单，内容更新量不是很大，采用纯静态网页的方式会更简单，反之，一般要采用动态网页技术来实现。

在静态网页的基础上，结合动态网页技术是目前常用的网站建设方法。网页固定不变的内容可以使用静态方法设计，而特殊的功能以及日常更新部分使用动态网页技术来实现，如用户注册、用户登录、新闻发布等。由于动态网页以数据库技术为基础，数据库的存储方式存在搜索引擎的检索问题。另外，如何最大限度保证数据库的安全也是动态网页技术中的核心问题。

（三）网页基本元素

设计网页时要组织好页面的基本元素，同时再配合一些特效，这样才能构成一个图文并茂、绚丽多彩的网页。网页包括文本、图像、音频、视频、动画和超链接等基本元素。

1. **文本**

文本是网页传递信息的主要载体，如图 5.2 所示。文本传输速度快，而且网页中的文本可以设置其大小、颜色、段落、样式等属性，风格独特的网页文本设置会给浏览者以赏心悦目的感觉。

图 5.2 网页中的文本

提示：在网页中应用了某种字体样式后，如果浏览者的计算机中没有安装该种样式的字体，文本会以计算机系统默认的字体显示出来，此时就无法显示出网页应有的效果了。

2. 图像

图像给人的视觉效果要比文字强烈得多，在网页中灵活运用图像可以起到点缀的效果，如图 5.3 所示。

图 5.3 网页中的图像

网页上的图像文件大部分是 JPEG 格式或 GIF 格式，因为它们除了具有压缩比例高的特点外，还具有跨平台特性。图像在网页中的应用主要有以下几种形式。

- 图像标题：在网页中一般都有标题，应用图像标题可以使网页更加美观。
- 网页背景：图像的另一个重要应用是作为网页背景，特别是一些个人网站，应用图像背景比较多。

● 网页主图:在网页上,除了用小的图片美化网页外,有时还会用一些大的图片来突出网页主题,特别是网站主页中用主图的比较多。

● 超链接:有时可以用图片取代文字作为超链接按钮,使网页更加美观。

提示:一般情况下,图像在网页中不可缺少,但也不能太多,网页上放置过多的图片会显得很乱,也影响网页的下载速度。

3. 动画

动画是网页最活跃的元素,有创意的动画是吸引浏览者的有效方法。网页中的动画不宜太多,否则会使浏览者眼花缭乱、无心细看。在网页中加入的动画一般是 GIF 格式或者 SWF 格式。

4. 超链接

超链接是最为有趣的网页元素。在网页中单击超链接对象,即可实现在不同页面之间跳转、访问其他网站、下载文件、发送电子邮件等操作。无论是文本还是图像都可以加上超链接标签,当鼠标移至超链接对象上时,鼠标会变成小手形状,单击即可跳转到相应地址(URL)的网页。在一个完整的网站中,至少要包括站内链接和站外链接。

● 站内链接:如果网站规划了多个主题版块,必须给网站的首页加入超链接,让浏览者可以快速地转到感兴趣的页面。在各个子页面之间也要有超链接,并有能够回到主页的超链接。通过超链接,浏览者可以迅速找到自己需要的信息。

● 站外链接:在制作的网站上放置一些与网站主题有关的对外链接,不但可以把好的网站介绍给浏览者,而且能使浏览者乐意再度光临该网站。如果对外链接信息很多,可以进行分类。

5. 音频和视频

通过音频进行人机交流逐步成为网页交互的重要手段。浏览网页时,一些网页设置了背景音乐,伴随着优美的乐曲,浏览者在网上冲浪会更加惬意。但是加入音乐后,网页文件会变大,下载时间会增加。

在网页中加入视频,会使网页具有较强的吸引力。常见的网络视频有视频短片、远程教学、视频聊天、视频点播和 DV 播放等。但是,在应用视频时要考虑网速问题,如果视频播放不流畅也会影响浏览效果。

(四)网页的构成

网页是由一些基本版块组成的,主要包括 Logo 图标、导航条、Banner、内容版块、版尾版块等,如图 5.4 所示。

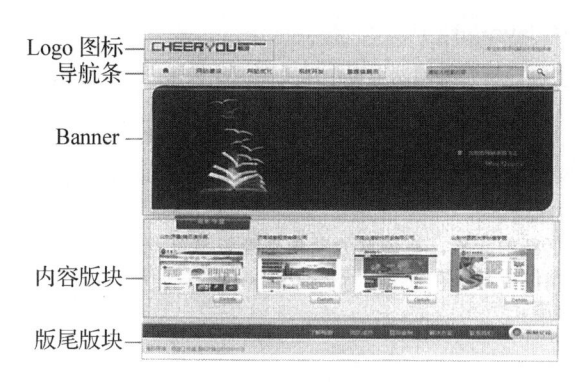

图 5.4 网页的基本构成

（标注：Logo 图标、导航条、Banner、内容版块、版尾版块）

Logo 图标是企业或网站的标志，通过形象的 Logo 可以让消费者记住公司主体和品牌文化。

导航条是网站的重要组成部分，通过网站页面中的导航条，可以帮助浏览者迅速查找到需要的信息和内容。

Banner 中文直译为旗帜、网幅或横幅，意译为网页中的广告。一些网站页面的 Banner 是用 JavaScript 技术或 Flash 技术制作的动画效果，通过动画效果可以展示更多的内容，也能吸引用户。

内容版块是网页的主体部分，包含文本、图像、动画、视频、超链接等内容。

版尾版块是网站页面最底端的版块，通常放置网站的联系方式、友情链接和版权信息等内容。

（五）网页设计常用基本语言

HTML、CSS、JavaScript 是网页设计制作最核心也最基本的应用技术，也是本节学习的重点内容。

1. 网页标签语言 HTML

HTML 是用来制作网页的标签语言。HTML 是 Hyper Text Markup Language 的缩写，即超文本标签语言。用 HTML 编写的超文本文档称为 HTML 文档，该文档以".html"或".htm"为文件扩展名，它不需要编译工具，可直接在浏览器中执行。HTML 是网页技术的核心与基础，不管是制作静态网页，还是编辑动态交互网页，都离不开 HTML 语言。所以，要灵活地实现想要的网页效果，必须了解 HTML 语言。

2. 层叠样式表 CSS

CSS 通常被称为 CSS 样式或样式表，它是 Cascading Style Sheets 的缩写，即层叠样式表。CSS 样式主要用于设置 HTML 页面的外观，也就是定义网页的编排、文本内容显示效果、图片的外形以及特殊效果等。CSS 不仅可以静态地修饰网页，还可以配合各种脚本语言动态地对网页元素进行格式化。

3. 网页脚本语言 JavaScript

JavaScript 是 Web 页面中的一种脚本语言,通过 JavaScript 可以将静态页面转变成支持用户交互并响应事件的动态页面。JavaScript 不需要事先进行编译,而是嵌入 HTML 文本中,由客户端浏览器对其进行解释执行。JavaScript 是动态特效网页设计的最佳选择,它的作用在于控制网页中的对象元素,实现网页浏览者与网页内容之间的动态交互。JavaScript 代码可以嵌入 HTML 中,也可以创建".js"外部文件,通过 JavaScript 可以实现网页中常见的下拉菜单、TAB 栏、焦点图轮播等动态效果。

(六) 什么是网站

网站是提供各种信息和服务的平台,例如,用户熟悉的新浪、搜狐、京东网、当当网等都是典型网站。网站由许多网页组成,也可以通俗地理解成网站是存储在某个服务器上的,包含网页、图片、数据库和多媒体信息等资源的一个文件夹。

网站包含多个网页,网页彼此之间由超链接关联在一起。用户浏览一个网站时看到的第一个页面是主页,从主页出发,通过站内超链接可以访问到该网站的每个页面,也可以通过站外链接,登录到其他网站,方便地共享网站资源。

提示:在 Dreamweaver 中,网页设计都是以一个完整的 Web 站点为基本对象的,所有的资源和网页的编辑都在此站点中进行,建议不要脱离站点环境,初学者要养成良好的习惯。

(七) 网址与域名

每个网站都拥有一个 Internet 地址。浏览者要访问 Internet 上的一个站点就必须通过访问这个网站的地址来实现。域名是 Internet 上网站的名称,是一个服务器或网络系统的名字,是解决 IP 地址对应问题的一种方法。

1. 网址

浏览网页时,在浏览器地址栏中输入的诸如 http://www.sohu.com 等字符串就是一个网址,访问网页是通过统一资源定位器(Uniform Resource Locator,URL)的方式实现的。这里所说的网址实际上有两个内涵,即 IP 地址和域名地址。

每台计算机都必须标有唯一的地址,就像打电话必须知道对方的电话号码,且这个号码必须是唯一的一样。计算机的地址通常用 4 个十进制数表示,中间用小数点"."隔开,称为 IP (Internet Protocol)地址。

对于用户来说,记忆如此众多的网站的 IP 地址是件很困难的事,为了解决这一问题,Internet 规定了一套命名机制,称为域名系统。采用域名系统命名的网址,即域名地址。域名地址采用了人们善于识记的名字来表示。

2. 域名

域名就是网站的名称,企业在注册域名时一般都会申请一个符合网站特点的域名,甚至会把域名看作企业的网上商标。在 Internet 中,域名与 IP 地址之间是一一对应的,它们之间的转换工作称为域名解析,这项工作专门由域名系统(Domain Name System,DNS)来完成。域名系统是一个分布式数据库系统,为 Internet 上的主机分配域名地址和 IP 地址。用户输入域名地址,DNS 就会根据数据库中域名与 IP 地址的映射关系自动把域名地址转换为 IP 地址,然后通过计算机的 IP 地址访问站点。

此外,使用域名也便于网址的分层管理和分配。一个完整的域名通常由几个层次组成,不同层次之间用"."隔开,例如,新浪中国的网址是 http://www.sina.com.cn,其中 sina.com.cn 为域名,sina 是第三层次域名,com 是第二层次域名,cn 是国家顶级域名。

目前互联网中有两类顶级域名:一类是地理顶级域名,如 cn 代表中国,jp 代表日本,uk 代表英国等;另一类是类别顶级域名,如 com 代表商业公司,net 代表网络机构,org 代表组织机构,edu 代表教育机构,gov 代表政府部门等。随着互联网的不断发展,会有越来越多的顶级域名不断被扩充到现有的域名体系中来。

(八)网站建设的一般流程

从开始计划创建网站到最后网站的广为人知包含了一个完整的工作流程,作为一名网页设计师或者网页设计爱好者,应当熟悉一个网站从无到有的创建流程。

1. 网站策划

网站策划是网站建设的第一阶段,总的目的是根据调查分析,明确建设网站的目的与内容。网站策划包含确定要策划的网站所属行业、明确网站的主题、用户定位与用户需求分析、确定网站的配色方案、规划网站结构等。其中,规划网站结构可以用树状结构把每个页面的内容大纲列出来,要考虑每个页面之间的链接关系,这是评价一个网站优劣的重要标志。此外,也要考虑到可扩充性,免得做好以后又要一改再改,带来不必要的麻烦。

2. 收集网站的素材和内容

网站建设过程中常常需要大量的素材,包括文字、图片、音频、视频和动画等。素材可以从图书、报刊、移动磁盘以及多媒体上收集,也可以自己制作或从网上搜集。作为文本内容素材,可以作为文字文档保存在指定的文件夹中,通过导入的方式,直接添加到网页中。

提示:搜集的素材最好放置在一个总的文件夹中,如 D:\mysite,然后根据素材类别在这个目录下建立需要的子目录,如 images、text 等。放入目录的文件名最好全部用英文小写,因为有些主机不支持大写英文和中文。

3. 设计制作网站

网站的主题和风格明确后,就应该围绕网站主题制作网页内容、设计题材栏目等。网站是由多个网页组成的,设计制作网页是一个复杂而细致的过程,一定要按照先大后小、先简单后复杂的次序来进行制作。也就是说在制作网页时,先把大的结构设计好,然后再逐步完善小的结构设计；先设计出简单的内容，然后再设计复杂的内容，以便出现问题时好修改。

在制作网页时应该灵活运用模板和库，这样可以大大提高制作效率。如果很多网页都使用相同的版面布局，就把这个版面设计定义成一个模板，然后创建基于该模板的其他多个网页。

页面设计制作完成后，如果需要动态功能，就需要开发动态功能模块。网站中常用的动态功能模块有新闻发布系统、在线搜索、产品展示管理系统、在线调查系统、在线购物、会员注册、管理系统、招聘系统、统计系统、留言系统、论坛及聊天室等。

4. 网站测试与发布

在网站发布之前，通常要检查网页在不同版本浏览器中的显示情况，尤其是制作大型的或访问量高的网站，这个步骤十分重要。由于各种版本浏览器支持 HTML 语言的版本不同，所以要让网页能够在大多数浏览器中正常显示，需要仔细地检查，必要时可以对网站的特殊效果做舍弃处理。

网站的发布是指将制作的网站上传到指定的主机服务器上。在网站测试无误后，就可以通过 Dreamweaver 或 FTP 软件发布网站了。

5. 网站推广与维护

互联网的应用和繁荣为用户提供了广阔的电子商务市场和商机，但是互联网上各种大大小小的网站不计其数，如何让更多的浏览者迅速访问到网站呢？这就需要对网站进行宣传推广。

网站推广的目的在于让尽可能多的潜在用户了解并访问网站，通过网站获得有关产品和服务等信息，为最终形成购买决策提供支持。网站推广需要借助一定的网络工具和资源，常用的网站推广工具和资料包括搜索引擎、分类目录、电子邮件、网站链接、在线黄页和分类广告、电子书、免费软件、网络广告媒体、传统推广渠道等。

网站发布完成后，还要不断地更新、管理和维护，才能留住已有的浏览者，并且吸引新的浏览者。

（九）使用 HTML 制作简单的网页

HTML 是一种用来制作超文本文档的简单标记语言，用 HTML 编写的超文本文档称为 HTML 文档。自 1990 年以来，HTML 就一直被用作万维网的信息表示语言，使用 HTML 语言描述的文件，需要通过 Web 浏览器显示出效果。

目标：

（1）认识 HTML5 及显示原理。

（2）掌握 HTML5 的基本语法和文档结构。

（3）理解 HTML5 常用的标签及标签主要属性。

（4）能够通过 HTML 制作简单的网页。

（十）HTML5 简介

1. 认识 HTML5

HTML5 是超文本标记语言（HTML）的第 5 次重大修改，这次修改制定了规范的标准，实现了桌面系统和移动平台的完美衔接。HTML5 和以前的版本不同，它并非仅仅用来表示 Web 内容，而是将 Web 带入一个成熟的应用平台，在这个平台上，视频、音频、图像、动画以及同计算机的交互都被标准化。

HTML5 具有很好的兼容性，在其中纳入了所有合理的扩展功能，具有良好的跨平台性能。HTML5 增加的新特点如下：

- 提高了可用性和改进用户的友好体验。
- 新增加了几个标签，如 header、nav、section、article、footer 等，这些有助于开发人员定义重要的内容。
- 新增加了用于媒体播放的 video 和 audio 元素。
- 新增加了表单控件，如 calendar、date、time、email、url、search 等。
- 当涉及网站的抓取和索引时，对于 SEO 很友好。
- 更好地支持了本地离线存储。
- 支持地理位置、拖曳、摄像头等 API。
- 可移植性好。

一个完整的网站前端页面可由 HTML5、CSS3 和 JavaScript 来实现。页面的实体内容由 HTML5 组成，页面的样式、布局及少部分过渡和动画通过 CSS3 完成，数据的处理（请求、运算、存储等）、页面内容样式的动态变化等可以通过 JavaScript 实现。

2. HTML5 开发工具及显示原理

HTML5 语言由文本和标签构成，能够用来输入文本的编辑工具都可以用来编写 HTML5，常用的工具有 Notepad＋＋、HTML-Kit、UltralEdit、HBuilder 等，也可以使用所见即所得的 Dreamweaver 软件工具，它会根据用户的操作自动生成 HTML5 代码，大大提高了制作网页的效率。

由于 HTML5 代码是纯文本的，也可以使用文本编辑器作为 HTML5 的编辑器，在诸如写字板、记事本等文本编辑器中，要求手工输入 HTML5 代码。建议初学者通过文本编辑器编写简单的网页，便于学习 HTML5 代码。

Web 浏览器用来浏览 HTML5 文档，HTML5 文档显示原理可概括为：HTML5 使用一组约定的标签符号，对 Web 上的各种信息进行标记，浏览器会解释这些标记符号并以它们指定的格式把相应的内容显示在屏幕上，而标记符号本身不会在屏幕上显示出来。

图 5.5 所示内容是在记事本中编辑的一个最基本的 HTML5 文档，文档的保存格式是".html"；图 5.6 所示是该 HTML5 文档在浏览器中的显示效果。

档案展览基础

图 5.5　在记事本中编辑 HTML5 文档　　图 5.6　HTML5 文档在浏览器中的显示效果

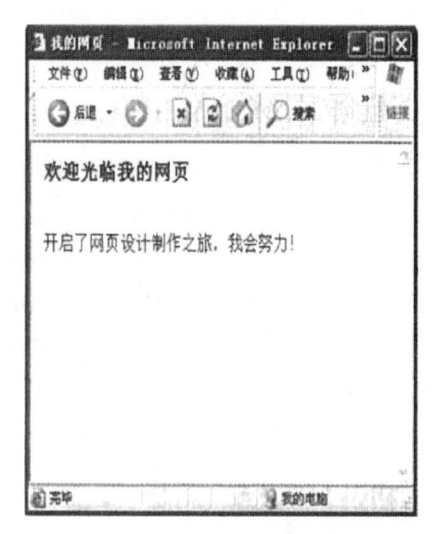

简单的几行代码就能完成一个网页的制作。在图 5.5 的 HTML5 代码中,用尖括号括起来的是 HTML5 标签,如<html>、<head>等。标签往往成对出现,分别是起始标签和结束标签,起始标签与结束标签之间的部分是标签的内容。例如,<title>为起始标签,</title>为结束标签,"我的网页"是<title>标签的内容,显示在浏览器的标题栏上。

提示:HTML5 文档的最终显示效果是由浏览器决定的,所以,同样的文档在不同的浏览器中(如 IE 和 Netscape)显示的效果可能会有所差别。另外,浏览器如果没有正常显示网页文件,说明文件代码有错误,这时可以重新切换到 HTML5 编辑器窗口,对代码进行修改并保存,然后再切换到浏览器窗口并刷新,即可看到修改后的页面。

(十一) HTML5 基本语法与结构

1. HTML5 基本语法

HTML5 的语法主要由标签(ag)和属性(tribute)组成。所有标签都由一对尖括号"<"和">"括起来。

(1) 双标签。双标签是指由开始和结束两个标签符号组成的标签,其语法格式为:

```
<x>受控内容</x>
```

"x"代表标签名称,其中,<x>为起始标签,</x>为结束标签,结束标签中要有一个斜杠。例如,常用的网页主体标签<body>...</body>,再如,设置指定文本内容为一级标题的标签<h1>...</h1>等,它们都是成对出现的一般标签。

根据需要,可以在起始标签中增加一些属性,用来设置指定内容的特殊效果。如果在一个起始标签中需要增加多个属性,属性之间要用空格隔开,其语法形式为:

· 136 ·

```
标签名称属性1属性2属性3...>受控内容</标签名称>
```

<也可以写为：

```
<x a₁="v₁" a₂="v₂" ... aₙ="vₙ">受控内容</x>
```

其中，a1,a2,…,an 为属性名称，V1，V2，…，Vn 为属性名称对应的属性值。

提示：HTML5 中属性值两边既可以使用双引号，也可以使用单引号，当属性值不包括空字符串、"<"、">"、"="、单引号、双引号等字符时，属性值两边的引号也可以省略。

（2）单标签。单标签也称空标签，指用一个标签符号即可完整地描述某个功能的标签。

其语法格式：

```
<x>
```

"x"代表标签名称。最常见的空标签有<hr>、
等。其中，<hr>标签表示要在页面上加一条水平线，常用来分割页面的不同部分。空标签也可以附加一些属性，用来完成某些特殊效果或功能，一般形式为：

```
<x a₁="v₁" a₂="v₂" ... aₙ="vₙ">
```

例如，<hr align="center" width="80%" size="2">，<ht>标签含有 3 个属性 align、size 和 width，其中，align 属性表示水平线的对齐方式，属性值可取 left（左对齐）、center（居中）、right（右对齐）；width 属性定义水平线的长度，属性值可以取相对值（由一对引号括起来的百分数，表示相对于充满整个窗口的百分比），也可以取绝对值（用整数表示屏幕像素点的个数，如 width="300"），默认值为 100%；size 属性定义水平线的粗细，属性值取整数，默认为 1px。

提示：一个标签可以拥有多个属性，必须写在开始标签中，位于标签名后面，属性之间不分先后顺序，标签名与属性、属性与属性之间均以空格分开。任何标签的属性都有默认值，省略该属性则取默认值。

2. 网页的 HTML 结构

HTML 文件的主体结构由<html>、<head>和<body>这 3 对标签组成。下面是一个典型的 HTML 文档结构。

```
<html>
  <head>
    头部信息:如<title>、<meta>等
  </head>
  <body>
    文档主体
  </body>
</html>
```

(1)＜html＞与＜/html＞标签在最外层,包含了整个文档的内容,分别表示 HTML 文档的开始与结束。

(2)＜head...＜/head＞标签之间是网页的头部信息,这部分主要定义了一些浏览器用于显示文档的参数,如网页的标题、meta 信息、CSS 样式定义等。其中,＜title＞与＜/title＞标签之间指定了网页的标题;＜meta＞标签是单标签,一般用来定义页面信息的名称、关键字、作者等。

(3)＜body.../body＞标签定义文档的主体,包含文档的所有内容,比如文本、超链接、图像、动画、表格等。可以通过设置＜body＞标签的属性或样式来设置网页的风格,包括边距、背景、字体、颜色等,这些风格决定了网页的整体效果。

在 HTML 文档结构中还包含了大量的标签,规定了 Web 文档的逻辑结构,并且控制文档的显示格式,也就是说,设计者用标签定义 Web 文档的逻辑结构,但是文档的实际显示则由浏览器来负责解释。

书写 HTML 代码时应注意以下几点。

● HTML 标签及属性中字母不区分大小写,如＜html＞与＜HTML＞对浏览器来说是完全相同的。

● 标签名与左尖括号之间不能留有空格,如＜ body＞是错误的。

● 属性要写在开始标签的尖括号中,放在标签名之后,并且与标签名之间要有空格;多个属性之间也要有空格;属性值最好用单引号或双引号括起来,且引号一定要是英文的引号,不能是中文的引号。

● 结束标签要书写正确,不能忘掉斜杠。

(十二) 常用 HTML5 标签

1. 文本与段落标签

为了对网页中的文本元素进行修饰、排版,使网页丰富多彩,往往要使用大量的文本标签,文本标签分为文本的基本设置与文本的修饰设置。

(1)标题标签＜hn...＜/hn＞。＜hn＞标签用于设置网页中各个层次的标题文字,被设置的文字将以黑体显示,并自成段落。＜hn＞标签是成对出现的,共分为 6 级,n 取 1~6 之间的正整数。其中＜h1＞...＜/h1＞表示最大的标题,＜h6＞...＜/h6＞表示最小的标题。语法格式举例:

```
<h3 align = " center ">标题部分</h3>
```

属性说明:align 属性用于设置标题的对齐方式,其参数为 left、center、right。

(2)段落标签＜p...＜/p＞。＜p＞是 HTML 基本标签之一,使用＜p＞标签可实现分段,即在段落开始时用＜p＞,在段落结束时用＜/p＞。语法格式举例:

```
<p align = " center ">段落内容</p>
```

属性说明：align(对齐)是<p>标签的可选属性，其属性值有 3 个参数：left(默认)、center 和 right，分别代表设置段落文字居左、居中、居右对齐。

（3）换行标签
。
是换行标签，在网页设计中比较常用。使用
标签能够使文档在该标签处强制换行，这一点与<p>相同。但与<p>不同的是，换行后行与行之间不留空白行，页面看起来比较紧凑。
属于单标签，没有结束标签。

（4）水平线标签<hr>。<ht>是水平线标签，可以在页面中生成一条水平线，用于分隔文档或者修饰网页。<ht>属于单标签，没有结束标签。语法格式举例：

< hr align = " center " size = " 4 " width = " 808 " color = " red " noshade >

<hr>标签的常用属性如表 5-1 所示。

表 5-1　<hr>标签的属性

属性名	功能
SiZe	设置水平线的粗细，属性值为整数，单位为像素
width	设置水平线的宽度，属性值单位为像素或%，如 width="300"
align	设置水平线的对齐方式，取值 left、center、right
color	设置水平线的颜色，默认值 black
noshade	使线段无阴影属性

（5）文本的格式化标签。在 HTML 网页中，为了让文字富有变化，或者为了着重强调某一部分，比如文字设置粗体、下划线效果等，HTML 准备了专门的文本格式化标签。常见的文本格式化标签如表 5-2 所示。

表 5-2　文本格式化标签

属性名	功能	示例
<b>...</b>	加粗文字	HTML 文本示例
<i>...</i>	斜体文字	HTML 文本示例
<strong>...</strong>	用于强调，效果和<b>标签相同	HTML 文本示例
<em>...</em>	用于强调，效果和<i>标签相同	HTML 文本示例
<del>...</del>	删除线	HTML 文本示例
<ins>...</ins>	增加下划线	HTML 文本示例
_{...}	下标	X_2
^{../}	上标	X^2

（6）特殊字符。由于 HTML 文档是 ASCII 文本，只支持 ASCII 字符。但是，还有一些有特殊用途的字符在 HTML 中无法直接显示成原来的样式，若要在浏览器中显示这些字符就必须输入特殊字符来代替。HTML5 常见特殊字符实体代码如表 5-3 所示。

档案展览基础

表 5-3　HTML5 常见特殊字符实体代码

屏幕显示符号	字符实体代码	屏幕显示符号	字符实体代码
<	&lt;	"	&quot;
>	&gt;	'	&apos;
&	&amp;	空格	

2．列表标签

列表标签可以将网页中相关的信息有条不紊地组织起来。作为块级元素,在 DIV+CSS 网页设计中列表标签的使用非常普遍。列表标签可分为无序列表、有序列表、嵌套列表和自定义列表。下面介绍前两种常用的列表。

(1)无序列表标签<ul>...</ul>。<ul>称为无序列表标签或项目列表标签,在网页中显示项目形式的列表,列表中的每一项前面会加上●、■等符号,每一项需要用<li>标签,所以<ul>标签应与<li>标签结合使用。语法格式举例:

```
<ul>
  <li type="circle">列表项1</li>
  <li type="square">列表项2</li>
  ……
</ul>
```

<ul>的常用属性只有一个 type,用来设定列表项前面出现的符号,可取属性值如下。

- disc：列表项前面加上符号●。
- circle：列表项前面加上符号○。
- square：列表项前面加上符号■。

(2)有序列表标签<ol>...</ol>。<ol>称为有序列表标签或编号列表标签,用来在页面中显示编号形式的列表,列表中每一项的前面会加上如 A、a、i 或 I 等形式的编号,编号会根据列表项的增删自动调整。每一项需要用<li>标签,所以需要和<li>标签结合使用。语法格式举例:

```
<ol type="A" start="li">
  <li>列表项1</li>
  <li>列表项2</li>
  ……
</ol>
```

start 属性用于设置编号的起始值,取任意整数,默认为 1。如 start="3",则列表编号从 3 开始。type 属性用来设定列表的编号形式,可取属性值如下：

- 1:用阿拉伯数字 1、2、3、…编号。

- a：用小写英文字母 a、b、c、…编号。
- A：用大写英文字母 A、B、C、…编号。
- i：用小写罗马字母 i、ii、iii、…编号。
- I：用大写罗马字母Ⅰ、Ⅱ、Ⅲ、…编号。

例如，type="a"，表示列表项目用小写字母编号（a，b，c，…）。另外，在列表使用中有时也会用到列表的嵌套，即将一个列表嵌入另一个列表中，作为它的一部分。有序列表和无序列表之间也可以进行嵌套。

（3）<li>…</li>。<li>标签定义列表项，在有序列表标签<ol>和无序列表标签<ul>中都要使用<li>标签。<li>标签的属性如下：

- type：用来设定列表项的符号，如果<li>用在<ul>里，属性取值为 disc、circle 或 square；如果<li>用在<ol>里，则属性取值为 1、a、A、i 或 I。需要说明的是，在 HTML5 中，<li>标签不支持 type 属性，要使用 CSS 代替。
- value：此属性仅当<li>用在<ol>里有效，属性值为一个整数，用来设定当前项的编号，其后的项目编号将以此值为起始值递增，前面各项不受影响，如<li value="5">。

3．超链接标签

超链接是从一个网页转到另一个网页的途径，它是网页的重要组成部分。超链接把整个网站的信息有机地结合起来，使浏览者从一个页面跳转到另一个页面，实现页面互联、网站互联。

超链接标签<a>是成对标签，其最重要的属性是 href 属性，它指定了链接的目标 URL。

定义的语法：

<a href="资源地址" target="目标窗口" title="链接提示文字">链接对象</a>

其中，href 属性定义要链接的目标地址，target 属性用于指定打开链接的目标窗口，title 属性指定指向链接时所提示的文字。<a>标签的属性说明如表 5－4 所示。

例如：<a href="http://www.sohu.com/" target="blank" title="sohu">搜狐网站</a>。

表 5－4 <a>标签的属性

属性名	功　能
href	链接所指的 URL 地址，即目标地址，属性值可以使用绝对路径或相对路径
target	指定打开链接的目标窗口，取值 parent（在父窗口中打开）、blank（在新窗口打开）、self（在原窗口中打开，默认值）、top（在浏览器的整个窗口中打开）
name	用来设定锚点的名字，属性值为自定义字符串
title	指定指向链接时所提示的文字

4. 绝对路径与相对路径

定义超链接时常常需要设置文件的路径,文件路径分为绝对路径和相对路径。

(1)绝对路径。绝对路径就是主页上的文件或者目录在硬盘上的路径。绝对路径提供文档完整的 URL 地址,并包括所使用的协议(如对于 Web 页,通常使用 ht://),例如,http://www.sdcet.cn/index.htm 就是一个绝对路径,表明文件 index.htm 在域名为 www.sdcet.cn 的 Web 服务器中的根目录下。再如,要在网页中插入站点文件夹之外 D 盘 images 文件夹中的 tul1.jpg 文件,由于插入的图片在站点之外,只能使用绝对路径"fl://imnages/tu1.jpg"。需要注意的是,使用文档绝对路径,移植站点后,往往会导致引用的站外素材不能正常显示,影响网页显示效果,所以,不建议使用绝对路径。

(2)相对路径。相对路径是以当前文件所在路径为起点,进行相对文件的查找。相对路径又分为根相对路径和文档相对路径,根相对路径总是以站点根目录"/"为起始目录,写起来比较简单;文档相对路径是以当前文件所在路径为起始目录,进行相对的文件查找。在站点内,通常采用文档相对路径,便于站点的移植。相对路径的具体用法如表 5-5 所示。

表 5-5 相对路径的用法

相对路径名	内 涵
href="index.html"	index.htm 是本地当前路径下的文件
href="web/index.html"	index.htm 是本地当前路径下 web 子目录下的文件
href="../index.html"	index.htm 是本地当前目录的上一级子目录下的文件
hre=../../index.html"	index.htm 是本地当前目录的上两级子目录下的文件

5. 图像标签

<img>标签定义 HTML 页面中的图像。Web 上常用的图像格式有 3 种:JPEG、GIF、PNG。使用<img>标签在网页中加入图像的语法举例:

< img src = " image/tu. jpg " width = " 300 " height = " 240 "/>

<img>是单标签,没有结束标签。<img>标签的常用属性如表 5-6 所示。

表 5-6 <img>标签的常用属性

属性名	功 能
src	图像的 URL 路径,可以是相对路径或绝对路径
alt	用来设定只显示文本的浏览器或已设置为手动下载图像的浏览器中代替图像显示的替代文本
width、height	用来设定图像的宽度和高度

续 表

属性名	功 能
align	图像与周围文本的对齐方式,取值 top、middle、bottom(默认)、left、right
border	用来设定图像的边框宽度,属性值为整数,单位为像素

6. 表格标签

表格是网页中用来定位元素的重要方法,同时表格也是网页布局结构中不可缺少的一部分。表格由一行或多行组成,每行又由一个或多个单元格组成。HTML 中一个表格通常是由<table>、<tr>、<td>3 个标签来定义的,这 3 个标签分别表示表格、表格行、单元格。在对表格进行设置时,可以设置整个表格、表格中的行或单元格的属性,它们优先顺序为:单元格优先于行,行优先于表格。例如,将某个单元格的背景色属性设置为红色,然后将整个表格的背景色属性设置为蓝色,则红色单元格不会变为蓝色。表格标签和功能如表 5-7 所示。

表 5-7 表格标签和功能

标 签	功 能
<table>…</table>	定义一个表格开始和结束
<caption>…</caption>	定义表格标题,可以使用属性 align,属性值为 top、bottom
<tr>…</tr>	定义表行,一行可以由多组<td>或<th>标签组成
<td>…</td>	定义单元格,必须放在<tr>标签内
<th>…</th>	定义表头单元格,是一种特殊的单元格标签,在表格中不是必需的

语法格式举例:

```
< table width = " 400 " height = " 60 " border = " 1 " align = " center " cellpadding = " 0 " cellspacing = " 0 " >
  < caption >表格标题</caption >
    < tr >
      < td >单元格 1 </td >
      < td >单元格 2 </td >
    </tr >
</table >
```

(1)<table>标签。<table>是表格标签,整个表格始于<table>,终于</table>,它是一个容器标签,用于定义一个表格,<t>、<tr>标签只能在<table>中使用。<table>标签常用属性如下:

- width：设定表格的宽度，属性值可以是相对的或绝对的，如 width="50%"。
- align：设定表格水平对齐方式，属性值可以是 left、center、right 三者之一。
- border：设定表格边框的粗度，属性值为整数，单位是像素。
- cellpadding：设定边距的大小，也就是单元格中内容与单元格边框之间留的空白大小，属性值为整数，单位是像素。
- cellspacing：设定单元格与单元格之间的距离，属性值为整数，单位是像素。
- bgcolor：设定整个表格的背景颜色。
- background：设定表格的背景图像，属性值为图像文件的相对路径或绝对路径。

(2) <tr>标签。<tr>用来标识表格行，是单元格（<td>或<th>标签）的容器，使用时要放在<table>容器里，结束标签可以省略。<tr>标签常用的属性如下：

- align：设定这一行单元格中内容的水平对齐方式，属性值为 left、center 或 right。
- bgcolor：用来设定这一行的背景颜色。
- valign：设定这一行单元格中内容的垂直对齐方式，属性值为 top（顶端对齐）、middle（中间对齐）或 bottom（底端对齐）。

(3) <td>标签。<td>在表格中表示一个单元格，是表格中具体内容的容器，使用时要放在<tr>与</tr>之间。<td>的常用属性如下：

- align：设定单元格中内容的水平对齐方式，属性值为 left、center 或 right。
- background：设定单元格的背景图像。
- bgcolor：设定单元格的背景颜色。
- colspan：在水平方向向右合并单元格，属性值为跨列的数目。
- height：设定单元格的高度，属性值可以是像素数，也可以是占整个表格高度的百分比。
- nowrap：加入 nowrap 属性可以防止单元格中内容宽度大于单元格宽度时自动换行。
- rowspan：在垂直方向向下合并单元格，属性值为跨行的数目。
- valign：设定单元格中内容的垂直对齐方式，属性值为 top、middle 或 bottom。
- width：设定单元格的宽度，属性值可以是像素数，也可以是占整个表格宽度的百分比。

(4) <th>标签。<th>在表格中也表示一个单元格（表头单元格），用法与<td>相同，不同的是，<th>标签所在的单元格中文本内容默认以粗体显示，且居中对齐。

7．表单标签

表单的作用是从访问 Web 站点的用户那里获取信息。访问者可以使用诸如文本框、列表框、复选框以及单选按钮之类的表单对象输入信息，然后单击某个按钮提交这些信息。表单在动态网站建设与 Web 应用程序开发中非常重要，它提供了用户与网站交互的接口。

(1) <form>标签。<form>用来定义一个表单区域，它是一个容器标签，其他表单标签需要放在＜form＞与＜/form＞之间。＜form＞标签的常用属性如表5-8所示。

表5-8 ＜form＞标签的常用属性

属性名	
action	定义一个URL。当点击提交按钮时,向这个URL发送数据
accept-charset	表单数据的可能的字符集列表(逗号分隔)
autocomplete	规定是否自动填写表单。属性值有on、off
method	用于向action URL发送数据的HTTP方法。属性值有get、post、put、delete,默认是get
name	定义表单唯一的名称
target	在何处打开目标URL。属性值有blank、self、parent、top
enctype	用于对表单内容进行编码的MIME类型

（2）文本框。文本框允许用户输入单行信息,如姓名、电子邮件地址等。定义文本框的语法为：

```
< input name = " textfield " type = " text " id = " text field " value = "李红" size = " 6 " maxlength = " 6 " />
```

文本框常用属性如下。

● name:设定文本框的名称,在表单内所选名称必须唯一标识该文本框,名称字符串中不能包含空格或特殊字符,可以使用字母、数字、字符和下划线"_"的任意组合。表单提交到服务器后需要使用指定的名称来获取文本框的值。

● value:设定文本框的默认值,也就是用户输入信息前文本框里显示的文本。

● size:设定文本框最多可显示的字符数,也就是文本框的长度。

● maxlength:用来设定文本框中最多可输入的字符数,通过此属性可以将邮政编码限制为6位数,将密码限制为10个字符等。

（3）密码框。密码框用来输入密码,当用户在密码框中输入密码时,输入内容显示为项目符号或星号,以保护密码,不被其他人看到。定义密码框的语法为：

```
> input name = " textfield " type = " password " id = " textfield " size = " 8 " maxlength = " 8 " />
```

密码框的属性设置与文本框相同。

（4）单选按钮。单选按钮使用户只能从一组选项中选择一个选项,如性别的选择。单选按钮通常成组使用,在同一个组中的所有单选按钮必须具有相同的名称。定义单选按钮的语法为：

| 档案展览基础

```
< input name = " radio " type = " radio " id = " radio " value = " radio "/>
```

单选按钮除 type 外,其他常用属性如下:

● name:设定单选按钮的名称,作用同文本框的 name 属性。同一组中的所有单选按钮的 name 属性必须设置相同的值,这样各选项就不会相互排斥。

● value:设定在单选按钮被选中时发送给服务器的值。

● checked:确定在浏览器中载入表单时,该单选按钮是否被选中。如果开始标签里加入 checked 一词,则初始被选中。

(5) 复选框。复选框使用户可以从一组选项中选择多个选项。定义复选框的语法为:

```
< input name = " checkbox " type = " checkbox " id= " checkbox " checked = " checked " />
```

复选框除 type 外,其他常用属性如下:

● name:设定复选框的名称,作用同文本框的 name 属性。同一组中的所有复选框的 name 属性必须设置不同的值。

● value:设定在复选框被选中时发送给服务器的值。

● checked:确定在浏览器中载入表单时,该复选框是否被选中。如果开始标签里加入 checked 一词,则初始被选中。

(6) 下拉菜单。下拉菜单也称下拉列表,可使访问者从一个列表中选择一个项目。当页面空间有限,但需要显示许多菜单项时,下拉菜单非常有用。使用下拉菜单还可以对返回服务器的值加以控制。下拉菜单与文本框不同,在文本框中用户可以随心所欲地输入任何信息,甚至包括无效的数据;对于下拉菜单而言,设置了某个菜单项返回的确切值。下拉列表在浏览器中显示时仅有一个选项可见,若要显示其他选项,用户必须单击下拉箭头。定义下拉菜单的语法为:

```
< select name = " from " >
  < option value = " shandong " >山东省</option >
  < option selected >济南市</option >
</select >
```

一个下拉菜单由<select>和<option>来定义,<select>提供容器,它的 name 属性作用与文本框的相同。< option >用来定义一个菜单项,< option >与</option>之间的文本是呈现给访问者的,而选中一项后传送的值是由 value 属性指定的,如果省略 value 属性,则 value 的值与文本相同,加入 selected 属性可以使该菜单项初始为选中状态。

(7) 列表。列表的作用与下拉菜单相似,但显示的外观不同,列表在浏览器中显示时列出部分或全部选项,另外列表允许访问者选择一个或多个项目。定义列表的语法如下:

```
<select name = " from " size = " 3 " multiple >
    <option value = " shandong " >山东省</option>
    <option selected >济南市</option>
</select>
```

同下拉菜单相比,<select>多了两个属性:size 和 multiple。size 用来设定列表中显示的选项个数,加入 multiple 属性允许用户从列表中选择多项。

(8) 文件域。文件域使用户可以选择计算机中的文件,如文字处理文档或图形文件,并将该文件上传到服务器中。文件域的外观与其他文本框类似,只是文件域还包含一个"浏览"按钮。用户可以手动输入要上传的文件的路径,也可以使用"浏览"按钮定位并选择文件。

如果要上传文件,需要注意的是,<form>的 method 属性必须设置为 post,另外,<form>必须加上属性 enctype="multipart/form-data"。定义文件域的语法为:

```
< input name = " fileField " type = " file " id = " fileField " size = " 20 " maxlength = " 30 " />
```

文件域除 type 属性外,其他属性与文本框的属性相同。

(9) 隐藏域。隐藏域用来存储并提交非用户输入的信息,该信息对用户而言是隐藏的。隐藏域不在浏览器窗口中显示。定义隐藏域的语法为:

```
< input type = " hidden " name = " xingming " value = "晓闻" >
```

隐藏域中,name 属性用来指定名称,value 属性用来指定传输的值。

(10) 文本区域。文本区域使用户可以输入多行信息,如留言、自我介绍等。定义文本区域的语法为:

```
< textarea name = " textarea " id = " textarea " cols = " 45 " rows = " 5 " >春潮带雨晚来急,野渡无人舟自横。
横。</textarea >
```

开始标签与结束标签之间的文本为初始值,可以为空,但一定要有结束标签且要正确。<textarea>的常用属性如表 5-9 所示。

表 5-9 <textarea>标签的常用属性

属性名	定义一个 URL。当点击提交按钮时,向这个 URL 发送数据
name	用来指定文本区域的名称
rows.	用来指定文本区域能够显示的行数,也就是文本区域的高度
cols	用来指定文本区域能够显示的列数,也就是文本区域的宽度
wrap	用来指定当用户在一行中输入的信息较多,无法在定义的文本区域内显示时,如何显示用户输入的内容,可取属性值为 off、physical、virtual

(11)提交、重置。[提交]按钮用来将表单数据提交到服务器,定义[提交]按钮的语法为<input type="button">;[重置]按钮用来还原表单至初始状态,定义[重置]按钮的语法为<input type="reset">。

两种按钮的属性除 type 外,value 属性用来指定按钮上显示的文本,name 属性用来指定按钮的名称。

8.其他标签

(1)<meta>标签。<meta>标签可提供有关页面的元信息(meta-information)。<meta>标签位于文档的头部,即放在<head>与</head>之间,它不包含任何内容。新建一个网页文档,HTML5 默认的<meta>标签代码为:

```
<meta charset="utf-8">
```

<meta>标签的用法比较多,比如定义针对搜索引擎的关键词,或者定义对页面的描述等。

例如,定义针对搜索引擎的关键词:

```
<meta name="keywords" content="HTML, cSS, XML, XHTML, JavaScript" />
```

再如,定义对页面的描述:

```
<meta name="description" content="免费的网页设计制作教程。"/>
```

<meta>常用的功能还有刷新功能,实现刷新功能的语法:

```
<meta http-equiv="refresh" content="5;url=http://www.baidu.com">
```

该语句表示:页面打开 5 秒钟后自动转到百度主页。如果把 URL 部分省略,则表示页面每 5 秒钟就自动刷新一次。

(2)<marquee>标签。<marquee>标签可以使内容产生滚动效果。<marquee>标签是成对出现的标签,只适用于 IE 浏览器。<marquee>标签的使用语法:

```
<marquee>内容产生滚动效果</marquee>
```

<marquee>常用的属性如下:

● behavior:设置移动方式,可取属性值有 scroll(重复滚动)、slide(滚动到一方后停止)、alternate(来回交替滚动)。

● bgcolor:用来设定滚动区域的背景颜色。

direction:用来设定滚动方向,可取属性值有 left(向左滚动)、right(向右滚动)、down(向下滚动)、up(向上滚动)。

● height:用来设定滚动区域的高度。

● width:用来设定滚动区域的宽度。

● loop:用来设定滚动的次数,属性值可取正整数、−1 或 infinite,−1 和 infinite 都表示无限次。

- scrollamount:设置滚动的速度,属性值为像素数。如要加快滚动速度,可增大该属性值。
- scrolldelay:用来设定每次滚动的停顿时间,单位为毫秒。
- align:设置字幕对齐方式,可取属性值有 top(居上)、middle(居中)、bottom(居下)。

许多网页上的滚动信息公告板有这样的效果:当用户鼠标指针移入滚动区域时,滚动会停止;当鼠标指针移出滚动区域时,滚动会继续下去。如果希望实现这种效果,在<marquee>中加上属性 onmouseover="this.stop()"和 onmouseout="this.start()"即可。例如:

```
<marquee behavior = scroll scrollamount = 6 onmouseover = " this.stop () "
onmouseout = "this .start() ">
<img src = " images/tul.jpg " width = " 200 " height = " 160 ">
<img src = " images/tu2.jpg " width = " 200 " height = " 160 "></marquee>
```

表 5-10 列出 HTML5 所有的标签,供用户参考。

表 5-10 HTML5 标签

标 签	描 述	标 签	描 述
<!--...-->	定义注释	<kbd>	定义键盘文本
<!DOCTYPE>	定义文档类型	<label>	定义表单控件的标注
<a>	定义超链接	<legend>	定义 fieldset 中的标题
<abbr>	定义缩写	<li>	定义列表的项目
<address>	定义地址元素	<link>	定义资源引用
<area>	定义图像映射中的区域	<m>	定义带有记号的文本
<article>	定义 article	<map>	定义图像映射
<aside>	定义页面内容之外的内容	<menu>	定义菜单列表
<audio>	定义声音内容	<meta>	定义元信息
<b>	定义粗体文本	<meter>	定义预定义范围内的度量
<base>	定义页面中所有链接的基准 URL	<nav>	定义导航链接
<bdo>	定义文本显示的方向	<nest>	定义数据模板中子元素的嵌套点
<blockquote>	定义长的引用	<noscript>	定义在脚本未被执行时的替代内容(文本)
<body>	定义 body 元素	<object>	定义嵌入对象
 	插入换行符	<ol>	定义有序列表

(续 表)

标 签	描 述	标 签	描 述
<button>	定义按钮	<optgroup>	定义选项组
<canvas>	定义图形	<option>	定义下拉列表中的选项
<caption>	定义表格标题	<output>	定义输出的一些类型
<cite>	定义引用	<p>	定义段落
<code>	定义计算机代码文本	<param>	为对象定义参数
<col>	定义表格列的属性	<pre>	定义预格式化文本
<colgroup>	定义表格列的分组	<progress>	定义任何类型的任务的进度
<command>	定义命令按钮	<q>	定义短语引用
<datagrid>	定义可选数据的列表	<rp>	定义不支持ruby元素的浏览器所显示的内容
<datalist>	定义下拉列表	<rt>	定义字符(中文注音或字符)的解释或发音
<dd>	定义定义的描述	<ruby>	定义ruby注释
<del>	定义删除文本	<rule>	定义更新数据模板的规则
<details>	定义元素的细节	<samp>	定义样本计算机代码
<dialog>	定义对话,比如交谈	<script>	定义脚本
<dfn>	定义自定义项目	<section>	定义文档中的节(section、区段)
<div>	定义文档中的一个部分	<select>	定义可选列表
<dl>	定义自定义列表	<small>	定义小号文本
<dt>	定义自定义的项目	<source>	为媒介元素(比如<video>和<audio>)定义媒介资源
<em>	定义强调文本	<span>	定义文档中的section
<embed>	定义外部交互内容或插件	<strong>	定义强调文本
<event-ource>	定义由服务器发送的事件的来源	<style>	定义样式定义
<fieldset>	定义fieldset	<sub>	定义下标文本
<figcaption>	定义figure元素的标题	<summary>	定义details元素的标题
<figure>	定义媒介内容的分组,以及它们的标题	<sup>	定义上标文本
<footer>	定义section或page的页脚	<table>	定义表格

(续 表)

标　签	描　　述	标　签	描　　述
<form>	定义表单	<tbody>	定义表格的主体
<h1> to <h6>	定义标题1到标题6	<td>	定义表格单元
<head>	定义关于文档的信息	<textarea>	定义文本区域
<header>	定义section或page的页眉	<tfoot>	定义表格的脚注
<hr>	定义水平线	<th>	定义表格内的表头单元格
|<hgroup>	定义网页或区段(section)的标题进行组合	<thead>	定义表格的表头
<html>	定义html文档	<time>	定义日期/时间
<i>	定义斜体文本	<title>	定义文档的标题
<iframe>	定义行内的子窗口(框架)	<<tr>	定义表格行
<img>	定义图像	<ul>	定义无序列表
<input>	定义输入域	<var>	定义变量
<ins>	定义插入文本	<video>	定义视频

（十三）使用记事本编辑简单网页

第一步：打开记事本，在记事本中输入下面的HTML代码，将其以ch01-1为文件名、以".html"为文件扩展名进行保存。

```
<html>
 <head>
  <title>文本页面</title>
 </head>
 <body>
  <p>送灵澈上人<br />
  刘长卿<br />
  苍苍竹林寺，杳杳钟声晚。<br />
  荷笠带斜阳，青山独归远。
  </p>
 </body>
</html>
```

第二步：打开保存的网页文档，预览网页显示效果。

（十四）制作滚动图片链接

本操作是对前面介绍的相对路径、绝对路径相关知识的正确理解和应用。通过本操作任务的训练，用户能够进一步掌握 HTML 文档结构，了解制作滚动图片链接的基本方法，理解在网页中添加图像元素时，正确使用相对路径和绝对路径的重要性。

具体操作步骤如下。

(1) 在记事本中输入下面的 HTML 代码，将其以 index.html 为文件名保存，文件中需要的图片可到配套资源素材包文件夹(ch01lch01-2\images)中选用。需要注意的是，下面代码中指定的图片路径需要和选用的图片文件夹路径一致，这样才能保证代码正确运行。在浏览器中打开保存的网页文档，浏览网页显示效果。

```
<html>
<head>
<title>滚动图片效果</title>
</head>
<body bgcolor="#cc6600">
  <center>
  <h2>欧洲风光欣赏</h2>
  </center>
  <div align="center">
    <hr color="#ffffff" width="700" size="8"/>
    <marquee width="700" height="200" behavior="scroll" scrollamount="4" onMouseOver=this.stop() onMouseOut=this.start()>
      <a href="images/tu1.jpg"><img src=images/tu1.jpg" border=1/></a>
      <a href="images/tu2.jpg"><img src="images/tu2.jpg" border=1/></a>
      <a href="images/tu3.jpg"><img src="images/tu3.jpg" border=1/></a>
      <a href="images/tu4.jpg"><img src="images/tu4.jpg" border=1/></a>
    </marquee>
    <hr color="#ffffff" width="700" size="8"/>
  </div>
</body>
</html>
```

(2) 观察网页引用的 4 个图片是否正常显示，如果不能正常显示，说明引用的图片路径有问题，请尝试着进行修改，使之能够正常显示。显示效果如图 5.7 所示。

图 5.7 滚动图片显示效果

制作个人简介网页:

练习使用记事本编辑 HTML5 文档的方法,熟练掌握 HTML5 文档结构和常用的 HTML5 标签功能。

① 实训目的

掌握使用记事本编辑 HTML5 文档的方法。

掌握 HTML5 的文档结构和常用的 HTML5 标签功能。

② 实训要求

打开记事本,在记事本中输入包含个人简介内容的 HTML5 代码,将其以 ex01.html 为文件名进行保存。打开保存的浏览器文档,预览网页内容显示效果。参考代码如下:

```
<html>
 <head>
  <title>个人简介</title>
 </head>
 <body>
  <p><h2>个人基本信息</h2><br/>
  <h4>姓名,性别,出生年月,是否团员或者预备党员,……</h4.>
  </p>
  <hr>
  <p><h2>大学期间获得的主要荣誉</h2><br />
  <h4>……</h4>
  </p>
  <hr>
  <p><h2>曾参与过的社会实践活动</h2><br />
  <h4>……</h4>
  <hr>
  …………
```

```
</body>
</html>
```

点滴提示：

网站设计师不是一个很容易就可以做好的职业，不仅要有艺术方面的头脑，懂美术、懂网站界面设计；还要有计算机技术方面的头脑，熟悉、掌握 Web 前端的相关代码，能把艺术与技术相融合；同时还需要加上一定的商业头脑，具备良好的职业道德和沟通交流能力，这样才可能成为一位合格的网站设计师。作为一名网站设计的初学者，首先要热爱网站设计的行业，了解网站设计行业职业道德规范，遇到阻碍和困难时不逃避和放弃，而是克服重重困难，努力钻研和学习，让自己在喜欢的行业里实现突破，并脱颖而出。

二、网页制作过程

（一）制作文本类网页

文本和图像是构成网页的主体，是网页设计不可缺少的主元素，文本可以直观地体现信息内容，图像可以使网页更加美观丰富。在网页上添加文本和图像，并恰当地设置其 CSS 样式，是制作网页的基本技能。网页中多数信息是以文字形式呈现的，文本内容的可读性和易读性、文字排版对于网站和用户之间建立良好的沟通以及帮助用户获取信息起着重要作用。

在网页中可以通过直接输入和复制/粘贴的方式添加文本元素。

1. 在网页中输入文本

在网页文档中输入文本的操作类似于在大多数文本编辑软件中的操作，只需将光标定位在需插入文本的位置，选择所需的输入法进行文本输入即可。

需要注意的是，HTML 中空格是由" "表示的，在 Dreamweaver 设计视图中默认只能输入一个空格，要输入多个连续的空格可以通过以下方法实现：

- 选择"插入"→"HTML"→"不换行空格"菜单命令。
- 单击"插入"面板"HTML"选项卡中的[不换行空格]图标按钮。
- 按<Ctrl+Shirt+Space>组合键。

提示：选择："编辑"→"首选项"菜单命令，或按<Ctrl+U>组合键打开"首选参数"对话框，在"常规"分类选项中选定"编辑选项"中的"允许多个连续的空格"，在文档的"设计"视图下即可直接按下空格键输入多个连续的空格。

在 Dreamweaver 设计视图中，按<Enter>键可以建立新的段落，Web 浏览器在段落之间自动插入一个空白空格行。如果希望文本间仅换行而不创建新的段落，可以执行以下操作之一实现：

- 选择"插入"→"HTML"→"字符"→"换行符"菜单命令。
- 单击"插入"面板"HTML"选项卡中最后一个图标按钮。
- 按<Shirt+Enter>组合键。

2. 在网页中粘贴和复制文本

可以利用系统剪贴板将其应用程序中的文本内容粘贴到网页文档中。Dreamweaver支持通用的快捷键组合,<Ctrl+C>是复制组合键,<Ctrl+V>是粘贴组合键。Dreamweaver还提供了"选择性粘贴"功能:选择"编辑"→"选择性粘贴"菜单命令,或者按<Ctrl+Shirt+V>组合键,均可打开"选择性粘贴"对话框。

"选择性粘贴"命令允许用户以"仅文本""带结构的文本(段落、列表、表格等)""带结构的文本以及基本格式(粗体、斜体)""带结构的文本以及全部格式(粗体、斜体、样式)"四种不同的方式进行粘贴文本,并可以根据选择的方式同时指定是否"保留换行符""清理 Word 段落间距""将智能引号转换为直引号"等命令选项。

提示:组合键<Ctrl+V>功能采用的是"选择性粘贴"方式中的一种,具体采用哪一种可以通过"首选参数"设置。设置方法是单击"选择性粘贴"对话框左下角的[粘贴首选参数]按钮,或选择"编辑"→"首选参数"菜单命令,在"首选参数"对话框的"复制/粘贴"选项卡中,设置"粘贴"功能的默认方式。

(二)在网页中创建与设置列表

列表是指将具有相似特性或某种顺序的文本进行有规则的排列,用列表方式进行罗列会使得文本内容层次更清晰。列表通常分为项目列表和编号列表两大类。

1. 创建列表

创建列表的具体操作步骤如下。

步骤一: 将光标定位到要创建列表的位置,或选中要设置列表的段落。

步骤二: 选择"插入"→"项目列表(或编号列表)"菜单命令;或者单击"属性"面板"HTML"选项卡中的[项目列表]图标按钮或[编号列表]图标按钮;或单击"插入"面板"HTML"选项卡中的[UL 项目列表]按钮或[ol 编号列表]按钮,均能创建一个列表,并为文本添加默认的项目符号或编号。

步骤三: 在某个项目之后按<Enter>键,可以添加与该项目同一层次的新列表项。

步骤四: 在最后一个列表项后,连续按两次<Enter>键,即可完成列表的创建。

在添加列表项时,也可以在代码视图中,选择"插入"→"列表项"菜单命令或者单击"插入"面板"HTML"选项卡中的[li 列表项]按项,快速插入。

提示:在现有文本的基础上创建列表时,每一个段落文本将作为列表中的一项,并非网页中显示的一行。

2. 创建嵌套列表

列表可以嵌套,以表示不同的层次。创建嵌套列表的具体操作步骤如下:

步骤一:选定需要嵌套的列表项,或将光标定位到该列表项处。

步骤二:单击"属性"面板"HTML"选项卡中的[缩进]图标按钮,或者在右键快捷菜单中选择"列表"→"缩进"命令,均能使列表项缩进,作为嵌套的内层列表显示。

反之,选择右键快捷菜单中的"列表"→"凸出"命令;或者单击"属性"面板"HTML"选项卡中的[凸出]图标按钮,可以使列表的级提升一级。

提示:如果对最外层的列表项目执行[凸出]命令,将取消该列表项的符号或编号,使其不再作为列表中的项目。

3. 修改列表项目符号或编号

在网页文档中创建了列表后,"属性"面板中的[列表项目]按钮变为"可用"。修改列表项目符号或编号的具体操作步骤如下:

步骤一:选定需要修改的列表项,或将光标定位到该列表项处。

步骤二:在右键快捷菜单中选择"列表"→"属性"命令;或单击"属性"面板中的[列表项目]按钮,打开"列表属性"对话框。

步骤三:在该对话框中,先选择"列表类型"选项,确定列表为项目列表或编号列表,然后在"样式"选项中选择相应的列表符号或编号的样式,最后单击[确定]按钮完成设置。

"列表属性"对话框中各选项含义如下:

- 列表类型:该下拉列表中包含"项目列表""编号列表""目录列表""菜单列表"选项,供用户选择。
- 样式:可选择的列表符号(项目符号或正方形)或编号(数字、小写罗马字母、大写罗马字母、小写字母、大写字母)的样式,项目列表默认为项目符号,编号列表默认为数字(1,2,3,...)。
- 开始计数:只用于编号列表,在其文本框中可输入一个数字,作为编号列表中第一个项目的值,其后的项目在该值基础上递增。
- 新建样式:设置选定的列表项目的符号或编号样式。
- 重设计数:只用于编号列表,表示选定的列表项目从该数值开始重新计数。

(三) 在网页中插入图像

1. 任务陈述

在网页中使用图像可以使网页生动、美观,更具视觉冲击力。但如果使用不恰当,过多、过大的图像不仅影响页面的整体效果,而且会影响网页的浏览及下载速度。因此,学习如何在网页中灵活、恰当地利用好图像,尤其是对插入图像的有效处理是十分重要的。

2. 任务目标

（1）了解网页中常用的图像格式及特点。

（2）掌握在网页中添加图像及图像对象的方法。

（3）掌握设置图像属性，以及用 CSS 设置图像样式的方法。

（4）相关知识与技能：

虽然存在很多种图像文件格式，但网页中使用的通常只有三种，即 GIF、JPEG 和 PNG。三种图像格式的特点如下：

- GIF（图形交换格式）：GIF 文件最多使用 256 种颜色，适合显示色调不连续或具有大面积单位单一颜色的图像，如导航条、按钮、图标、徽标或其他具有统一色彩和色调的图像。GIF 文件的扩展名为".gif"。

- JPEG（联合图像专家组）：JPEG 文件格式是用于摄影或连续色调图像的较好格式，这是因为 JPEG 文件可以包含数百万种颜色。随着 JPEG 文件品质的提高，文件的大小和下载时间也会随之增加。通常可以通过压缩 JPEG 文件在图像品质和文件大小之间达到较好的平衡。JPEG 文件的扩展名为".jpg"或".jpeg"。

- PNG（可移植网络图形）：PNG 文件格式是一种替代 GIF 格式的无专利限制的格式，它包括对索引色、灰度、真彩色图像以及通道透明度的支持。PNG 文件可保留所有原始层、矢量、颜色和效果信息（例如阴影），所有元素都是可以完全编辑的。PNG 文件的扩展名为".png"。

3. 任务实施

（1）在网页中添加图像元素：

在 HTML 中添加图像元素应用的是＜img＞标签，需要预先准备好图像文件，然后将光标定位于网页文档需要插入图像的位置，按以下方法之一插入图像。

- 选择"插入"→"Image"菜单命令。
- 单击"插入"面板"HTML"选项卡中的[Image]按钮。
- 使用＜Ctrl＋Alt＋I＞组合键。
- 在"文件"或"资源"面板中选择所需图像文件，直接拖动图像文件到文档窗口中。

前三种方法均可打开"选择图像文件"对话框，选择要插入的图像，单击[确定]按钮即可插入图像。

（2）提示：Dreamweaver 会自动生成所选图像文件的路径，如果是在未保存过的网页中添加图像文件，Dreamweaver 将使用"file：//"开头的路径；如果网页文件是已保存过的文档，则 Dreamweaver 将自动转换为相对于该文档的相对路径，也可以选择相对于"站点根目录"的路径。

（3）将图像插入已保存过的网页文档时，图像文件也应存放在当前站点中，否则，Dreamweaver 会弹出消息框询问是否要将图像文件复制到当前站点中。

第六节　二维动画制作

　　本章节介绍的 Animate CC 动画制作基础，Animate CC 是由原 Adobe Flash Professional CC 更名而来，除维持原有 Flash 开发工具支持外，新增 HTML5 创作工具，为网页开发者提供了更适应现有网页应用的音频、图片、视频、动画等创作支持。Animate CC 拥有大量新的持征，特别是继续支持 Animate SWF、AIR 格式的同时，还支持 HTML5 Canvas、WebGL，并能通过可扩展架构支持包括 SVG 在内的几乎任何动画格式。本节采用以案例为驱动的教学模式，按照情景导入—案例说明—相关知识—案例实施的思路编排，引入中华优秀传统文化故事，解释故事中立德树人的道理，增加人们学习兴趣，提高人们学习二维动画的积极性。

一、Animate 动画制作基础

案例 1：Animate CC 软件的安装及卸载

情境导入

　　借助 Animate，可以将任何内容制成动画，几乎以任何格式将动画快速发布到多个平台并传送到观看者的任何屏幕上；还可以发布游戏，使用功能强大的插图和动画工具，为游戏和卸载广告创建交互式 Web 和移动内容，使用 Animate 可以在应用程序中完成所有的资源设计和编码工作，还可以创建栩栩如生的人物，并与用户互动。

案例说明

　　（1）Animate CC 安装时需要注册。

　　（2）当用户选择卸载 Animate CC 软件时，常用方法有两种（见下文图 5.15 和图 5.16），不论选择哪种方法进行卸载，均涉及用户计算机上与该软件相关文件的正常使用，所以在卸载之前务必考虑清楚。

相关知识

　　（一）安装 Animate CC 的硬件要求

　　1. Windows 系统（见表 5-11）

表 5-11　Windows 系统安装 Animate CC 的硬件要求

硬件	最低要求
处理器	Intel Pentium 4、Intel Centrino、Intel Xeon、Intel Core Duo（或兼容）处理器（2 GHz或更快的处理器）

续 表

硬　件	最低要求
操作系统	Windows 10 V1903、V1909、V2004 版本及更高版本
RAM	2 GB RAM（建议 8GB）
硬盘空间	4 GB 可在硬盘空间安装；安装过程中需要更多的可用空间（无法安装在可移动闪存设备上）
显示器分辨率	1 024 像素×900 像素显示屏（建议 1 280 像素×1 024 像素）
GPU	OpenGL 版本 3.3 或更高版本（建议使用功能级别 120 的 DirectX 12）
Internet	必须具备网络连接并完成注册，才能激活软件、验证订阅及访问在线服务

2. Mac OS 系统（见表 5‑12）

表 5‑12　Mac OS 系统安装 Animate CC 的硬件要求

硬　件	最低要求
处理器	具有 64 位支持的多核 Intel 处理器
操作系统	Mac OS 10.14 版（Mojave）、10.15 版（Catalina）、11.0 版（Big Sur）
RAM	2 GB RAM（建议 8GB）
硬盘空间	4 GB 可在硬盘空间安装；安装过程中需要更多可用空间（无法安装在使用区分大小写的文件系统的卷上，也无法安装在可移动闪存设备上）
显示器分辨率	1 024 像素×900 像素显示屏（建议 1 280 像素×1 024 像素）
GPU	OpenGL 版本 3.3 或更高版本（建议具备 Metal 支持）
Internet	必须具备网络连接并完成注册，才能激活软件、验证订阅及访问在线服务

案例实施

（二）Animate CC 软件的安装

1. 准备工作

Animate CC 压缩包，如图 5.8 所示。

图 5.8　Animate CC 压缩包　　图 5.9　Animate CC 安装文件夹

2. 安装步骤

（1）右击压缩软件包，在弹出的快捷菜单中选择［解压到当前文件夹(x)］命令，解压后出现一个安装包的文件夹，如图 5.9 所示。

（2）打开该文件夹，在安装之前请先阅读［安装必看］文档，如图 5.10 所示。

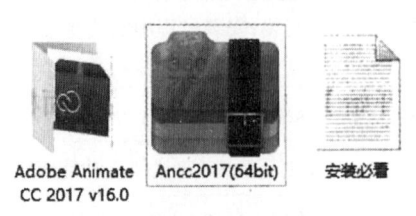

图 5.10　安装必看文档

（3）找到安装启动文件 Set-up.exe 并双击，开始安装。

（4）在安装界面，等待安装进程显示为 100％，如图 5.11 所示。

（5）登录 Adobe Animate 官网，注册用户成功后，即完成安装，如图 5.12 所示。

图 5.11　安装界面　　　　图 5.12　提醒用户注册

（6）双击桌面上的 Animate CC 图标，检查其是否可以正常使用，如图 5.13 所示。

图 5.13　桌面图标　　　　图 5.14　补丁软件

3. 安装提示

如安装完毕仍无法正常启动 Animate CC,可在文件中找到图 5.14 所示文件,复制到软件的安装位置。

(三) Animate CC 软件的卸载

1. 方法 1:使用[控制面板]卸载

(1) 单击[开始]按钮,打开[控制面板]窗口,单击[程序]|[卸载程序]超链接,如图 5.15 所示。

图 5.15　[控制面板]窗口

(2) 在打开的[卸载或更改程序]对话框中,选择 Animate CC,单击[卸载/更改]按钮即可。

2. 方法 2:利用右键快捷菜单进行卸载

右击 Animate CC 桌面图标,在弹出的快捷菜单中选择[强力卸载此软件]命令即可,如图 5.16 所示。

图 5.16　利用右键快捷菜单卸载软件

案例 2:Animate CC 软件的基本操作

情境导入

Animate 的基本操作并不复杂,只要是熟悉设计类软件的用户都很容易掌握。基本操作是保障用户能在简易的环境下体验 Animate 的功能。

案例说明

在安装好 Animate CC 软件后,启动、退出、新建、保存等基本操作是使用软件的基础,而用户根据使用频率,可选择方便快捷的方式完成。

相关知识

在很多应用软件中,快捷方式包括菜单及快捷键的使用。例如常用的复制([Ctrl+C]组合键)、粘贴([Ctrl+V]组合键)、剪切([Ctrl+X]组合键)命令,这些快捷方式能极大地提升用户的工作效率。

案例实施

(四)Animate CC 的启动与退出

1. Animate CC 的启动

方法1:双击桌面图标 An 启动。

方法2:单击[开始]按钮,选择[所有程序]|Adobe Animate CC 2017 命令启动,如图 5.17 所示。

图 5.17 在[开始]菜单中的 Animate CC

方法3:右击桌面图标 An,在弹出的快捷菜单中选择[打开]命令。

2. Animate CC 的退出

方法1:单击菜单栏右上角的[关闭]按钮,如图 5.18 所示。

图 5.18 标题栏上的[关闭]按钮

方法2:选择[文件]|[退出]命令,或按[Ctrl+Q]组合键,如图 5.19 所示。

方法3:双击窗口左上角的 Animate CC 图标,如图 5.20 所示。

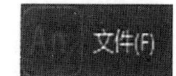

图 5.19　[退出]命令　　　图 5.20　利用图标退出软件

（五）Animate CC 的新建与保存

1. Animate CC 的新建文档

方法 1：在完成启动后的界面，单击 ActionScript 3.0 超链接，如图 5.21 所示。

方法 2：选择[文件]|[新建]命令，在弹出的[新建文档]对话框[常规]选项卡[类型]选项组中选择[ActionScript 3.0]选项，如图 5.22 所示。

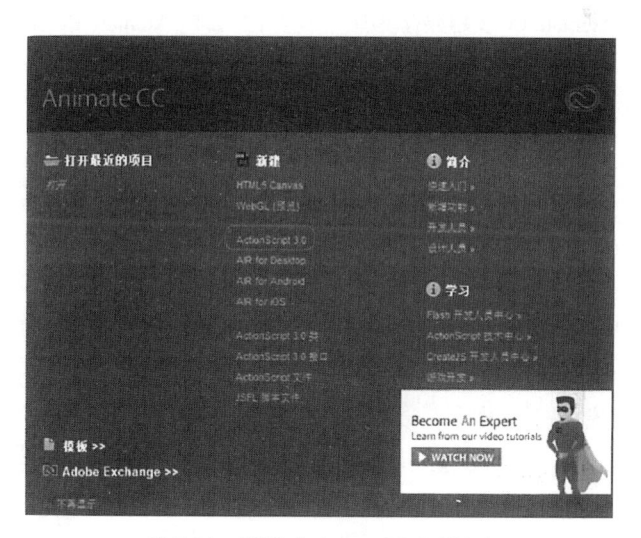

图 5.21　新建 Animate CC 文档(1)

档案展览基础

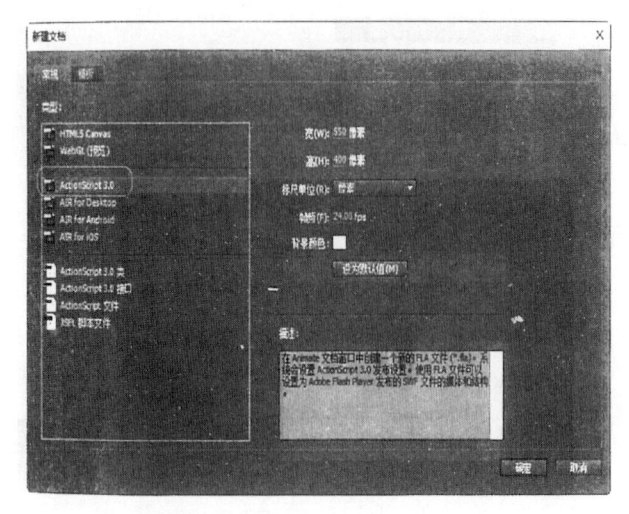

图 5.22　新建 Animate CC 文档(2)

2. Animate CC 保存文档

（1）Animate CC 文档的保存要注意保存类型，其扩展名为".fla"，如图 5.23 所示。

（2）Animate CC 文档导出时的扩展名为".swf"，如图 5.24 所示。

图 5.23　Animate CC 文档保存类型　　图 5.24　Animate CC 文档导出类型

案例 3：Animate CC 软件的工作界面

情境导入

Animate 的工作界面与 Flash 一致，有工作界面、时间轴、相关工具的属性面板以及命令众多的菜单栏。

案例说明

新建 Animate CC 文档后，就可以进入 Animate CC 的工作界面。Animate CC 的用户界面根据使用习惯不同而不同，其中包括动画、传统、调试、设计人员、开发人员、基本功能、小屏幕等 7 种界面，这里主要以传统界面为例进行讲解，如图 5.25 所示。

图 5.25　Animate CC 的 7 种工作界面

相关知识

Animate CC 的工作界面如图 5.26 所示，由菜单栏、时间轴面板、工具面板、属性设置面板、场景（舞台）等组成。

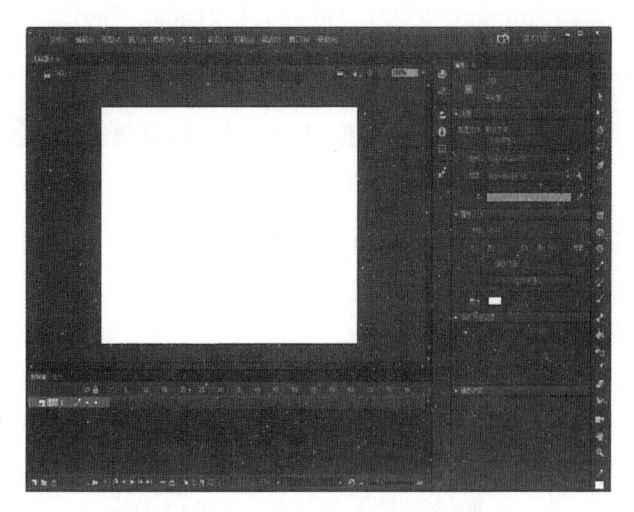

图 5.26　Animate CC 的常用工作界面

(1) 菜单栏。菜单栏放置了 Animate CC 中常用的各种命令,包括文件、编辑、视图、插入、修改、文本、命令、控制、调试、窗口及帮助共 11 组,如图 5.27 所示。

图 5.27　Animate CC 菜单栏

(2) 时间轴面板。Animate CC 中最重要的组成部分,其决定了动画的时长、动画效果等,如图 5.28 所示。

图 5.28　时间轴工作面板

- 新建图层。
- 新建文件夹。
- 删除(图层/文件夹)。

显示或隐藏所有图层。单击某图层对应白色小点,只是显示或隐藏该图层,单击此图标则是显示或隐藏所有图层。

- 锁定或解除锁定所有图层。单击某图层对应白色小点,只是锁定或解锁该图层,单击此图标则是锁定或解除锁定所有图层。

- 将所有图层显示为轮廓。单击某图层对应轮廓图标,该图层所有元素仅显示轮廓图,无填充,单击此图标则将所有图层显示为轮廓。

时间帧:时间帧是 Animate 中制作动画的关键因素,如图 5.29 所示。

图 5.29 由许多时间帧组成的时间轴

传统动画是通过连续播放一系列静态画面实现动画效果,Animate 动画亦如此,在时间轴线不同帧上放置不同的对象并进行相应设置,播放时,这些时间帧之间形成连续效果,便形成完整动画。

（3）工具面板。位于工作区的右侧,主要包含绘图所需要的各种工具和调整工具。有些工具按钮隐藏在同类型工具所附带的级联菜单中,如果工具按钮的右下角有黑色小三角为弹出式工具按钮,表示包含级联菜单,如图 5.30 所示。

（4）属性设置面板。选择使用某一工具后,属性栏中会显示该工具的属性设置。选取的工具不同,属性栏的选项也不相同。这些属性设置面板也可以通过[窗口]菜单打开,如图 5.31 所示。

图 5.30 工具面板(左)和钢笔工具的级联菜单(右)

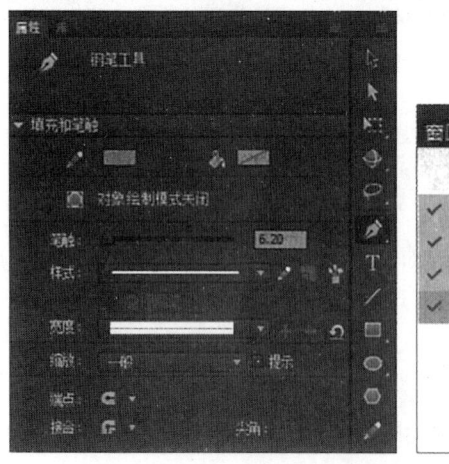

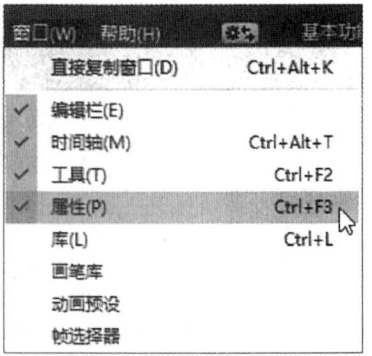

图 5.31 属性面板(左)和通过菜单栏命令打开属性面板(右)

(5)场景(舞台)。用来放置各种元件、图形对象,放置在场景中的对象也是最终输出区域,如图 5.32 所示。

图 5.32 场景(工作界面)

提示

包括属性设置面板、工具栏、时间轴在内的常用窗口,如果用户不小心关闭,可以通过选择[窗口]菜单中的相应命令恢复窗格。

案例实施

制作一个会变化的几何图形。

(1)在第 1 帧位置,用[矩形工具]绘制一个方形,并填充蓝色。

(2)在时间轴面板中单击选中第 30 帧,在右键快捷菜单中选择[插入关键帧](F6)命令。

(3)在第 30 帧位置,用[椭圆工具]绘制一个圆形,并填充绿色。

(4)在第 1 帧到第 30 帧的时间轴上,在右键快捷菜单中选择[创建补间形状]命令,结果如图 5.33 所示。

(5)回到第 1 帧位置,播放动画,可以看到蓝色方形逐渐变形为绿色圆形,如图 5.34 所示。

图 5.33 设置[创建补间形状]动画效果的时间轴

图 5.34 矩形,渐变形状,圆形

提示

用鼠标控制播放节奏,可以看到每到一帧的时候,图形及颜色都在慢慢地发生改变,当时间足够快的时候,即产生动画效果。

小结

Animate CC 的常规操作(包括软件的安装、卸载、新建、保存等操作)与大多数应用软件无差别。在此有两点需要用户掌握好:一是常用的快捷键,能极大地方便用户操作;二是务必做好文档的保存工作。

二、动画制作案例

(一)案例 1:动画预设——飞船动画

情境导入

中国航天发展四大里程碑:

其一,第一个想到利用火箭飞天的人——明朝的万户。

14 世纪末期,明朝的士大夫万户把 47 个自制的火箭绑在椅子上,自己坐在椅子上,双手举着大风筝。他原先设想利用火箭的推力飞上天空,然后利用风筝平稳着陆。不幸火箭爆炸,万户也为此献出了宝贵的生命。但他的行为却鼓舞和震撼了后世人们的内心,促使现代人更努力地去钻研。

其二,东方红一号——中国第一颗人造卫星。

1970 年,中国第一颗人造卫星"东方红一号"成功升空,成为中国航天发展史上一个里程碑。

其三,载人航天。

2003 年 10 月 15 日,中国神舟五号载人飞船升空,表明中国掌握载人航天技术,成为中国航天事业发展史上的又一个里程碑。

其四,深空探测——嫦娥奔月。

2007 年 10 月 24 日 18 时 05 分,随着嫦娥一号成功奔月,嫦娥工程顺利完成了一期工程。

此后,神舟九号与天宫一号相继发射,并成功对接。

2016 年 9 月 15 日 22 时 04 分 09 秒,天宫二号空间实验室在酒泉卫星发射中心发射成功。

案例说明

本案例应用动画预设制作一个飞船的飞入与飞出效果。

相关知识

1. 动画预设的定义

动画预设是 Animate 内置的补间动画,其可以被直接应用于舞台上的案例对象。使用动画预设,可以节约动画设计和制作的时间,极大地提高了工作效率。

2. 动画预设的种类

(1) 默认预设。在 Animate CC 中,默认预设有 2D 放大等。

(2) 自定义预设。自定义预设是可以根据需要自己定义动画预设。

案例实施

步骤一:运行 Animate CC 软件,选择[新建]|[ActionScript3.0]选项,新建一个文件。

步骤二:把舞台大小设置为宽 900 像素、高 400 像素。

步骤三:选择[文件]|[导入]|[导入到舞台]命令(快捷键[Ctrl+R]),把飞船动画素材图片导入到舞台。

步骤四:选择[窗口]|[动画预设]命令,打开[动画预设]对话框。

步骤五:在[动画预设]对话框中双击[默认设置]图标,打开[默认设置]对话框。

步骤六:选择场景中的飞船图片,选择[飞入后停顿再飞出]命令后单击[确定]按钮。

步骤七:在[时间轴]面板上自动生成 4 个关键帧和补间动画,同时场景中自动生成一条绿色的飞行中路线和关键点。

步骤八:用户可根据需要添加帧或者调节关键帧位置。

步骤九:保存文件,按下[Ctrl+Enter]组合键进行影片测试。

(二) 案例 2:动画预设——3D 文字滚动

情境导入

悬崖勒马

从前,有一个富商为了让自己整天赌博、不求上进的儿子改邪归正,决定冒险。他带儿子骑马走到一个万丈悬崖边,然后对儿子说:"孩子呀,悬崖勒马还不算迟。你现在整天不务正业,只知道赌博,实际上就像站在悬崖边上,总有一天你会身败名裂的。"

儿子听后,感到很后悔,从此就戒了赌,开始好好地做人了。

[解释]在高高的山崖边勒住马。比喻到了危险的边缘及时清醒回头。

[出处]《花月痕》。

案例说明

本案例应用动画预设制作一个 3D 文字滚动效果。

档案展览基础

相关知识

Animate 如何快速制作 3D 文字滚动效果：

1. 打开 Animate 软件，创建一个标准动画文件。
2. 在舞台中输入要制作动画的文字内容。
3. 选择文字内容，然后把文字转换为影片剪辑。
4. 单击打开[动画预设]画板。
5. 选择 3D 文字滚动效果，然后单击[应用]按钮。

案例实施

步骤一：运行 Animate CC 软件，选择[新建]|[ActionScript3.0]选择，新建一个文件。

步骤二：把舞台大小设置为宽 700 像素、高 500 像素，把"图层 1"重命名为"背景"。

步骤三：选择[文件]|[导入]|[导入到舞台]命令（快捷键[Ctrl＋R]），把"案例 3：3D 文字滚动"素材图片导入到舞台，并把图片调整成和舞台一样大小，锁定"背景"图层。

步骤四：新建图层，重命名为"文字"。

步骤五：选择[文本工具]。

步骤六：绘制文本框。

步骤七：输入或者粘贴文本，并设置好相关格式（标题大小为 55，字体为隶书；正文大小为 26，字体为微软雅黑）。

步骤八：将文本移动到舞台下面。

步骤九：选择[窗口]|[动画预设]命令，打开[动画预设]面板。

步骤十：在[动画预设]面板中双击[默认设置]，打开[默认设置]列表。

步骤十一：选择场景中的文本内容，在默认设置列表中选择[3D 文本滚动]命令后单击[确定]按钮。

步骤十二：在[时间轴]上自动生成一个关键帧和补间动画，同时场景中自动生成一条紫色的飞行路线和关键点。

步骤十三：用户可根据需要添加帧或者调节关键帧位置。

步骤十四：保存文件，按[Ctrl＋Enter]组合键进行影片测试。

（三）案例 3：补间形状动画——绘制花朵

情境导入

春暖花开：春暖花开，命中贵陪内阁儒臣宴赏。

[出处]明•朱国祯《涌幢小品•南内》。

[解释]春天气候温暖，鲜花盛开。形容气候宜人、景色优美。

案例说明

绘制一朵花盛开的效果，这种效果属于形状补间动画。

相关知识

1. 形状补间动画的定义

形状补间动画属于补间动画的一种，主要表现为动画对象的形状、大小、颜色发生变化，从而产生动画效果。

2. 形状补间动画的对象

形状补间动画的对象必须是"分离"后的图形。所谓"分离"后的图形，即图形是由无数个点堆积而成的，而并非一个整体。从操作上区分，就是被选中的形变动画的对象，外部没有一个蓝色边框，而是会显示为掺杂白色小点的图形。

常见的"分离"后的图形有以下几种：

（1）利用绘图工具直接绘制的各种图形，如椭圆、矩形、多边形等。

（2）执行【分离】命令【Ctrl+B】组合键打散后的各种文字。

（3）执行【分离】命令【Ctrl+B】组合键打散后的各种图形图像。

3. 形状补间动画制作"三步曲"

（1）制作形状补间动画的"起点"关键帧，也就是动画的初始状态。

（2）制作形状补间动画的"终点"关键帧，也就是动画的结束状态。

（3）在"起点"和"终点"两帧之间添加"创建补间形状"，有以下两种方法：

方法1：在时间轴面板关键帧处右击，在弹出的快捷菜单中选择【创建补间形状】命令。

方法2：选择【时间轴】面板上的关键帧，在下方的【属性】面板上设置【补间】为"形状"。

只有以下两个条件同时符合，才表示形状补间动画是成功的：

① 两个关键帧之间的时间轴背景颜色是淡绿色。

② 两个关键帧之间的箭头是连续的。

案例实施

步骤一：新建文件，大小为550像素×400像素。

步骤二：将案例制作所需要的图片素材"背景.jpg"导入到舞台，并执行"水平居中"、"垂直居中"，将图片放置在舞台正中间，将"图层1"重命名为"背景"，在图层135帧处插入帧。

步骤三：新建"图层2"，将"图层2"重命名为"文字"，使用【文本工具】设置文字为"叶根友毛笔行书2.0版"，大小为"60"，颜色为"红色"。在文字图层第1帧输入文字"春暖花开"。按【Ctrl+B】组合键2次打散文字。

步骤四：文字形状补间动画。在文字图层第35帧处插入关键帧。调整文字图层第

1帧处打散后文字"春暖花开"的大小(变小)、颜色。在文字图层第1～35帧之间创建补间形状动画。

步骤五：花杆形状补间动画。新建"图层3"，将"图层3"重命名为"花杆"。在"花杆"图层第1帧用【椭圆工具】、【选择工具】、【任意变形工具】绘制绿色的花杆。在"花杆"图层第一把手帧处插入关键帧。调整"花杆"图层第1帧处花杆的大小(变小)。在"花杆"图层第1～35帧之间创建补间形状动画。

步骤六：花心形状补间动画。新建"图层4"，将"图层4"重命名为"花心"。在"花心"图层第15帧处插入空白关键帧，并用【椭圆工具】绘制一个红色的圆形当作花心。在"花心"图层第25帧处插入关键帧。调整"花心"图层第15帧处花心的大小(变小)。在"花心"图层第15～25帧之间创建补间形状动画。把"花心"图层放到所有图层的最上方。

步骤七：花瓣形状补间动画。新建"图层5"，将"图层5"重命名为"花瓣1"。在"花瓣1"图层第25帧处插入空白关键帧，并用【椭圆工具】绘制一个粉红色的椭圆形当作花瓣。在"花瓣1"图层第35帧处插入关键帧。调整"花瓣1"图层第25帧处花心的大小(变小)。在"花瓣1"图层第25～35帧之间创建补间形状动画。

步骤八：花瓣2制作。复制"花瓣1"图层，并重命名为"花瓣2"。图层第25～35帧(即形状补间动画部分)，并拖动至第35～45帧处置。选中"花瓣2"图层第35帧处的小花瓣，并顺时针旋转45度。选中"花瓣2"图层第45帧处的花瓣，调整中心点至花心中心点处，并顺时针旋转45度。

步骤九：花瓣3～花瓣8制作。使用制作花瓣2的方法制作花瓣3～花瓣8。

步骤十：保存文件，按【Ctrl＋Enter】组合键进行影片测试，观看动画。

附注菜单：

序号	命令	快捷键
1	分离	Ctrl＋B
2	测试影片	Ctrl＋Enter
3	导入	Ctrl＋R
4	复制	Ctrl＋C
5	剪切	Ctrl＋V

第七节　C4D 三维动画制作简介

　　ClNEMA4D(简称 C4D)是由德国 MAXON Computer 推出的完整的 3D 创作平台,由于其强大的设计开发功能模块,成为同类软件中的典型代表,在平面设计、影视创作、广告、工业设计等方面都有广泛的应用和出色的表现,现已成为三维动画设计与开发领域首选软件之一。众多好莱坞大片的人物建模都是采用 C4D 来完成。C4D 具备高端三维动画软件的所有功能,包括建模、动画、渲染、角色、粒子系统、表达功能等主要功能模块。与其他 3D 软件相比,C4D 具备以下优点:一是界面简洁明了;二是容易上手,复杂程度较低,操作简便;三是渲染速度快,且渲染出的产品具有较强的真实感;四是与 AE 无缝对接,可以将 C4D 制作的各类素材直接导入 AE 后进行后期合成;五是接供强大的预制库,可以从它的预制库中找到所需要的模型、贴图、材质、照明、动力学等,能极大地提高工作效率。

　　在 C4D 中常见的建模方式主要有两种:一种是 NURBS 建模(也称曲面建模),它是一种非常高效的建模方式,建模过程通常是选画线条,然后对线条施加相应命令,使其成为模型;另一种是 POLYGONS 建模(也称多边形建模,简称 POLY 建模),它是将一个对象首先转化为可编辑的多边形对象,然后通过对该多边形对象的子集对象进行编辑和修改,实现建模的过程,它的各个子集有"点"、"线"、"面"三个层级。多边形从技术角度来讲比较容易掌握,在创建复杂表面时,细节部分可以任意增加结构线,在结构穿插关系很复杂的模型中就能体现出它的优势。在多边形建模中可提供很多预制模型,包括最基本的几何体和常用的模型组,可以通过对预制模型的编辑、修改及重组来实现结构复杂的多边形建模。

　　变形器工具是 C4D 软件中一个重要对象类型,使用效率非常高,应用变形器工具可以使模型、物体对象产生形变,变成丰富的变形效果和动画效果。C4D 软件系统内置变形工具组,可以实现常用的 29 种变形器效果,如扭曲、膨胀、斜切、锥化、爆炸、球必、碰撞、倒角等。

　　运动图形也叫 MoGraph,是 C4D 中一个十分重要的工具集模块,主要用于处理动态图形和制作动画变形,运动图形为设计师呈现了一个无限的空间,提供了一个全新的维度和方法,可以将类似矩阵式的制图模式变得极为简单有效。在运动图中,将简单的单一对象进行奇妙的排列组合,再配合各种效果器,原本单调简单的图形也会产生震撼人心的效果。另外,通过大量运动图形的命令组合,使其效果实现起来更方便高效,这些效果在其他软件中往往需要一些代码才能实现,而在 C4D 中则可以非常直观的命令参数方式呈现。

　　在 C4D 中,灯光系统具有强大的功能,能够为复杂的场景实现逼真的光线效果,提供的光照和阴影类型种类繁多,材质系统完备而独具特色,光线可简单高效地模拟现实中各种复杂物体的真实质感,渲染系统能够快速渲染输出高质量的影像,并将颜色阴影等画面效果渲染保存在文件中,便于后期制作加工。

在C4D中,动力学系统主要用来模拟真实的物体碰撞,形成逼真的动态效果。如基本粒子系统能够通过简单直接的方式制作出逼真的效果,诸如火焰、烟雾效果,粒子及其形状可以通过各种参数和控制来修改,以产生旋转、偏转和减速等效果,球体、群组、对象、光源等对象作为发射粒子,粒子可以投射光和阴影,使发射器中的所有对象出现活灵活现的效果,如飞翔的鸟和游动的鱼;通过刚体、柔体动力学,帮助用户模拟各种各样的碰撞物体的效果,或在气体环境中,通过对硬度、衰减、弯曲等参数进行设置,可以精确控制物体,并完成击打、掉落及挤压等动作;通过辅助器模块,把各对象连接在一起并产生交互作用。毛发系统用来模拟真实世界中的毛发、羽毛、绒发等效果。

思考题

1. 制作档案网上网页。
   (1) 什么是 HYML5?
   (2) 写出 HTML5 的语法结构。
   (3) 编写 HTML5 网页文档有哪些方法?各自的特点是什么?
   (4) 静态网页和动态网页分别有哪些特点?
2. 综合运用文字、图片、网页及二维动画,制作一个档案网上简易展览。
3. 简述虚拟现实展厅的制作程序及运用的技术。
4. 利用课余时间,了解三维动画知识,和指导老师一起制作一个场景的三维动画。
5. 档案网上展览设计原则有哪些?
6. 简述网站建设的一般流程。

第六章

档案展览文学文体

在档案学及档案展览陈列的故事中,从古代的洞穴刻痕、甲骨文、卷轴书、近代翻页书,到掌上电脑等现代融媒体、互联网发展,档案与文学在社会中的发展密不可分。随着社会进步,档案事业为时代发展增色添彩,尤其是党的二十大以来,围绕推动高质量发展,完整、准确、全面贯彻新发展理念,在加快构建新发展的格局中,在不断推动档案文学文体发展的同时,各地档案展览,各种形式的会展,逐步凸显档案展览文学文体的独特性、社会语体的共同性。进入现代社会以来,报纸期刊、广播电视、复制传真、网络传播等现代大众传媒业的发展更是日新月异,在档案学、档案展览陈列的文体文学上,在文学叙述、描写、说明、报道、议论、抒情等多种文学表现手法上,档案学、档案展览陈列的内容表现,十分精彩、翔实丰富。以下就现代档案学,关于档案展览方面的文体文学内容作简述介绍:

(1) 档案展览陈列文体文学的发展。由于城市化发展,各类档案馆、博物馆、纪念馆、典型历史故事发生地等城市、乡村展览业建设发展很快,与此配套的文体文学展览陈列,现场物品的文字表达,展览陈列活动中的展品、故事,不仅仅是文体文学的表述,还要面对观众作展览陈列的讲解,是时效性与长久性的结合,展览陈列文体文学,是各类展览陈列中不可缺少的主要表现形式。

(2) 档案展览陈列文体文学表述。不论古代还是现代文学内容,都有一定的表述要求,但档案展览陈列活动内容是直接面对社会媒体和广大观众、听众,要求档案展览陈列的史实、物品等内容翔实,精准无误。

(3) 档案展览陈列中的文学简约。现代各类展览陈列活动,主要采用简述的形式讲述某一段故事,要求简约通俗,这与机关单位正常公务简报形式是不同的。对于展览陈列活动中讲解员的讲解词也有一定的要求,为了增强现场感染力和趣味性,可以增加议论、说明,或增加描述、抒情,或增加叙事、追忆等。总之,举办展览陈列活动是为人民群众服务的,将展览陈列活动办好、办得精彩,受到人民群众的欢迎,是主办方的宗旨。

(4) 档案展览(陈列)的文体文学的特定性。档案文体文学是在历史发展中逐步形成的。在各类展览陈列中,各种馆内展品文字说明、图片的文字描述,统称为展览(陈列)说明文。这类文体是在各种展览陈列活动中最常见的,多数为一事一叙或一物一叙。

(5) 档案展览(陈列)文体文学在互联网技术中的发展。进入互联网时代,在电脑上写作已成为常态,它从许多方面改变了传统写作观念和方法,包括改变传统的资料文献的阅览、搜集、整理方法。首先在电脑里建立自己的写作资料库,用文件拷贝、网上下载、输入等方法,将平常搜集的资料放在自己的资料库内,以便随时取用。在电脑上写作要注意的问题有:一是在写作过程中,将口语表达的优势与书面表达的优势结合起来。在电脑上操作写作,口头语言有速度快、语义连续性强的优势,而书写语言是边写边想,思维和表达不大同步,在精确性、丰富性方面占优势,将两者结合起来,在电脑上进行写作训练,将会收到较好的效果。二是写作主题与各部分内容的关系。由于在电脑上操作,很多资料得来比较方便,在写作时引用他人文章语言比较多,容易造成整篇文章内容堆砌重复、借鉴现象严重等情况。若以论文为例,在写作过程中,先构思主题,再选择内容,弄清主题与各部分的关系,在叙述、描述中逐步走向清晰,由抽象走向具体,理顺上下文之间的关系,在创新中写好自己的文章。三是对于各种文章的组合方式,可用传统的"起、承、转、合"来概括。"起"就是文章的开端,"承"是文章内容的展开,"转"是全篇文章的深入,"合"是整篇文章的结尾,上述四个字只是表示一般文章的写作方法,但它不是一个固定不变的公式,具体运用上可以是千变万化的。论文要有专业特色,即创新、专业,符合科学准则。

(6) 档案馆建设和发展。随着城市化建设的发展,江苏各地都建有档案馆,包括数量较多的博物馆、纪念馆等,这都是城市建设中的一道亮丽的风景线。作为档案行业工作人员,必须掌握好日常使用的文体文学,对提升工作效率、提高工作质量,将起到较大的推动作用。

第一节　通讯报道

通讯报道就是对新近发生事实的报道,是报纸、期刊、广播、电视、网络等大众传播媒介传播信息的主要媒体。通讯是新闻中的常见体裁,它与消息一样,必须真实、及时,集中体现专人专事,比消息更有深度,更强调描述人和事的典型化、形象化。它的体式多样,形式丰富,具有较强的文学性色彩。在全国中文核心期刊《档案与建设》档案期刊的全书中,通讯报道的内容约占 4%。

通讯报道的内容结构要素主要包括:时间、地点、人物,事件的起因及其结果,社会环境(时代背景、人物之间的联系)和自然环境(自然景物、人物活动场所)等。其结构形式要素主题有:标题、开头、正文、结尾。

通讯报道是与文学作品的艺术形式有密切联系的实用文体,尤其是通讯的标题,比新闻消息的标题更富有文学性,更讲究韵味和美感。文章的开头灵活自由,与文学作品相似,有的用生动故事情节开篇,有的以尖锐的矛盾冲突起头,有的从优美的山水景物或精彩的人文场面入题,还有的以闪光的人生格言和诗词典故入笔。

正文是通讯报道的主体和核心。正文部分,正常多以时间顺序、空间顺序和时空交织顺序来安排结构。如有的内容有中心人物、中心事件,可采用纵式结构贯穿;如有中心人物,但中心事件不显山露水,可采用横式结构贯穿;也可以一篇文章中综合使用纵式、横式结构贯穿。

通讯报道的结尾应该深刻有力、余味无穷,也可议论抒情、耐人寻味。

综上所述,通讯是与国家、人民群众生活密切相关内容的通讯新闻稿件,要讲究真实性、准确性、及时性。另外,文学艺术类稿件,讲究艺术性、欣赏性、哲理性。社会生活类稿件,要强调知识性、可读性、实用性。评论性稿件,强调启迪性、教育性、参考性。

如何写好通讯报道,这个题目很大,笔者认为,每个人人生修养、生活经历、文学知识储备、写作动手能力等都存在着差别。同一篇文章中的内容,由不同的人来写,文章的意境都不一定相同,文章表现的细节也是千差万别的。但是有一点是相同的,就是通讯报道都需要深入调查走访,搜集文章的素材,反映真人真事。由于通讯报道是因事而发,对写作过程要清晰,对宣传报道的意图要把握好,对撰写的文章要理顺好思路,文章的要素要连缀,浑然天成,整体成文;通讯报道要紧跟形势,注重典型化、形象化,平时就要积累文学知识,加强写作动手能力,逐步提高文学写作水平。

在写作时,要注意以下几点:一是在采访中要重视对细节的观察。在通讯报道中,经常会对环境和人文情况进行描写,在采访中要留心景物、天气、场面、室内外布置、周围气氛等环境方面的细节,并记住独有的特征,对采访对象,不仅要注意话语,还要注重观察描写人的语气、动作、表情、装束。二是用典型化、形象化手法,来写真人、真事。人物的典型化就是个性化,事情的典型化是指事件意义的特殊性、情节的独特性、真实记事的形象化,可以用叙述和描写的直观性,将新闻现场情况逼真地描写出来。通过精选事例的典型性、鲜明的个性,产生使人如临其境、如闻其声、如见真人的效果,给人们留下深刻印象,增强通讯报道的说服力和感染力。三是综合运用多种文字表达方式,在通讯报道写作中,增强形象性的重要方法,是综合运用各种文字表达方式,可以将叙述、描写、议论、抒情、评论等有机结合起来。在一般的通讯报道中,常规的手法是叙述和描写为主,在一般的人物和事件的通讯报道中,描写比叙述更重要。在有的通讯报道中,议论和评论也是必要的,运用画龙点睛、恰到好处的议论、评论,能起到深化主题的作用。根据表达的需要适当地抒情,可以凸现现场的感染力,以新颖的情节、感人的描述,提高通讯报道的表现力,使文章更加生动、形象。

附例1：

"国家记忆·南京长江大桥建成通车50周年档案史料展"在南京盛大开幕

2018年12月26日，为纪念南京长江大桥全面建成通车50周年，江苏省档案馆联合省政协文化文史委、中铁大桥局、南京市档案局等单位共同举办"国家记忆·南京长江大桥建成通车50周年档案史料展"，在南京梅园新村纪念馆盛大开幕，为南京长江大桥五十华诞献上了一份厚重的生日礼物。

图6-1-1 "国家记忆·南京长江大桥建成通车50周年档案史料展"开幕式

省政协副主席朱晓进出席会议并讲话，省政协文化文史委、省档案馆、中铁大桥局、南京市档案馆等单位负责人及档案系统人员、大桥员工、志愿者等社会各界人士300余人参加了开幕仪式。

朱晓进指出，南京长江大桥的建成，开创了中国人民依靠自己力量建设大型桥梁的新纪元，是我国桥梁建设史上的一座里程碑，将永载社会主义建设的光辉史册。其所蕴含的自力更生、自强不息的创业精神，奋发图强、迎难而上的创新精神，忘我无私、众志成城的爱国奉献精神值得我们传承与弘扬。

省档案馆馆长陈向阳代表主办方致辞指出，举办此次活动，通过档案史料，可以更好地回顾南京长江大桥的建设历程，重温南京长江大桥的建设壮举，继承和弘扬南京长江大桥精神，提醒我们牢记档案工作职责，切实履行神圣使命，为全省高质量发展走在全国前列贡献档案智慧和力量。他强调，南京长江大桥承载着自力更生的精神与民族复兴的愿景，其所蕴含的精神内涵历久而弥新，在50年后的今天，仍然具有重要的现实意义和深远的历史意义，值得大力传承和弘扬，为我们在新时代新征程上增添强大的精神力量，激励我们在新时代筑起更多的"南京长江大桥"，跨越各种新的"天堑"和"天险"，向着中华民族伟大复兴的光辉彼岸昂扬奋进。

此次展览分"千年建桥梦""九载架飞虹""精神永流传""历史铸丰碑"四个篇章。首度向社会大规模公开尘封半个多世纪的近千份南京长江大桥文件照片和影像档案，这些档案基本反映了南京长江大桥从筹建、设计施工到使用的完整过程,内容真实详尽、形式丰富多彩、历史细节丰满,填补了中国桥梁史研究的空白,具有较高的学术研究和史料价值。

新华社、央视等40余家媒体采访报道了此次展览。省档案馆副馆长、新闻发言人孙敏在展览现场接受了新华社、央视、江苏卫视、南京电视台专访,全面介绍了举办此次展览的目的、意义和特点。他强调,通过举办展览可以唤醒公众的集体记忆,弘扬"自力更生、奋发图强"的大桥精神,进一步增强"四个自信",特别是制度自信和文化自信。

开幕式上,还同步发布建成南京长江大桥综合档案数据库,实现了大桥档案信息资源的整合与共享。举办了《南京长江大桥档案汇编》《南京长江大桥——亲历、亲见、亲闻实录》系列图书首发式。为了方便社会各界观众即时收看,省档案馆和凤凰江苏联手打造了"掌上展馆",并将观众留言收为江苏省档案馆永久珍藏。同时,还特别打造"30秒带你穿越南京长江大桥"互动小程序,增强活动与公众的互动性和趣味性。

(《档案与建设》2020年第10期)

例2:

江苏省档案馆馆长论坛在淮安市举办

9月27日至28日,2020年江苏省档案馆馆长论坛在淮安市举办。此次论坛由江苏省档案馆、江苏省档案学会主办,淮安市档案馆、淮安市档案学会协办,来自全省各地的国家综合档案馆馆长、省各专业档案馆馆长、省档案馆领导班子成员及其各部门、直属单位主要负责人150余人参加了会议。省档案馆馆长陈向阳出席会议并讲话,淮安市委书记、市人大常委会主任蔡丽新到会致辞。

图6-1-2 江苏大运河档案文化联盟成立仪式

本次论坛的主题是:深入学习贯彻习近平总书记关于档案工作"四个得以""三个走向"的重要论述;学习国家档案局编印的《习近平关于档案工作、历史学习与研究、文化遗产保护重要论述摘编》；学习新修订的《中华人民共和国档案法》；深入研究档案工作面临的深层次突出问题，探索机构改革后档案馆事业发展的方法路径；围绕重振江苏档案雄风、再创江苏档案辉煌，"争第一、创唯一、树品牌"，推动全省档案馆工作高质量发展走在前列，更好地为党和国家大局服务、为经济社会发展服务、为广大人民群众服务。

论坛期间，举行了由江苏大运河沿线8市、60县（市、区）档案馆共同发起成立的"江苏大运河档案文化联盟"成立仪式，发布了《江苏大运河档案文化联盟（淮安）宣言》。

蔡丽新致辞说，我们将认真学习借鉴本次论坛成果和各兄弟城市档案工作经验，进一步加强档案工作沟通交流，深化档案业务合作，切实用好档案"信息库"资源，发挥档案"智慧库"作用，释放档案"藏宝库"潜能，聚力推进档案事业高质量发展。

陈向阳讲话说，举行"江苏大运河档案文化联盟"成立仪式，发布《江苏大运河档案文化联盟（淮安）宣言》，是全省档案馆系统深入贯彻习近平总书记重要指示精神的具体举措，是认真落实党中央决策部署和省委工作要求的实际行动，走出了档案矩阵融合发展的新路，必将为加强文物保护、传承运河文化、唤醒历史记忆、服务经济社会作出重要贡献。

陈向阳强调，一要坚定提升"档案姓党、档案为党、档案护党"政治站位，增强政治定力、档案自信、工作自觉。要从党和国家领导人高度重视档案的言行中、从机构改革后编制配备的实际中、从各级领导视察指导的殷殷嘱托中，不断汲取精神动力，增强档案自信、工作自觉。二要扎实开展"争第一、创唯一、树品牌"专项行动，充分点燃江苏档案馆事业高质量发展的"主引擎""助推器""反应堆"。争第一，就是要不甘人后、敢于突破；创唯一，就是要闯无人区、勇探新路；树品牌，就是要精益求精、追求卓越。三要大力倡导"红色为先、信息为要、人才为本"发展理念，让档案更多彩，让档案工作更精彩，让档案工作者更出彩。要把红色档案开发利用作为新时代档案馆事业高质量发展的着力点和突破口，要把信息技术高科技手段作为新时代档案馆事业高质量发展的扩容器和倍增器，要把用好用活各类人才作为新时代档案馆事业高质量发展的动力源和生力军。

浙江省档案馆副馆长郑金月作《习近平关于档案工作重要论述的丰富内涵与浙江实践》、南京大学教授吴建华作《新〈档案法〉的前世今生》主旨演讲。播放了全省13个设区市精心制作的档案工作宣传片。南京市档案馆馆长孔爱萍、淮安市档案馆馆长金德海、徐州市档案馆馆长叶荣强、宜兴市档案史志馆馆长蒋宁鹏、张家港市档案局（馆）长施建彬、盐城市大丰区档案馆馆长陈小龙、江苏省地质资料馆总工程师王浩作交流发言。

（《档案与建设》2019年第1期）

第二节 展览(陈列)说明文

说明文在文学文体中是一种常见而又比较特殊的文体,尤其在各类展览陈列活动中运用比较多,如档案、科技(或科普)及其专项展览陈列活动。就科技说明文来说,主要用于档案资料展陈,科普及专业产品、技术介绍,其核心是PUS(Public Understanding of Science),称为公众理解科学。其中最常见的是科技说明文(称为科学技术小品文),还有文学文字说明文、文物说明文、科技展览产品说明文。

1. 科技小品文(包括科普、科学技术产品等说明文)

科技小品文中的"小品"一词产生于晋代,当时佛经大量传入中国,在佛经译文中简略短小的篇章称为小品经(大而详者称为大品经)。明代以后,"小品"常用来指称那种清新活泼、行文潇洒、独抒性灵、不拘格套的散文,大致相当于文学"随笔"(essay)。今天我们所说的小品,是近年来在文艺表演舞台上的一种表现形式,由相声、独幕话剧、活报剧等共同演变叠加而来,深受广大群众的欢迎。科技小品文按语体的不同,分为故事式、说明式、随感性科技小品文、故事式科学小品文,主要特点是运用故事、童话、寓言等语体,生动、有趣地介绍和说明客观事物和科学事理,传播、普及科学知识,这类科学小品文的主要读者是儿童和青少年。我国20世纪60—70年代出版的《十万个为什么》,主要是采用这类文体,也有很强的文学艺术性,深受儿童和青少年的喜欢。随感式科学小品文的主要特点是由某一科学事理引申开头,发表作者对社会、人生的看法、感想,其内容涉及社会、科技、人生等众多领域,具有很强的时代特征,文本富有很强的文化色彩,具有文学随笔、杂文等某些特征。说明式小品文主要功能是用科学知识、原理、方法来说明、解释科学道理,揭示科学规律,这类小品文的读者对象是一般大众,因此,在写作时要特别注重深入浅出、化繁为简,除了采用说明语体外,也常兼用描写、比喻等多种修辞手法,生动活泼、引人入胜。在科技档案展览陈列活动中,这种说明文用得较多。

2. 展览(陈列)说明文

按正常程序来说,展览(陈列)说明文一般由标题、引言、正文、结尾四部分组成。这对于一篇文章、一本书来说很好理解,而对展览(陈列)活动来说,可以说内容较多,尤其是大型展览(陈列)活动。如果把每个展览(陈列)活动看成一篇展览陈列说明文,内容介绍(说明书)是最常见的文体。

说明文以说明语体为主,可采用描写和叙述,也不排斥修辞手法的运用,其引文一般比较平实,语句讲求顺畅、简洁、浅近、准确,在展览(陈列)活动中,文字可以与实物的相片、图表相结合。

说明文的写作方法:一是说明文的写作过程,首先要选好主题,在展览活动中,不仅是选好大题目,中间每一部分小题目都要选好,选题过程实际上是对参与读者或观众进行定位的过程,解决了写给谁看的问题,弄清楚文本的构思、内容的组合,再进行查找和收集资料工作。哪些是重点?哪些是冗余信息?用何种表达形式,来实现达到写作的效果?二是说明文的优化方法。说明文面向广大普通读者或观众,篇幅要求短小精悍,贵在讲清一事一理一物,因此在构思写作时,要不断优化内容,避免面面俱到,写作的要求是抓三点,即抓重点、抓特点、抓亮点。例如周建人在1946年8月写的随感式科学小品文《熊猫是怎样一种动物》,就抓住熊猫的外貌形态和食性特殊性,让读者明白熊猫是"素食主义者",它既不是熊,也不是猫。整篇文章行文有趣,使读者对熊猫产生深刻的记忆。三是情况和事实是文章的主要内容,在突出主要情况和重要事实的情况下,要分清主次、轻重、详略,切忌面面俱到,选择其中最本质、最典型、最有说服力的事实材料。主要方法是:其一,按时间顺序组织材料。其二,按空间关系组织材料。其三,将材料分类后,在比较中展开论述。四是表述精练,快速组稿。展览陈列说明文要恰如其分地说明和评论,要求简洁明快,不论是采用按语形式,还是采用随文夹叙夹论,在文字表述上,要惜墨如金、删繁就简,要善用概括性语言,用更少的话说更多的事,既经得起事实的检验,又增强了工作指导的权威性。

  口述历史,是一种特殊的说明文,这种历史记录方式,以笔录或录音的方式,收集整理口述者的口传记忆及具有历史意义的观点,通过口述者个性的语言特色、独特的视角,对历史上发生事情的细节进行描绘,还原了历史情境,营造出真切的现场感。习近平总书记强调说:"历史是最好的教科书,对我们共产党人来说,中国革命历史是最好的营养剂。"在每个红色记录中,不管是亲身经历还是耳闻目染,都含有炽热的深度和沉甸甸的分量;在滚滚的历史洪流中,从鸦片战争到土地革命、抗日战争、解放战争、抗美援朝、对印反击战,社会主义建设时期,每个英烈和每个故事的背后,都遥遥地系挂着一家人殷切的思念;在那平凡或不平凡的经历中异地分隔的亲人们在音讯缥缈的时空藩篱中苦苦等待;在不同的故事中,不论是英烈们至亲至爱的家人亲戚,还是并肩战斗、风雨同舟的战友,如今往事重提,不仅是奋进与守望者的离合交织,更是一首首悲辛动人的家国史诗。以纪录片《长征》为例,在重现长征过程中所运用的档案资料约占全部内容的40%~50%,其中口述历史约占全部档案的1/3。在运用口述历史时,制作组充分注重了口述历史档案和传统档案互证,例如《路在何方》一集,档案资料出现时长达21.5分钟,约占总时长的45%,口述史料约占8.5分钟,共出现29次访谈,共24位受访人,通过多位老红军口述,共同互证长征开始和过程中的艰难困苦。通过口述历史记载,这些文字穿透了腥风血雨、跌宕起伏的革命岁月保存下来,虽历经岁月洗礼,更弥足打动人心。我们一起走进革命先辈的精神世界,洞悉那些微妙而浩瀚的历史曲折,去感悟他们的生命轨迹和奋斗历程,在精神上和灵魂上都受到了洗礼,真正地感悟"一切向前走,都不能忘记走过的路;走得再远,走到再光辉的未来,也不能忘记走过的过去,不能忘记为什么出发"。

3. 说明文文体分类简述

  说明文是以说明为主要表达方式来解说事物、阐明事理,并给人以知识的文章。其特点是说明性、知识性、实用性很强,以简明的文字对事物的性质、状态、功能、特征、用途给以清晰的讲述和解释。说明文方式归类如下:

(1) 定义说明,是用简明概括的文字给事物下定义,使读者(听众)明确该事物的概念,并清楚其与其他事物的本质区别。

(2) 分类说明,是将被说明的对象,按一定的标准划分为若干不同的类别,并逐类加以说明。

(3) 举例说明,是采用列举实例的方法,用典型的实例对事物进行说明,能将复杂、抽象的事物在举例中简要、形象地说明,使原本抽象、复杂的问题浅显易懂。

(4) 引用说明,是引用名言、典故、诗词或资料来说明事物。运用此种方法,尤其要注意引用来源的真实性和准确性,应注明引用出处,以方便查找。

(5) 比较说明,是将有一定联系或相类似的事物加以比较,从而说明事物的本质和特征的方法。运用这种方法,要注意用来比较的事物(资料)应该是大家熟悉的、容易理解的事物。

(6) 比喻说明,是通过打比方来进行说明的方法。

(7) 数字说明,是运用具体的数字来说明事物或事理。在运用数字说明时,要关注数字的准确性和可靠性,引用的数字应该有充分的依据。

(8) 图表说明,是借用表格和插图来进行说明的方法,可以使读者一目了然。简化文字说明,或补充有关说明,在档案论文中,采用此种方法较多。

(9) 阐释性说明文,是从不同侧面解说事物、阐述事理的说明文。有关各种门类科学的知识性文字、教材、科学实验报告、物品使用说明,都属于这一类说明文。

(10) 述说性说明文,通过阐述情节来说明事物的说明文。如档案及展览(陈列)活动的说明文、影视剧的内容简介(包括文艺海报)、小说及文学作品的内容摘要、连环画及文学表达的解说词,都属于述说性说明文。

(11) 文艺性说明文,运用形象性手法来介绍事物、阐述事理的说明文。如电影、电视手法配备的解说词。它的特点是生动活泼,富有情趣。具有较多文学色彩的知识小品、名胜古迹的简介,都属于文艺性说明文。

就科技小品文的特点,掌握好科学小品文的写作方法及写作特点,举例如下①。

例文1 故事式科学小品

田忌赛马为什么能得胜

路明

我国战国时候,有一回,齐王和田忌赛马,双方都有上等马、中等马和下等马3种。比赛分3场进行,谁胜谁就得到千金的赌注。

开始时,双方都用同等级的马比赛,可是田忌的马都比齐王同一等级的马差,这样

---

① 三篇例文出自余国瑞、彭光芒主编《实用写作》,高等教育出版社,2002年版。

同等级的马比赛下来,田忌都输了。当时,田忌的朋友给他出了一个主意,叫田忌用下马对齐王的上马,用上马对齐王的中马,用中马对齐王的下马。这样,除了在下马对上马的第一场比赛中田忌输了以外,其余两场比赛都胜利了,结果是2∶1。

田忌的朋友出的这个好主意,在今天看来也是一个数学问题。这里问题的关键是田忌在第二次赛马时,采取了好的对策。其实在现实生活中,如各种体育的竞赛或两军交战的过程中,都要制定好的对策以求战胜对方。而且某些对策的制定还必须通过数学运算。研究这类问题的新兴数学,称为"对策论"。

(选自《十万个为什么》,少年儿童出版社,1980年版)

例文2　说明式科学小品

细细嚼　慢慢咽

叶至善

细细嚼,慢慢咽。咱们在很小的时候,父亲母亲就这样劝告咱们。

为什么要细细嚼呢？食物一送进咱们的嘴,消化作用就开始了。最先忙起来的是牙齿,牙齿把食物切断,撕开,磨细,舂烂。

咱们只要想一想:麦子容易煮成糊呢,还是麦粉容易煮成糊？当然是麦粉。因为麦粉的粒子比麦子小多了。同样的,食物的粒子也越小越容易消化。咱们细细地嚼,就把食物嚼得更烂,嚼成更细的粒子。

在嚼的时候,唾液分泌出来了。唾液润湿了食物,使食物变软,使食物更容易嚼烂。更重要的是唾液含有一种消化食物中的淀粉的淀粉酶。嚼的时间越长,唾液就分泌得越多,并且唾液可以跟食物拌和得更加均匀。

我们也不要忘记了舌头。舌头不只是辨滋味,使食物跟唾液拌和的工作,主要是舌头做的。舌头还把食物拌过来,翻过去,帮助牙齿工作。

经过了细细的嚼,咱们可以把食物咽下去了,可是还得慢慢地咽。咱们的食道不怎么粗,咽得太猛,食物在食道里卡住了,上不上,下不下,那才难受呢！

这个时候,胃已经有了充分的准备,胃液已经分泌得很多了,正在等待开始工作。咱们慢慢地咽,使第一口咽下去的食物和胃液搅和了,再咽下第二口。

细细嚼,慢慢咽,能使消化作用开头就做得很好。"好的开始,就是成功的一半",这句话是到处都用得上的。

(原载《中学生》1953年9月号)

例文3　随感式科学小品

熊猫是怎样一种动物

周建人

近几个月来的报章上,除掉内战、饥荒、屠杀学生、殴打代表、查封新闻出版物等大事情之外,也登载些小事情,其中如"熊猫小姐出国"也是时常讲起而且受人注意的新闻。报上不但一次次地讲起它,有时候还绘成图画,连续登载出来。

  熊猫在动物界里的确是中外闻名的"明星"。它的样子很好看,颜色也不差。它的形状不大像猫,但很像熊。记得英文叫它 cat bear,所以先前曾经译称为猫熊,但不知道怎么一来,近来一段都称它熊猫了。大家既这样叫它了,只要大家明白知道它是怎样一种动物,生活怎么样,这样叫它也好,名称小有不同倒是小问题的。比方,只要中国真正能够造成功一个独立、自主、进步、幸福的新中国,便是有几条马路称为法国人的名字我以为也没有什么关系。如果把国家卖掉了,变成殖民地了,更多的男人变成仆役,更多的女人做了陪伴美国水兵的舞女与咸水妹,便是每一块地方都取了中国人的名字,有什么意义呢?

  上面刚才说过,熊猫的形状有些像熊的,是的,它生着圆圆的脸,不过口鼻部分有些尖,像一张短圆形的瓜子脸。它的毫毛一般呈乳脂色。眼睛周围有一圈黑色,像戴着玳瑁边的眼镜似的。耳朵内面也呈黑色,肩部及四肢也是黑色的。它形状像熊,所以旧派动物学者把它归在熊科里。这种动物,生长在四川、西藏等处。分布的地方不广。外国不产生的。后来经过法国的博物学者米内爱华德的研究与报告,遂为科学界所知道,以后,逐渐为一般社会人士所广知。

  它有熊的姿态,但没有熊的野性。因为它是吃素的。熊是杂食者,荤腥与蔬菜都喜欢吃。不过有时吃肉的性子大发时,它会猛烈地攻击巨大的动物。东三省的灰熊竟会吃人。熊猫却喜欢吃笋、竹叶、竹枝,或更坚硬的部分。它有大型的前盘牙,适用于咀嚼坚硬的部分。它是肉食动物里面的素食主义者。

  原来食肉动物的食肉性程度各有各种不同。比方猫是喜欢吃新鲜的肉食的。它爱吃鼠、小鸟、鱼、昆虫及别的动物,蝴蝶也要吃的,画家很懂的,遂画"猫蝶图"。但中国人的养猫主要是叫它捉鼠,喂饭时给它拌入一些鱼腥。它本来不喜欢吃米饭,本来不专捉老鼠的,但人们如见猫只吃鱼不吃饭,不去捉鼠却捉小鸡时,总说它有坏脾气。

  狗就不同了,它虽然也吃肉,但比较肯将就,不大新鲜的肉也会下咽。故狗会吃死尸,并且会吃人粪,吸收剩余的养分,不过这也出于不得已。熊是杂食兽,前面已说过了,熊猫竟是吃素的。熊猫的食性教人遇事要注意事实,不要妄自推测:不要以为食肉动物类都吃肉,其中有些却是吃草的,如果用"全称肯定",便错了。但为什么不把熊猫归在食草动物里呢?因为它的体制与食肉兽相像的,全然不像牛羊等食草的兽,它在血统上是与"酒肉和尚"同一个系统的,但它却戒酒除荤,不吃荤腥。

  可是熊猫小姐到了美国,食单上除掉洋山芋、蔬菜等等之外,又有鸡蛋及牛乳,它也照吃,并不拒绝。可见它的吃素是改良主义的,并不吃净素。因为蛋与乳没有血,不是活的,吃吃也无妨。中国的有些改良素食主义者也这么说的,可是它还吃鱼肝油哩,怎么说呢?美国养熊猫者,是给它吃鱼肝油的。哦,有了,这可以说为了健康或治病。修行老太太吃的药,原来也不问含有动物质与否的呀!

  照此说来,美国给熊猫小姐吃的东西是相当讲究的,洋山芋、蔬菜、牛乳、鸡蛋之外,还有鱼肝油;这是很可能引起穷苦的中国人发生一种不可压制的羡慕,以为"做人不如做熊猫"。至少会使人觉得美国竟这样富庶。实际上美国可说是富庶的,当然也有很多的失业者与穷人。即使没有到过美国,电影上也可以看到比较穷苦的人们的生活,例如,我们看到给人家洗衣服的人家,面包上便不放果酱或白糖,拿整个面包拉一块下来就咬着吃,惟一的小菜是一锅洋山芋,各人用勺子取几个出来倒在盘子里,剥去皮,加些加味调料就吃。与熊猫的食物相比,远远不及熊猫的。熊猫是公园里的点缀品,少爷、小姐要去观看的,自然应当养得肥壮些。上海的小工的衣服不能遮住身体,吃得很苦,有些少爷、奶奶的狗却吃得很肥胖。

前面我说熊猫是外国的译名,那么中国没有名称的吗?有的,本地人叫它为白熊。但是流行不广,外边的人常不知道。又与北极的白熊名称相混。还有研究旧学问的老先生说,我国古代的貔貅大概就是它。

(写于1946年8月,选自周建人《花鸟虫鱼及其他》,湖南教育出版社,1999年版)

4. 档案展览(陈列)中说明文的特点

说明文是对事物进行概要介绍的一种应用文,在社会生产和消费之间(展览活动与参会观众之间)肩负着媒介、桥梁作用。如某消费者想购买一种产品,要看一看产品简介及说明书,了解它的性质、特点及用途等。如想买一本书,要看一看出版内容简介。出去旅游,看一下旅游线路、导游说明,然后再决定是否去某地旅游。要去看一场文艺演出(包括电影),要看一看它的演出海报,或网上展览的内容简介,决定是否买票去。由此可见,说明文与人们的生活、工作、出行等方面息息相关。在档案展览陈列活动中,受到展览陈列地点、环境或其他条件所限,只用一块版面简要(包括一些小情节)描述展览陈列中所发生的故事,或将发生的故事作简练式介绍。因此,就出现了纪实说明文与展览陈列说明文的差异。这是一个新的课题,如何将展览陈列活动中的小故事背后的大故事介绍给观众(或来宾),使参观者知道当年曾经发生的故事,以增加档案展览和陈列的感染力、影响力。下例是安徽和县革命烈士纪念馆中西梁山战斗的说明文、徐州淮海战役烈士纪念馆中由陈毅元帅改定的纪念碑碑文,供学习思考。

例文1 渡江战役西梁山战斗说明文(安徽和县革命烈士纪念馆)

渡江战役,亦称京沪杭战役,是解放战争时期中国人民解放军继辽沈、淮海、平津三大战役之后,进行的又一个战略性的重大战役,也是中国共产党领导的人民战争中的又一部惊心动魄、气壮山河的光辉史诗。

渡江战役前夕,总前委命令各兵团在抓紧进行渡江准备工作的同时,以一部兵力拔除长江北岸的敌据点,从北岸控制长江航道。我第三野战军九兵团三十军九〇师二六八、二六九、二七〇团奉命攻打西梁山,以牵制敌人兵力,为渡江战役创造条件。

西梁山与当涂县的东梁山夹江对峙,形若门户,故合称天门山,为长江之咽喉,历代均视为军事战略要地。因此,国民党非常重视西梁山防务。分别以六十六军十三师3个团的兵力部署在西梁山及周围地区。具体是:东梁山一个团防守,西梁山由三十八团防守,陈桥洲由三十九团防守。三地均配属炮兵阵地,既可独立防守,又可相互支援。

战前,敌军在西梁山构筑了坚固的工事,居高临下,4层火力,层层设障,兼布地雷。江面上有军舰巡弋,空中有飞机支援,形成立体防线,易守难攻。

根据敌军防守配备情况,我军指挥部决定:二六九团担任主攻,其中三营和一营先攻占小陀山,站稳脚跟后进攻大陀山,尔后直取西梁山主峰。同时,由一营二连歼灭青石街守敌,得手后插至大陀山背后会同团主力攻击大陀山。二营作预备队。二六八团担任佯攻,从西梁山北面和东北地段发起攻击,形成腹背夹击之势,配合主攻团夺取大陀山。二七〇团作为预备队,由师部指挥增援。

4月11日拂晓,西梁山战斗打响了。三营指战员向敌人发起了猛攻。经过激战,夺取了小陀山敌人阵地,继尔向大陀山发起攻击。一营经激战,也从左侧攻上了小陀山。两营兵合一处,合攻西梁山主峰。敌人凭借地形的优势,在炮兵、军舰和飞机的支援下,向我军进行疯狂的轰炸和扫射,我军伤亡很大,被迫撤至小陀山阵地,与敌对峙。

在二六九团发起进攻的同时,担任佯攻的二六八团二营和三营也向敌人发起了猛烈的攻击,我军连续发起4次进攻,终因地形不利而未奏效。敌人乘我军受挫,在各种火力的掩护下,向二六九团的小陀山阵地发起疯狂反击。为避免更多伤亡,二六九团与二六八团撤离阵地。

晚10时左右,二六九团借着夜幕的掩护,采取偷袭与强攻的战术,夺回了小陀山阵地。

12日上午,敌人又向我小陀山阵地发起猛烈的反扑。敌机更加疯狂,敌炮火更加猛烈,山石、泥土溅起数丈高,遮天蔽日的硝烟笼罩着整个光秃秃的山头。我二六九团指战员不怕牺牲,英勇杀敌,誓与阵地共存亡。激战竟日,我二六九团打退了敌人的6次疯狂进攻。

13日早晨,敌人又组织了4次进攻,均被我军一一击退。尔后几天,我攻敌阻,敌进我拦,战斗呈胶着状态,相持不下。西梁山上整天炮声隆隆,枪声阵阵。激战至16日下午,敌人伤亡惨重,我军伤亡也不少。为加强进攻力量,二七〇团进入阵地。师部决定利用已占领敌前沿阵地的优势,夜间发起总攻,全歼西梁山守敌。部队一切准备就绪,突然接到上级命令:"我党与国民党谈判达成临时协议,停战八天。"

至此,西梁山战斗告一段落。

例文2　徐州淮海战役烈士纪念碑碑文

1965年10月1日建筑完工落成的徐州淮海战役烈士纪念碑的塔座正面有陈毅元帅改定的768字碑文:

公元一千九百四十八年十一月六日至翌年一月十日,中国人民解放军在以徐州为中心,东起海州,西止商丘,北至临城,南达淮河的广大地区,进行了伟大的淮海战役。

淮海战役是在中国人民解放战争战略决战胜利展开之际发动的。国民党反革命军队南线主力猬集徐、海、蚌地区,妄图阻止人民解放军南下,屏障反动统治巢穴南京,疯狂挣扎,挽救其垂死命运。华东、中原两大野战军和华东、中原、华北的地方武装共六十余万人,在中国共产党中央委员会和毛泽东主席的英明领导下,会师淮海,决战中原,以气吞山河之势,首歼海州西撤敌军劲旅于碾庄圩,继歼豫南来援重兵于双堆集,再歼徐州倾巢西逃敌军主力于永城地区。在强大的军事打击和政治攻势面前,敌军四个半师先后起义。这次战役,人民解放军浴血苦战六十五昼夜,共歼灭敌军五个兵团、二十二个军、五十六个师,计五十五万五千余人。至此,蒋匪南线精锐部队被歼净尽,江、淮、河、汉广大地区遂告解放。这一战役,连同辽沈战役、平津战役的伟大战略决战的胜利,从根本上动摇了美帝国主义扶植下的蒋家王朝的反动统治,为中国人民解放军横渡长江、直捣南京、席卷江南、解放全中国奠定了胜利的基础。

淮海战役的胜利,是毛泽东同志伟大军事思想的光辉体现,是人民解放军和广大人民艰苦奋斗、英勇善战的结果。战役中,参战部队全体指战员敢于打大仗、打硬仗,不怕敌人的飞机、大炮、坦克、毒气,冒风雪、涉冰河、架人桥、闯火阵,逐村逐屋激战,一沟一堡争夺,前仆后继,奋不顾身,表现了一往无前、压倒一切敌人的气概。被解放的蒋军士兵,立即加入人民解放军行列,控诉国民党反动派罪行,调转枪口,杀敌立功。华东、中原、华北地方党政机关和广大人民全力支援,要人有人,要粮有粮;二百万民兵、民工,冒枪林弹雨,忍风雪饥寒,千里远征,随军转战,对战役的胜利作出了巨大的贡献。

淮海战役中,许多中国人民的优秀儿女为人民解放事业献出了宝贵的生命,立下了不朽的功勋。烈士们的高风亮节,激励着我国人民在建设社会主义和共产主义的壮丽事业中奋勇前进!

英雄们的伟大业绩与日月争辉!

烈士们的革命精神万古长青!

767字铿锵有力的碑文,铭记着淮海战役英雄的伟绩,是典型的档案类说明文。

(陈鹏:《我以我血荐轩辕——记何赋硕同志革命人生》,中国文联出版社,2008年版)

第三节 展览(陈列)讲解词

展览(陈列)讲解词是在各种展览(陈列)的活动中,面对听众及来访宾客,根据展览(陈列)内容展示,为特定的展示内容[包括在展览(陈列)的特定模拟场面],给听众(或参观宾客)所提供的场合所需的引导解说。面对众多听众,如何对观众(包括听众)演讲,导述内容如何,是获得导述讲解成功的基础。首先要保证展览(陈列)讲解词写得好,讲解员到现场进行岗位试讲,使参观者听了讲解工作人员的讲解诵述后,感到思想深处得到升华,受到教育,参观后过目难忘。对于讲解工作者来说,不光是知道展览陈列的简约内容,同时也要知道纪实记录的史实,使讲解内容更充分完整。

下面结合档案展览陈列工作要求,探讨档案展览陈列活动讲解词的写法。展览陈列讲解词和其他说明文一样,一般由开头、主体、结尾三个部分组成。

一、讲解词开头

展览陈列活动的讲解词的开头,要目的明确。首先需要造成一种气氛,在现场引导听众的情绪,进入档案展览(陈列)事件的意境,使听众(或宾客)全神贯注地参观展览,听讲解展述内容。因此,人们将展览陈列导述词的开头称为"镇场词"。

展览(陈列)讲述词的开头多种多样,除了对不同的听众有不同的称呼,各类故事的开头也不尽相同。有的直陈故事的情节,开门见山,直接进入主题,概括中心主题内容,通过抓住听众的情绪,启发听众与讲解内容同步思考;有的展陈解说词,看似一问一答的形式,巧妙地提出问题,这样提出的讲题比直陈好一些,使听众在不知不觉中受到牵引,调动了听众的情绪,令其自觉地跟着讲解者的思路前进;有的分析形势,为馆藏文物展示立论,根据展示内容而发生的故事,提出问题,引起听众及来访宾客在参观中、在思索中得到升华;有的提出问题,根据时代背景,阐释自己对人生、事业的态度,接触展示主题,在思维升华中,使听众和来访宾客更快进入展览现场的主题。

二、讲解词的主体

展览现场的主体部分,负担着整个展示现场的主题,是全场档案展览活动的关键。以展览解说词进入主题,整个解说过程是否达到展览活动的效果,不仅从图文、展览事物、展览内容讲起,而且负责讲解的工作人员的展览解说词要围绕展览活动中心内容,在整个展览活动中,使听者受到启发、教育,通过讲解,使听者心灵受到震撼。整个展览中心内容突出,条贯有序、井井有条,展览活动材料(包括图片、实物、模拟实景)和展览解说词达到完美和谐的统一,使整个展览活动收到预期的效果。

三、讲解词结尾

在整个档案展陈活动中,展览(陈列)解说词贯穿着整个活动,讲解词不论长短,总要有一个完美的收束。根据档案展览活动的性质不同,也有着不同的处理方法。一般来说,政治社会题目的展览活动,大多采取激发奋进的方式,有着强烈的鼓动性的结尾;学术题目的展览陈列,多采取科学、平实、总结性的结尾。结尾的目的是让听众或来访宾客对整个活动有一个全面、清晰、完整的认识,因此要认真地写好解说词的结尾。好的结尾能给听众(来访宾客)以信心、以力量,使听众,包括来访宾客受到极大的鼓舞,激发出更强的斗志。因此,比较好的展览陈列活动的结尾,应该含义深刻、引人深思、发人深省,鼓舞人不断前进。

中央一套于 2022 年 1 月 24—25 日,播放全国红色故事讲解员大赛节目,讲演的题目是"我们新时代,致敬国家丰碑"。每个讲解员用 4 分钟时间,分别讲解了一个个红色故事,我们听了一遍遍的红色故事,心灵中受到一次次的震撼教育,在心中树起了一座座精神丰碑。从演讲的故事来看,故事的主人公有工人、农民、教师、消防队员、解放军指战员、知名的专家学者等,他们都是新时代建设的拼搏者、共和国的英雄、国家发展的丰碑,是我们学习的榜样,是应该大力宣传和歌颂的。在这期节目中,在红色故事讲解员讲解红色故事的过程中,广大观众体会到讲解员精湛的讲解艺术,感受到讲解词与讲解艺术完美结合的境界,拓展了讲解艺术需要不断发展、提高的前进之路。

四、展览陈列讲解词在写作中应注意的问题

1. 面对听众,有的放矢

俗话说唱歌要看听众,展览陈列讲解要看对象。要想收到好的演讲效果,就得摸清听众和来访宾客的底数。紧跟国家发展形势,选择站在听众的角度上,抓住听众心理,才能达到宣传教育的目的,这是写好解说词的重要一环。

2. 以热情感人,以故事动人

展览陈列讲解是面对面的一种宣传交流形式,能使展览陈列解说活动与听众在时间、空间上紧密地结合,以情感人。因此,在写展览陈列解说词时,就必须以深厚的感情覆盖全篇,以生动的故事展开,只有这样才能打动人、感染人,给听众留下深刻的印象。深厚的感情来源于解说词作者爱憎分明的情感,有强烈的热爱祖国、热爱共产党、热爱人民、热爱社会主义之情,在解说词中饱含深情地表达出来。既有恰如其分的分析、富有哲理的概括,又要做到热情地鼓动和感人地抒情,达到展陈讲解词与听众情感互相交流沟通,才能不断激励人奋进。

3. 讲解词内容要生动,语言要通俗

展览陈列的讲解词虽然写成文稿,更需要讲解工作人员面对面讲给听众听,因此其语言要求通俗生动,用语要宽厚温和,千万不能用咄咄逼人的口气或者板着面孔训人的样子,要用幽默和警策之语言来表达,把话说到听众的心坎里,这样才能取得好的效果。展览陈列讲解词是说给人听的,使用风格幽默、警策动人的语言,使听众听得清楚、说得明白。一般情况下说普通话,使来自五湖四海的听众都能听得懂。在少数民族地区或面向来自少数民族地区的听众时,要使用少数民族语言讲解。在涉外活动中,对来访的外国听众要使用外语讲解,使外国来宾理解档案展览陈列的内容。

4. 讲解的针对性、可听性

就一般档案展览陈列现场来说,既有现场讲解工作人员,又有参加活动的听众,这就产生了现场的针对性。而档案展览活动的现场,是特定的讲解场所,对于现场讲解场所的气氛,讲解者要善于调节,对听众的反应(包括提出的问题),讲解工作者不能置之

不理,必须调整自己的讲解内容、情态和节奏,这就要求讲解工作人员在说讲解词时就得注意内容的真实,保证现场讲解取得好的效果。在现场,讲解工作者要首先满足听众由听觉到思维的需要,要现场讲得出,听众听得进,说的时候流畅自如,听的时候毫不费力。在档案展览陈列中,讲解词经得起说和听的考验,并能与参观者起到交流思想、情感的作用。

对于承担展览陈列的讲解工作人员也应该有相应的要求,一是良好的吐字发音。对讲解词中的咬字和吐字,要求语言清晰精准,出声有力度、咬字要清楚,准确地表达。二是掌握语言和发声之间的状态关系。不论坐姿还是站姿,加强语言表达能力,透过语调的变化,叙说内容的情感,提高现场讲解演说的效果。总的来说,汉字的音节结构,主要包括声、韵、调,汉字中的音节和语言中的文字发音,都要求发音准确、字正腔圆。

[例文分析]

1976年1月8日,我国周恩来总理与世长辞,设在美国纽约的联合国总部下半旗志哀。这是1945年联合国成立以来从未有过的空前之举,使得一些国家的外交官在联合国大厦门前的广场上向联合国总部发出质问,"我们国家元首去世,联合国大旗升得那么高;中国的总理去世,为什么要为他下半旗?"当时的联合国秘书长瓦尔德海姆挺身而出,站在联合国大厦门前的台阶上发表了为时不足一分钟的演讲:

为了悼念周恩来,联合国下半旗,这是我决定的。原因有二:一是中国是一个文明古国,她的金银财宝多得不计其数。她使用的人民币多得我们数不过来。可是,她的总理周恩来没有一分钱的存款!二是中国有10亿人口,占世界人口的1/4,可是她的总理周恩来,没有一个孩子。你们任何国家的元首,如能做到其中一条,在他逝世之日,总部将照样为他下半旗。完了。

他刚讲完,转身就走。广场上的外交官各个哑口无言,随后响起了雷鸣般的掌声。瓦尔德海姆的极短演讲,为什么会产生如此效应?因为他的演讲言简意赅、切中肯綮,具有撼人心魄的力量。

首先,瓦尔德海姆面对气势汹汹的一群外交官非常干脆地表明了自己的态度:为了悼念周恩来,联合国下半旗,这是他决定的。如此开头,显得理直气壮,毫不含糊,表现了一个外交家敢于负责的磊落风度;反之,如果躲躲闪闪、吞吞吐吐,先就在气势上输了一筹了。

接着,瓦尔德海姆就他的这一决定,阐述了两个原因:一个是金钱方面,周恩来没有一分钱存款;二是后人方面,周恩来没有一个孩子。妙就妙在采用对比方法,扩大了内涵,增强了力量——作为文明古国的中国,金银财宝不可胜数;作为一国总理,如果稍有贪心,那么,他完全可以成为亿万富翁。然而,周恩来没有一分钱存款!由此可见,他多么廉洁自律,实在是举世无双啊!作为泱泱大国的中国,人口众多,占了世界人口的1/4;作为一国总理,却因长期革命生涯,与其夫人相濡以沫,相伴终生,他虽然没有一个孩子,但是他把全中国的可爱儿童都当做自己的子女,这是何等的高风亮节,光鉴日月啊!

最后,瓦尔德海姆郑重承诺,如果哪个国家的元首能做到其中的一条,在他逝世之日,联合国总部照样为他下半旗——这其实是反将一军,举世滔滔,有哪一个国家的元首能够真正做到哪怕是其中的一条呢?不尽之意见于言外,谁能不心领神会?

瓦尔德海姆的演讲博得了广场上全体听众雷鸣般的掌声,固然源于他机敏而锐利的谈吐,更重要的是周恩来确实品格高尚,万方景仰。瓦尔德海姆的这一分钟演讲必将伴随着周恩来总理的光辉人格流芳千古!

(《演讲与口才》2001年第6期)

上述内容乍看起来,好像不全是现场讲解词,实质上是联合国大厦广场为周恩来逝世而降半旗的现场讲解词,内容具体生动、震撼人心。

第四节　档案学论文

在情报学中,科学论文又被称为原始论文或一次文献。科学论文是科学技术人员或其他研究人员在科学实验(或试验)的基础上,对自然科学、社会科学、工程技术学科以及社会活动中的人文艺术研究领域的现象(或问题)进行科学分析、综合研究和阐述,进一步对一些现象和问题进行深入研究、总结、创新取得的一些成果和结论,揭示这些现象和问题本质及其规律的一种文字议论的形式,并按照各类科技书汇、期刊要求进行电子记录和书面上的表达。通过论文形式,将研究成果公布于社会。科学论文使用范围很广,既包括自然科学和社会科学及其他领域里专业人员撰写的科学论文,也包括大学生、研究生写的毕业论文、学位论文。

按照科学研究方法不同,科学论文可分为理论型、实验型、描述型论文,运用的研究方法是理论证明、理论分析、数学推理等,用这些研究的方法获得科研成果。实验型论文运用的研究方法,是进行科学实验研究,获得科研成果。描述型论文运用描述、比较、说明方法,对新发现的事物或现象进行研究而获得科研成果。根据《档案与建设》《档案学研究》等期刊发表的论文和档案学毕业的学生论文、学位论文来看,档案学论文包含在科学论文之内,大多属于描述型论文。

一、论文写作的主要特点

一是论文的学术性。以学术成果为表述对象,以学术见解为论文核心,运用科学原理和方法,对自然科学、社会科学、人文艺术现象及发生的新问题进行抽象、概括、严密的论证和分析,从理论高度揭示事物发展、变化的客观规律。

在档案学的发展过程中,要进一步揭示事物发展、变化的客观规律,探索档案学领域中发展的真谛,推动档案学在新时期发展中获得新成果。学术性是衡量科学论文价值的标准。

二是论文的创新性。它是衡量科学论文价值高低的标准,是作者本人或集体的研究成果,并在科学理论、方法和实践上获得进展或突破,应体现与前人不同的新思维、新方法、新成果,体现新时期条件下的新发现、新创造。

学术研究的使命就在于创造,而作为学术研究成果的论文,就在于发表新理论、新定理,探索新方法,提高国内外学术同行的引用率,共同推动人类社会的文明和进步。

三是论文的专业性。论文的专业性是科学论文内容在客观、真实、定性、定量标准基础上,突出专业性。写学术论文不能像写一般议论文一样,大家一看就懂,学术论文主要是给专业人员看,不是一般知识的普及。专业论文中使用的语言、描述、引证的办法必然突出专业性。如在《档案学研究》中,"文族"文档名词包括文、文字、文献、文书、文案、文簿、文牍等 200 多个,随着时代发展,目前常用的仅有 50 多个,时代特征颇为显著,古汉语中表示用意与现代文学相比,已有很大区别。

在古代汉语的文档名词中,如"文簿"一词,"文"字主要是指文字、文章等记载在某种载体之上,可以显现出来供人们识别的某类信息内涵的符号;而"簿"则主要是指可供记录的载体,如本子、册子。"文簿"义同今日的档案,藏于乡县备案而供日后方便查阅。人事档案类称为"簿历",刑事诉讼类称为"对簿",军事管理类称为"军簿",财务税收类称为"簿最",天文地理类称为"候簿",宗教文化类称为"疏簿"。"簿族"文档名词不仅较多,而且内涵丰富,专指性也比较突出,随着时代、社会的不断发展,语言的社会属性不断增强,其族内文档名词多数已经不再具有现代文档含义,逐渐被现代其他文档名词所代替。

二、论文写作指导

1. 作文写作方式要求

一是前面所讲论文内容要具有创新性。论文的观点是要作者最先提出的、发现的,或者作者有新的认识。二是写科学论文时,要精选文学资料,要求论文结构完整,逻辑严密,层次清晰,数据准确,描述客观,论据要充分、严谨,合乎逻辑。三是文字要简练、流畅,论文力求简短,用最少的文字、最短的篇幅,精确地表达科研成果,要使用规范的学术或专业用语,力避空泛的描述。

2. 论文的写作内容

论文的主要功能是记录、总结科研最新成果,是科学研究的重要手段,是同行业之间交流学术思想和科研成果的工具,科学论文可供科学领导部门进行科学决策,也会作为考核相关工作人员的依据。因此,论文写作内容的质量要求,是相关人员或科研单位科学水平的重要标尺之一。

(1) 论文的选题要求,科技论文一篇只能用一个主题,千万不能将几个主题内容拼凑在一起。著名科学家钱学森说过:"我们培养的专业人才要为四化建设服务,学位研究生的研究课题要紧密结合国家的需要。一个临床的医学博士,不会治病,怎么行呢? 在研究方法上要防止钻牛角尖,搞烦琐哲学。目前在社会科学中,有的人就古人的一句话大做文章,反复考证,写了大篇论文,我看没什么意义。"这段话讲得很有见地。研究的课题切忌过大,在学位论文中,如硕士、博士学位论文,应针对某学科领域中的一个具体问题进行深入研究,并且得出有价值的研究结论。

(2) 选题,最好是从国家发展建设的实际需要出发,选取有利于促进科学发展的关键问题,或者在社会发展进程中遇到的重大课题,才能收到积极的效果。选题的方式多种多样,有的是科研人员自由选择课题,有的是上级部门下达的研究课题,有的是由导师帮助确定选题,等等。但不管采取哪种方式选题,都要遵循以下选题要求:一是关系到社会、国家、国计民生的重大问题,有的是科学发展中的关键问题;有的是比较一般的问题,却是当前急需解决的问题。二是努力探索,开拓新领域,科学需要创新,创新才能发展,凡是科学上的新发现、新发明、新创造,都有重大科学研究价值。因此,在选题时,一定要敢于创新,敢于开拓新领域,经过长期苦心的研究、刻苦的探索,才能取得独创性的科研成果。三是选题要注意可行性,首先是不违反科学原理;其次是根据科学研究者本身的知识水平和科研能力,选择适中的课题,不可求大、求全;最后是经费、设备和条件等因素应具有很好的可行性,选择的课题才能很好地完成。科研选题是件大事,也是件难事,要十分慎重,切不可草率行事。只有把握好以上选题原则,才能写好科学论文。

3. 论文的功能与规范

根据作用的不同,论文可分为学术论文和学位论文两种。

学术论文是指在学术会议宣读,或在学术期刊上发表的、用于学术交流的论文。学术论文的篇幅一般要受到限制,必须集中反映作者的创新性成果。

学位论文是为获得学位而撰写,用于评判学业成绩的论文。一般包括学士学位论文、硕士学位论文和博士学位论文。学位论文要比学术论文详细,篇幅一般不受限制。

根据内容的不同,论文还可以分为论述型论文和对策型论文两种。

论述型论文主要内容是探讨事物的性质、特征、成因、结构、功能、作用、关系等,或提出有价值的问题,目的在于揭示客观规律,为决策提供理论依据。

对策型论文主要内容是研究现实生活中存在的实际问题,并提出解决实际问题的思路、方法、措施等,目的是为决策提供行动的策略和方案。

(1) 题名

论文的题目又称为题名式标题,应该用简明、精准的词语反映论文的主要内容,论文题目是对研究对象精确具体的描述,并在描述的基础上体现研究结论。题目可以为选定关键词、编制题录、索引等二次文献提供特定的实用信息。

（2）作者姓名和单位

作者的署名，一是为了表明文责自负；二是记录文章作用的劳动成果；三是便于读者与作者联系及文献检索。署名有两种情况，即单个作者署名或多作者署名，注明作者的单位，也同样便于读者与作者联系。署名用作者的真实姓名，单位用作者完成研究工作的单位，或所在工作单位的地址。

（3）摘要

论文中的摘要，是论文中研究内容的高级概括，在有些期刊中，便于高层或国际交流，还要有外文（一般是英文、日文、德文，等等）摘要。摘要使读者和交流同行对论文的研究及结论有一个整体性了解，切忌写成冗长的全文提纲。摘要可以自己写，也可以由期刊编者写，摘要的字数一般不超过 300 个字，外文不超过 250 个实词。

（4）关键词

关键词属于主题词中的一类。主题词是以概念的特征关系来区分事物，用自然语言来表达，用以准确显示词与词之间的语义概念关系的动态性的词或词组。一般论文有 3~8 个关键词，便于计算机贮存和检索，为文献标引服务。

（5）引言

引言又称为前言、序言或概述。引言作为科学论文的开头，可以简明介绍科学论文的背景、相关领域的前人研究历史与现状、作者的意图与分析依据。主要回答"为什么"（why）的问题，引言应言简意赅，紧扣主题，保证各章节之间存在有机联系，符合逻辑顺序。

（6）正文

正文是科学论文的中心部分，也是论文的主体精华部分。正文应突出一个"新"字，应充分阐明论文中的观点、原理、方法及达到预期目标的整个过程。从档案学论文来看，论述方式有好几种，有的是直线推论，即提出一个观点后，步步深入，逐层剖析；有的是并列分论，设分类标题，将属于基本论点的下层论点并列起来，一个一个加以论述，尽量让事实和数据说话，如用文字不容易说明白的事，用表和图来陈述（图表所采用的物理量和单位应采用国家规定的法定计量单位）。

（7）结论

结论是论文全篇的总结，论文的结尾也是多种多样的。一是根据正文中实验或考察中得到的现象、数据、阐述分析作为依据，高度概括，深化课题及解析内容。二是根据正文结果，提出以供讨论的问题，探索进一步解决问题的方向，使研究课题得到进一步深化。

论文选题确定后，就是定题目，题目有大有小、难易不同。如果题目太大，由于学术能力不足，无法深入，容易写成蜻蜓点水、浮光掠影，导致论文华而不实，没有分量。对于各学科的关键问题，要能够深入其本质，抓住要害，从各个方面把它说深、说透，有独到的新见解，找到问题的难点、症结并予以解决，那么这篇论文就有分量。从实际出发，从整体出发,检验全文各部分所占的篇幅,相互之间的逻辑关系,明确层次和重点,有论点、有例证,整篇文章就有了说服力。人们的认识不是一下子就全面提高的,写文章也是这样,该长则长,该补就补,反复斟酌,修改推敲。从实际内容出发,句无虚发、字无浪费,大到问题是否提得鲜明中肯,论点和事例有无说明力,结构层次是否严谨,小至文字的修饰加工,语言是否专业、准确,例证是否鲜活、生动,对文稿的反复修改是十分必要的。

档案专业的本科生和研究生,毕业之前必须独立完成专业学位毕业论文,指导好学生写好毕业论文,也是高等学校教学过程中的重要环节。根据国家学位条例规定,通过撰写专业毕业论文,能够较好地掌握本学科的基本理论、专业知识和基本工作技能,使学生们从事本专业的科学研究工作及专门技术能力的学科研究规范得到基本训练,为今后科学研究工作打好基础。

毕业论文写作时,应注意以下几个问题。

一是指导思想明确,尤其在进行论文答辩时,负责审查论文的老师们总会让论文作者谈一下,自己为什么要选该论题,目的是什么,想解决什么问题。指导老师从学生选题至论文修改,也会不断提及此类问题。在学生论文写作过程中,指导思想是否明确关系到论文质量的高低,弄清论文要解决什么问题,才能达到"持之有故,言之有理,行之有成"的实践成功效果。

二是选题要恰当,对于本科生来说,与硕士、博士研究生和专业人员相比,其知识面、专业深度、学术水平、写作时间都不相同。首先选题不要过大,毕业论文一般在临毕业的学期前就开始着手,研究时间和写作时间短,再加上指导老师修改、答辩完稿,选题只是某一课题的分支,时间要保证,从一个侧面去研究并深入探讨,才能取得好的效果。选题不要过难,防止完不成,临时换题更容易造成失误。选题最好离现实生活近一些,多选一些与社会发展、国计民生有密切关系的选题。

三是毕业生论文最容易产生的问题:其一已经提出问题,但对问题缺乏较深入的分析,造成结论不准,说明力不强。其二论文中有一部分例证材料,也有分析,但得不出一个明晰的结果,缺乏好的主见。其三材料论证过程不是从材料的具体分析得来的结论,而是套用别人和他人文章的结论,不能令人信服。

针对上述情况,要学会辩证地分析和综合的技巧,针对每个论据,要分析得有理有论,通过分析事物矛盾的特殊性,找出普遍意义的结论,通过辩证地分析,才能更好地揭示事物的发展规律,指导社会实践,不论学术论文还是学位论文,强调专业性、科学性、创新性、价值性是起码的要求。

(8) 致谢

应该说明致谢的原因和对象,尤其对论文提过有价值的意见或建议、帮助收集和整理材料,提供科研经费或支持条件的人和单位,用概括性语言致谢,以示尊重。

(9) 参考文献

作者撰写的论文所引用、借鉴的主要文献的著录。著录参考文献是论文科学性、严肃性的体现。著录的格式应按照国家标准规定来写。

图书的著录格式是:[序号].作者.书名.出版地.出版者.版次.出版年月.起止页码。

期刊的著录格式是:[序号].作者.文献标题.刊名.卷期号.年月.起止页码。

(10)附录

第一,对了解正文有重要意义的补充材料;第二,因篇幅所限,不能编入正文的有重要参考价值的材料;第三,不便编入正文的材料;第四,对某些特定的读者有参考价值的资料;第五,重要的原始数据、公式推导、统计图表及计算机输出件,等等。

以上各部分及内容要素有些是每篇论文都必须有的,有些则可根据不同论文的具体情况决定取舍。

例文 1：

视觉修辞在档案展览中的应用研究

向 宁[1]　黄后彪[2]

(1. 南京艺术学院,江苏南京,210013;2. 江苏省档案馆,江苏南京,210008)

摘　要：采用多维度设计手法可以最大化传播档案展览信息,视觉氛围营造即其中一种重要方式。文章通过对视觉修辞进行分析,阐释视觉修辞对档案展览的影响,找寻审美主体与审美客体间的最佳互动关系,以期更好地营造档案展览氛围、增强展示效果、加深视觉印记、传播档案故事。

关键词：档案展览;视觉修辞;视觉文化;空间氛围营造

一、视觉修辞的形成与发展

1. 视觉修辞的定义

视觉修辞概念最早由巴恩哈特等学者提出,最初的目的是回答"如何勾勒传播学领域的视觉研究图景"。其作为修辞学领域的一个新型研究方向,研究视角不再只关注文字信息,而是拓宽到空间化存在的视觉对象上,旨在说服参观者。在展示设计中,视觉修辞为展示传播方式提供多元化展陈手段,并取得丰富的视觉感官体验,以语言、图像以及音像综合符号为媒介将参观者代入设定的文化语境下,达到展馆与内容相统一。

2. 视觉修辞的特征

(1) 时代性特征

自19世纪起,摄影技术随着科学文明进程不断发展,大量的视觉图像开始慢慢渗透到人类生活中。20世纪科技的变革更是带领着现代绘画、艺术、设计飞速进步,大数据图像离我们越来越近,视觉的影响力越来越大。视觉的多样性伴随社会意识形态的发展融入展览之中,其进化方式又在潜移默化中改变人类的生活与思考方式。21世纪,视觉修辞已经逐步在平面设计、广告、影视作品、博物馆展览等领域得到广泛运用。

（2）传播性特征

首先，视觉修辞具有极其显著的传播动机，更侧重于传播目的。其次，它利用图形、影像等信息的形象魅力吸引注意力，激起情感共鸣，寻求受众对于信息的认同。视觉劝服是视觉修辞的核心问题，决定了图像文本符号等媒介在实际传播中的功能意义。第三，不具强迫性，依靠传播本身的内容和形式去吸引受众，达到潜移默化的效果。第四，脱离传统意义上对文字的修饰是以图像为主，语言文字、音乐为辅的综合视觉形象构建。

（3）形象性特征

视觉修辞通过三方面内容形象地展现出最佳视觉效果。一是以语言文字为媒介，目的是获得最佳的视觉形象效果，包括话语的视觉形象构建和话语的视觉形象理解。二是以图像为媒介，主要通过摄影、绘画、灯光和动态的连续图像构建实施修辞行为，包括视觉形象的构建、编辑和理解过程。三是以图像为主，语言文字、音乐等为辅，共同构成的综合符号修辞行为，同样包括上述综合视觉形象的构建、编辑和理解过程。

二、档案展览中视觉修辞的转喻范畴

视觉转喻的本质是图像指代，强调通过一种视觉元素来指代与之关联的另一事物，其本质特征是同域指代，根据图像符号的两个基本指涉面向表现为部分指代整体和具体指代抽象。图像艺术形象需要在大脑的信息处理后被转化成语言符号，以此传播更深的内容，这时就需要视觉修辞对图像进行再次包装。为使档案展览展示效果更加逼真、生动，近年来越来越多的档案展览展示项目运用视觉修辞方法，引入声光电融合的多媒体数字展陈技术，通过视频、声音、动画等的组合应用，深度挖掘展览陈列对象所蕴含的知识、背景、意义，帮助展览设计者依照符合当前档案环境的修辞手法重塑视觉形象，带给参观者视觉震撼，提升展示效果。

1. 档案展览中的"反复"

在视觉修辞中，反复通过对同一主题或元素的连续或间接再现强调主题与增强情感。反复不同于重复，重复只是单一相同元素的叠加，但反复是一种积极的表达手段，是简单元素积极有序的演变，主题中提取出的母元素作为支撑构架的中心元素，在生成中逐步嵌入叠加依序变化的子元素，形成主题系统上的衍生，有迹可循的形式避免了元素单一或凌乱叠加的局面。在档案展览中，当参观者的认知系统被反复发生的图像刺激，就会形成一种形象元素，参观者会在图像层面提炼抽象出一种记忆元素，并通过这种元素对图像进行识别和扩展联想，刺激参观者形成展览记忆点。反复在档案展览中对相似同一元素的叠加变通运用带给人更强的视觉记忆。当观众受到夸张的视觉冲击时，大脑会短暂无法平衡即时所见与过往记忆的形象，因此带来情绪上的波动，促使观众反复记忆思考该元素，由此对展览主题升华起到不可小觑的作用。比如，2020年新春新冠疫情暴发后,为记录江苏省委、省政府团结带领全省人民同心战"疫"的历程,江苏省档案馆专门建立了抗疫档案,其中的剪纸长卷《众志成城抗击疫情》医护人员手模、主题沙画、书画作品等抗疫档案反复而不重复,全景展示了江苏战"疫"的宏伟图景、江苏人民战"疫"的昂扬斗志,永存并传扬伟大的"抗疫精神"。此外,苏州中国丝绸档案馆和扬州大运河博物馆等也通过展示关于丝绸和大运河的史料、实物、音像制品等多种形式档案资料反复而不重复的方式,深化展览主题,给参观者带来视觉上的冲击,从而加深了参观印象。

2. 档案展览中的"示现"

示现修辞作为视觉修辞的一种,是指将时空上已经发生过、即将发生的或无法发生的场景,在现实场景中以特殊的手段或真实或抽象地呈现。示现的目的是实现真实的回想或感受,丰富现场意境,赋予观者亲历感,达到忘却现实而置身于定制场景的沉浸效果。在宏观场景中,视觉捕捉到的信息很多,但在视觉的基本功能要求下,大脑会帮助观众从众多的视觉刺激中排除忽视次要信息,而着重关注重点信息,这一取舍方式类似于探照灯,凸显针对性。根据这一定理,在档案展览设计中,需要对档案内容进行划分,筛选出视觉中心赋予其符号价值,运用具有指代性的符号在特定空间内呈现,着重标记场景主题。特定元素会唤起观众的回忆或构思,在指示性元素的提示下,观众会将自己的身份、时代以及所在场合进行重新定位,情感思维都会更加融进档案展览之中。示现修辞在空间中,是引导参观者遵循完形图式的其中一种工作"语言":相似联想法则。相似性在心理认知上可以分为两个方面,一是指实际物理景观和视觉景观上的统一,二是强调对视觉中的元素进行识别分类合并,在单体的基础上归纳整合出整体的意向。中央档案馆收藏的一份华中野战军关于同意粟裕建议进行高邮战役致中央的电文,记录了华中野战军针对负隅顽抗的日军,发动了高邮战役,用一周时间收复了高邮城,是为抗日战争最后一役。在江苏高邮抗日战争最后一役纪念馆中,一切视觉营造都贴合高邮战役的主题。纪念馆运用喷绘画和设置实物场景等方法再现了收复高邮城的过程,让观众身临其境地感受到当时紧张的战斗氛围,给观众无穷的回味。场景还原快速建立了观众与特定档案的沟通桥梁,帮助观众在视觉刺激下更快更好地理解档案展示的信息。

3. 档案展览中的"隐喻"

展示内容作为展厅的主心骨,需要蕴含深刻的内涵信息来为展示空间奠定基础。信息传递通常有两个途径,一是选用抽象文字符号作为载体,二是利用具象形态来传播。这两类载体展示成效不同,彼此间的特点与用途也不可替代。视觉隐喻修辞是指利用图像、媒体等视觉的概念、主题,引导观者形成特定的理解,视觉元素不再是使参观者被动地接受信息,而是让参观者成为档案展览中的想象者、创造者,让观众发自内心感受档案厚重的历史。在修辞层面,两者间产生了交流,观众在深入思考中沉浸于展示内容,从而达到了展览信息的有效传递。

在档案展厅的设计中还会考虑到观众所具有的主体识别法则。视觉画面由多种元素构成,受众在读取信息时第一步直接识别,紧接着按照个人的认知层次深入推进,在采集过程中,部分元素被提取出来,通过加工形成完整意象,剩下的辅助于主体部分。例如,嘉兴南湖革命纪念馆展示的仿真画舫模型,展现了中国共产党的第一个纲领和第一个决议诞生处,象征着以这里为起点,中国历史翻开了崭新的一页,孕育出了伟大的红船精神。再如,"守岛英雄"王继才个人实物档案中的煤油灯、小铁铲、小煤炉等,无一不倾诉守岛的孤独与坚忍。

4. 档案展览中的媒介技术

新媒体艺术的创造方式打破了文艺复兴以来形成的传统图像表现方式,取而代之的是在流动的画面中将完整的画面分离、肢解,重构成一种新的视觉图像,这种创作方式无形中将人类思考问题的方式进行了拓展,从多层面、多角度、多维度去构建新的视觉语言。

将以声像为代表的大量新材料、新技术、新视听信息媒介广泛应用到档案展品和展馆,能够极大地丰富档案展览展示的设计语汇,也可以促成档案展示向多学科、多功能、多手段方向交叉融合,呈现出涉及众多领域而高度综合,依赖群体合作而工程繁杂的特点。用虚拟、虚实相结合的形态搭建出有别于传统的以档案实物为主的空间状态,新颖的可视化技术带来风格多变、可塑性更强的艺术魅力,在媒介技术下档案展览呈现出传播整体的动态构建过程,即"意义的产生与传播时的动态变化过程",给参观者带来新的视觉冲击。比如,南京博物院数字馆和江宁织造博物馆通过动画、视频等形式对一段历史、一件展品进行生动演示,让参观者既能欣赏实物,又能形象地了解展览实物的前世今生。

5. 档案展览中的灯光技术

光在科技的发展下逐步介入档案展厅的互动中,具有设计的光影可以代替本身繁重复杂的装饰,成为动感与想象力并存的媒介,为档案展览增添视觉上的温度。档案展馆的建设要善于结合展览主题文化特色,将要展示的档案利用光影视觉化呈现,突出档案文献本身的历史凝重感、现代艺术的感染力和影像技术的视觉冲击力。通过档案展览中灯光技术的运用,当观众在附近时,灯盏便会根据当前展示的档案内容变得明亮、昏暗、闪烁、阴冷、鲜红等,呈现能够形成共振的色彩,让光线的运动引发人与档案之间的互动,运用视觉营造氛围手法将两者融为一体。这样不仅保持了原有空间的静态美,通过人的介入,还加入了动态美。视觉感受随着人的运动而不断变化,创造出最富及时反馈效果的视觉盛宴,使作品和人达到和谐。

三、小结

多元化的视觉营造手法,为档案展览开辟了新的方向,为其增添更深远更精准的内涵,并强化了参观者的视觉感受,以最高的效率吸引和感染参观者,使参观者主动融入展览氛围中。通过对档案展览中视觉要素的剖析,可以更好地将其有机统一在展厅设计中,为信息传播提供高效的途径。视觉修辞的最终目的是让档案背后的故事和意义在展馆中传达并普及给观众。对视觉修辞的深入研究运用,有利于帮助档案展览设计者在设计中强化参观者的视觉感受、心理感受,从而建构出系统化、生动化的档案展览体验。

参考文献

[1]陈汝东.论视觉修辞研究[J].湖北师范学院学报(哲学社会科学版),2005(1):47-53.

[2]曹意强.艺术史中的视觉文化[J].美苑,2010(5):4-6.

[3]刘涛.图式论:图像思维与视觉修辞分析[J].南京社会科学,2020(2):101-109.

[4]赵君香.博物馆视觉信息的传播研究[D].济南:山东大学,2019.

[5]刘涛.转喻论:图像指代与视觉修辞分析[J].南京社会科学,2018(10):112-120,128.

[6]李晓愚,路端."符号叠积"视阈下的纪念空间视觉修辞分析——以南京和平公园钟塔景观为例[J].江苏社会科学,2019(6):198-209,260.

[7]汪滋淞.行业博物馆展示设计中视觉语言的研究[D].上海:同济大学,2006.

[8]甘苽豪.图像的谎言:符号交际视阈下的视觉修辞行为[J].西北师大学报(社会科学版),2020(2):15-26.

[9]刘涛.视觉修辞与社会对话的"视觉之维"[J].教育传媒研究,2019(6):15-17.

[10]赵安琪.跨媒介语境下数字影像的视觉修辞研究[D].大连:大连理工大学,2019.

[11]张珍变.视觉修辞手法在图形设计中的应用研究[J].美术大观,2019(2):122-123.

(《档案与建设》2021年第10期)

例文2:

叙事性传播在档案展览中的应用与分析[*]

刘欣悦　戴旸

(安徽大学管理学院,安徽合肥,230039)

摘　要:叙事性传播符合大众的认知模式,能够有效吸引受众的注意,取得较好的传播效果。文章对档案展览应用叙事性传播的原因进行探究,从结构叙事、文本叙事、空间叙事和互动叙事入手,遴选代表性案例展开分析,进而提出了拓宽叙事性传播的参

---

[*] 本文系2016年度国家社科基金青年项目"公共文化服务背景下我国非物质文化遗产档案信息传播研究"(项目编号:16CTQ033)阶段性研究成果。

与主体、丰富档案展览的叙事内容、创新档案展览的叙事形式的优化策略,以增强档案展览中叙事性传播的效力。

关键词:叙事性传播;档案展览;档案故事;档案记忆

The Application and Analysis of Narrative Transmission in Archives Exhibition

Liu Xinyue, Dai Yang

(School of Administration of Anhui University, Hefei, Anhui 230039)

Abstract: Because narrative transmission conforms to the public's cognitive mode, it can effectively attract the public's attention and achieve better communication effect. This paper tries to explore the reasons of using narrative transmission in archives exhibition, starting with structural narrative, text narrative, spatial narrative and interactive narrative, selects the representative cases, and analyze them in depth. Then suggests that we should broaden the narrative participant, rich the narrative content, innovate the narrative forms, in order to enhance the effectiveness of the narrative transmission in archives exhibition.

Keywords: Narrative Transmission; Archives Exhibition; Archives Story; Archives Memory

举办档案展览有利于开发档案信息资源、传承档案记忆、促进社会公共服务。近年来,档案学界对于档案展览显现出了巨大的研究热情,但是研究领域较为单一,主要集中于档案展览的建构和管理等领域,在档案展览的传播方面略显不足。由于档案内容本身专业性、知识性较强,传统的传播方式与档案及档案展览自身特点不相适应,也无法满足受众的信息需求。而叙事性传播是以讲故事的形式重复演绎历史事件,对固化的社会记忆进行动态复原或重构,在内容上具备故事性和完整性,在结构上具备逻辑性和关联性,在形式上具备趣味性和灵活性。现阶段,档案部门已经逐渐认识到叙事性传播在传播档案信息上的巨大优势,并开始将其运用到展览的策划、设计与实施之中。因此,本文尝试探究档案展览应用叙事性传播的原因,结合国内代表性案例进行深入分析,并提出切实可行的实施路径和优化策略,从而促进叙事性传播与档案展览实现更为紧密的融合。

1 档案展览应用叙事性传播的原因探究

1.1 叙事性传播契合档案和档案展览的特点

档案是人类在社会活动中所产生的原始记录,是以物质载体的形式将过去的记忆"冻结"起来的产物,因而有着突出的情境特征。档案信息包含了时间、地点、人物、情节、关系等诸多要素,将这些要素融合成富有情节的结构化故事,有助于生动、立体、多层次地诠释档案内容及其文化内涵。同时,快速发展的社会环境推动着档案展览的多元化转型,使现代档案展览更强调"寓教于乐"的传播理念,强调为受众提供快速便捷的信息服务,重视对档案隐性知识的挖掘与传播。换言之,便是将档案文化的定位从精英文化转向大众文化,通过具有情节性的故事,再组织、再建构档案内容,降低自身权威性和严肃性。将叙事性传播应用于档案展览中，可以扩大档案展览的受众范围，帮助档案展览在当前的文化环境中迸发出更强的生命力。

1.2 叙事性传播契合受众新的需求

伴随着社会公众档案意识的提高，受众越来越多地表现出对观展过程中参与和互动的需求，渴望在展览中拥有一定的自主性和话语权，成为档案信息的主动获取者和实际体验者。契合受众需求，为受众提供满意的展览服务是档案展览的基本出发点。"讲故事"的叙事性传播相较于传统的知识灌输式传播方式，可为受众提供全面而系统的整体性信息而非孤立的碎片知识，受众不需要承担过多的认知负荷便能轻松感知并理解档案中蕴含的知识、经验和情感，因而叙事性传播更能满足受众的需求，获得受众的青睐。在阅读、聆听、交流故事的过程中，受众可以充分发挥自身想象力、创造力等心智能力，主动完成对故事的意义建构，并将建构得来的知识整合到自身认知结构之中，实现自身与档案、现在与过去的深层交流。

1.3 叙事性传播弥补传统档案展览的缺陷

传统档案展览的传播模式是单向的、固定的，大多以档案、档案复制件、图片、实物等为主要陈列内容，以展柜、展板陈列为主要陈列方式。脱离原有语境的档案被直接摆放在受众面前，其背后的故事和记忆被掩盖于物质外壳之下，仅作为审美对象被陈列和观赏。孤立呈现的档案更是破坏了历史记忆的完整性，使档案展览难以形成一个整体。同时，鉴于档案本身与其他资料、文物的性质不同，档案展览的政治性、政策性、严肃性过于强烈，展览的思路结构常常受到束缚，缺乏创新和个性，容易给受众带来形式雷同的感受。而在档案展览中应用叙事性传播则可以在一定程度上解决上述问题和缺陷，推动档案的原始记录性与故事的情节性相结合，真实、生动地还原历史事实，改变以往沉稳有余而魅力不足的情况，增强了档案展览的吸引力。同时，叙事性传播将不同档案置于同一个意义网络之中，使其服务于同一叙事主题，有效地揭示了档案之间的有机联系，保证了档案记忆的连续性和系统性。

2 档案展览应用叙事性传播的案例分析

近年来，档案展览有了明显的叙事转向，开始从"历史库"向"讲故事的课堂"转变，产生了大量优秀的、受欢迎的档案展览。然而，叙事性传播并非局限于档案展览的某一特定环节，而需在其全过程中贯彻实施，尤其在框架确立、文本建构、形式设计及互动交流等环节中扮演着重要的角色，具体表现为结构叙事、文本叙事、空间叙事和互动叙事。据此，笔者将从以上四种叙事类型入手，选取实例分别进行阐述。

2.1 结构叙事："档案见证北京"展览

结构叙事是指各个档案故事按照一定的秩序或内在关联进行组织，在整体上体现展览的蓝图和架构，共同构成一个完整的叙事体。2019年6月9日，北京市档案馆推出了"档案见证北京"展览，依托馆藏文书档案、电子档案、实物档案展现了北京从营城之初到如今的历史变迁全过程。展览具有明显的结构化特征，按照"线性—因果"的叙事结构划分为"先哲营城""图说北京""古都风韵""时代洪流""探索前行""改革新篇"

"匠心筑梦"七个部分。"先哲营城"梳理了北京从远古至明清时期的发展历程;"图说北京"和"古都风韵"呈现了北京从明清至今的城市建设与布局变迁、自然地理环境变化以及民俗文化等;"时代洪流"部分选取了从明清至今百余年历史进程中,在北京所发生的重要事件;"探索前行""改革新篇""匠心筑梦"则呈现了新中国成立至今,北京各方面取得的重要进步。七个单元按照"远古时期—明清时期—现当代"的历史线索,多角度、多方面、全过程地还原了北京的发展历史,在丰富、连续的整体叙事的基础上根据展览的主题层层展开,将事件转为故事,通过生动的叙述完成了情节的建构,充分揭示了展览的主题——"档案见证北京"。

2.2 文本叙事:"复兴锦程——南京云锦丝织业百年史料展"

文本叙事是将档案信息意义化的过程,其目的在于对档案内容进行更深程度的加工,将内在隐蔽的联系予以挖掘,并以完整的故事形态呈现给受众。以2020年12月30日南京市档案馆主办的"复兴锦程——南京云锦丝织业百年史料展"为例,展览以色彩鲜明的图画描绘了南京城的全貌,重点突出与云锦丝织业密切相关的建筑,如红花地、颜料坊、锦绣坊等。在此基础上,展览还从一个普通南京百姓的视角出发,在相关建筑旁以文字的形式注明其在何时来到此地并完成了何种工作。如此,通过对时间、地点、人物、事件等叙事要素的组织,全面还原了百姓的日常生活。另外,展览在"百年中兴"单元不仅展出了中兴源厂的档案史料、历史照片,也以相关亲历者、知情者的访谈调查材料为基础形成了建设2021.10Academic Field 口述档案,重点叙述了有价值的人物和事件,厘清了整个中兴源厂的发展历程。在此过程中,展览既遵循了叙事脉络的连贯统一,又保证了历史背景、人物故事的立体凸现,实现了层次丰富、情节生动的文本叙事,取得了较好的叙事效果。

2.3 空间叙事:"纪念中国人民志愿军抗美援朝出国作战70周年主题展览"

空间叙事利用动线、色彩、灯光等要素赋予空间可参观性,将展览以"活态历史场景和事件"的方式呈现,让受众可以感知到档案中的历史和记忆的真实存在。以2020年10月19日在中国人民革命军事博物馆举办的"纪念中国人民志愿军抗美援朝出国作战70周年主题展览"为例,展览从全景视角出发,基于故事的情节将空间划分为五个部分,通过大量的档案、视频、文物充分展现了战争的决策过程、重要战役、英烈模范等,利用动线的设计呈现出一个完整且连续的动态叙事过程,打造出高低起伏、详略得当的动态叙事空间,还原旧时的战争场景。同时,空间叙事也离不开场景的烘托。展览的入口处便悬挂着若干面印着中国人民志愿军部队番号的旗帜,用鲜艳的红旗激发受众的爱国情怀,使受众以此为感情基调继续参观,进而更加深入地了解这段历史。在叙述战争事件时,展览还对"鏖战长津湖""上甘岭战役"等场景进行了模拟还原,突出了叙事中需要重点强调的部分。展览在有限的空间内利用各种视听元素,营造出身临其境之感,为受众提供了沉浸式的观展体验,激发了受众的持续参观兴趣,是空间叙事作用于档案展览的典型代表。

2.4 互动叙事:"档案·广州"历史记忆展

互动叙事是指受众在发挥主观能动性的基础上与档案展览进行互动,构建自主的认知模式,从文本的表层意义转化为自身的情绪体验来感知深层次故事的内在意义。2018年,广州市国家档案馆推出了"档案·广州"历史记忆展,基于受众体验,综合运用多种互动媒体技术,设置了多个互动活动,让受众在参与互动的过程中主动揭开档案承载的广州记忆。例如,在展览的序厅部分,受众可以亲身体验转动开启库门的移动器,与此同时,展厅中的大屏幕也会随着移动器的转动,以影片的形式为受众介绍展览展出的档案中所记录的故事。在"历史名城馆"中,受众则可以根据兴趣自主移动历史名城沙盘,选择想要了解的朝代的故事,实现受众与叙事文本之间的互动。另外,展览还设置了乘坐广州国运汽车、乘坐商船、逛当铺、点播民国电影和流行音乐等互动展项,以体验式空间的模式让受众了解历史长河中广州的生活点滴。展览还向受众公开了声像档案制作室,让受众观看并亲身感受声像档案制作的全过程,获得全新的展览体验。

3 档案展览叙事性传播的总结与优化

叙事性传播的应用,有利于提高展览的传播质量并吸引受众关注。但不可忽视的是,目前叙事性传播在档案展览中的应用依然存在不足,主要表现为叙事主体的数量和身份单一,造成叙事视角受限,影响叙事的真实感和说服力;叙事内容未能摆脱传统的历史说辞和宏大叙事,故事的情节性和丰富度不高,缺乏吸引力;叙事形式仍以文字表述和讲解员讲述为主,传播媒介单一,空间体验不佳。基于此,笔者认为,档案展览叙事性传播的优化应从以下三方面入手。

3.1 拓宽叙事性传播的参与主体

档案馆是档案展览的传播主体,负责展览的内容整合、结构编排、宣传等工作。为扩展展览叙事性传播的内容、提高展览服务的质量,档案馆应积极寻求与其他社会力量的合作,打造多元主体协同叙事和社会化参与叙事的格局。首先,档案馆应加强与其他地区档案部门、图书馆、博物馆之间的合作,进行联合办展。通过各机构间的合作,档案馆可以弥补自身馆藏资源的不足,为叙事提供更多的细节补充,在完善展览的整体叙事、构建逻辑性场景等方面发挥积极作用,营造立体、形象而又全面的历史语境,进而为受众提供内容翔实、情节完整、情感充沛、富含体验感的档案展览叙事服务。其次,档案馆还可以寻求与高等院校、企业单位、学术研究人员或普通公众的合作,吸引多方力量参与到档案展览中来。各个机构间文化资源的融合、档案故事的共享以及专家学者之间思想与知识的碰撞都能在一定程度上加强档案展览叙事的深度,保证展览反映事件的完整性和连续性,为受众获取完整档案资料提供极大支持。最后,档案馆还应对与档案的形成和传播密切相关的亲历者、目击者、相关亲属予以充分重视,积极邀请其参与到档案展览中来,从不同的叙事视角切入,讲述最为真实的档案故事,突破档案人员及策展人员的认知局限,弥补宏大叙事的缺失。

3.2 丰富档案展览的叙事内容

叙事不等同于阐释,阐释是对档案的事实信息进行整合并传递给受众的过程,本质在于"文本组织"。而叙事从形式层面走出文本的桎梏,强调以讲述故事的方式组织和呈现信息内容。因此,叙事内容的建构不仅需要有丰富的叙事资源作为前提,更关键的是要对故事的内容加以精心编排。一方面,需充分重视档案信息的挖掘。档案信息的数量和质量直接影响着叙事内容的深度、广度及耐读性。档案部门要把握每件档案的整体面貌,深入分析档案本身所承载的信息,包括与之相关的自然环境、宗教信仰、风俗习惯、社会传统等诸多方面,挖掘其在使用者、传播者变更中产生的故事。此外,档案并不是孤立存在的,有机联系性是档案的一种重要属性,要注意分析各档案史料间的相互关系,避免支离破碎式的解读,通过档案间的纵横比较完成展览的时间叙事和空间叙事。另一方面,则是要重视对故事内容的加工与组织。一则完整的故事需要明确清晰的叙事线索串联而成,现代的档案展览可以尝试寻求非线性化的叙事表达,提供多种故事角色和结局,由受众自主选择故事情节的发展方向。同时,展览还应关注局部细节的叙述,有重点、有主次、有节奏地安排故事情节,恰当地设置冲突和悬念,激发受众的持续观展欲望。例如,安徽省档案馆举办的"让档案告诉我们——安徽1937—1945"展览就是在突破线性叙事结构的基础上,将叙事的重点放置于"滔天罪行"主题单元之上,依托大量的照片档案讲述了日寇对安徽及安徽人民犯下的种种罪行,如轰炸、抢劫、奴役等,进而将整个故事推向高潮,激发受众的矛盾冲突意识,强化其情感体验。

3.3 创新档案展览的叙事形式

创新档案展览的叙事形式,可以考虑从以下四个方面着手:第一,展览内容数字化设计。展览要积极运用音视频等技术对传统的图文展示进行有效辅助和补充,将叙事内容转化为动画、纪录片等艺术形式,令档案所承载的故事内容充分视觉化。以非遗档案为例,展览可以将非遗的活动情景、传承人受访、代表作品解说等内容以影音等方式呈现。第二,展项互动性设计。展览可以设计VR体验、触摸屏答题、档案游戏等互动环节,在视听感官的基础上增加触觉、嗅觉、味觉或者行为知觉等多重感官表达,给予受众交互式的多维体验,激发受众的创造力、想象力、动手能力等。第三,展览空间情境化设计。合理利用空间布局、光影色彩等手段构建完整的叙事空间,创设逼真的、沉浸式的展览情境,充分利用造景、障景和移步换景等艺术表现作用于受众心理,让空间叙事与内容叙事完美结合,激发受众的热情和兴趣。譬如,在战争类档案展览中对战时场景的复原、在城市记忆类档案展览中对老建筑和老物件的还原等都能大大推动展览叙事空间的情境化。第四,展览的人际互动设计。讲解员作为连接档案和受众的桥梁,应在充分掌握档案信息的基础上,用富含趣味性和哲理性的语言将档案故事传播给受众,综合运用倒叙、插叙、推理等叙事方法,利用提问、游戏、谜语等沟通艺术,引导观众参与到叙事的过程中,来消除受众心理上的陌生感。除了讲解活动外,展览还可以积极举办座谈会、现场访谈等活动,通过人与人之间直接的沟通交流,了解受众的体验感受和实际需求,优化叙事性传播的全过程。

参考文献

[1][5]龙家庆.叙事表达在档案宣传中的运用与优化策略[J].浙江档案,2020(1):31.

[2]丁华东.档案记忆观的兴起及其理论影响[J].档案管理,2009(1):18.

[3]冯锐,杨红美.基于故事的深度学习探讨[J].全球教育展望,2010,39(11):29.

[4]四川省档案局课题组.我国档案展览的现状与问题[J].中国档案,2004(5):15.

[6]卢艳霄.穿越时光,见证北京城市变迁——"档案见证北京"大型展览在北京市档案馆展出[J].北京档案,2019(12):5.

[7]刘迪,徐欣云.知识、视觉与空间:实体档案展览定位与策展路径探究[J].档案与建设,2018(7):4.

[8]秦红岭.叙事视域下建筑遗产文化价值的阐释路径(下)[J].华中建筑,2018(4):2.

[9]陆唯.当代博物馆展示叙事的互动媒体设计研究[D].上海:上海大学,2020.

[10]唐贞全.基于受众体验的档案展览设计——"档案·广州"历史记忆展的实践与探索[J].中国档案,2018(2):37.

[11]龙家庆,牟胜男.跨媒体叙事嵌入档案馆公众教育的动力诠释与推广策略[J].山西档案,2020(5):68.

[12]李颖,高慧筠.我国档案展览效果提升的问题与对策[J].山西档案,2018(2):59.

[13]喻旭燕,蔡亮.文化阐释与叙事呈现——"非遗"对外传播的有效路径研究[J].浙江学刊,2016(2):223.

[14]王英玮.论档案的有机联系性[J].档案学研究,2003(6):2.

[15]宋鑫娜.展览中的空间叙事和语言叙事[J].中国档案,2017(5):24.

(《档案与建设》2021年第10期)

例文3:

"淮阴"地名背后的传统文化因子

封 锋[1] 戴甫青[2]

(1.江苏省档案馆,江苏南京,210008;

2.《中国水利史典》编委会办公室,北京,100038)

摘 要: 秦王嬴政二十四年(前223年),秦灭楚,于淮河南岸置淮阴县。"淮阴"这一有着2000多年历史的地名,既与所依傍的四渎之一淮河有关,也与中国传统的历史地理学中的"山北水南为阴"有关,"淮阴"即淮河之南。纵观历史,"淮"与"阴"蕴含着中国历史上诸多历史、哲学、政治的因子,体现着浓厚的传统文化内涵。

关键词: 淮阴;四渎;禹贡;阴阳地

地域文化是传统文化具体的体现,传统文化是地域文化的积淀与集成。从地域文化的背后,我们可以发现传统文化的诸多因子。我们周围有很多被忽视的传统文化因子,可以作为传统文化的力证与补充。"淮阴"的"淮"和"阴"两字蕴含着中国历史上很多历史、哲学、政治的因子。

一、"淮"的历史大背景

1."淮"与九州

"海、岱及淮惟徐州""淮海惟扬州"这两句话出自《尚书·禹贡》,"淮"即淮河,是古代九州中徐州与扬州的分界线。《尚书》记载大禹治理洪水时,"禹敷土,随山刊木,奠高山大川"(《禹贡》),"禹别九州,随山浚川,任土作贡"(《尚书序》),就是说大禹根据河流、山川、大海将天下划分为九个行政区,史称"九州"。

《尚书·禹贡》记载了大禹治水的传说。大禹过泰山,整治济水水系与洙、泗、淮、沭,分别定名此两地为"兖州""徐州"。其后,南下江淮,直到浙江东部的会稽,治理太湖与扬子江,此地水多,名为"扬州"。

农业国家形成的历史就是一部治水史。大禹通过治水,最大程度调集不同部落的人力物力,实行统一指挥,客观上促进了权力的集中与政权的形成。这种由治水而形成的行政权力由黄河流域向南扩展到江浙地区,向北延伸到晋中以北,向西传播到甘、青东部,西南到达成都平原,并重新划分了天下的行政区域,又根据每个行政区域的山川物产、土壤植被、风土民情,分出等级,作出水陆交通连线规划以至贡赋规划等等,由此奠定了中华民族的大一统格局。大禹通过这种手段为统一的国家的形成奠定了物质、政治、经济基础。可以说《尚书·禹贡》既是讲历史,也是国家资源调查统计。

2.四渎与五岳

大禹选择以淮河作为徐州与扬州的分界线。大禹划九州的分界时,还用其他三条重要的河流作为参照体系,分别是江(长江)、河(黄河)、济(济水)。这四条河流合称"四渎"。我国辞书之祖《尔雅》中的《释水》篇解释"四渎":"'四渎'者,发源注海者也。""四渎"还有另外一层意思,《风俗通义·山泽》解释说:"渎者,通也,所以通中国垢浊。民陵居,殖五谷也。江者,贡也,珍物可贡献也。河者,播也,播为九流,出龙图也。淮者,均,均其务也。济者,齐,齐其度量也。"把这四条大河称为"四渎"还与中国古代的自然崇拜有关。这四条大河给人们带来了水源,还有各种可以食用的鱼类,但有时也有威胁人类生命的各种怪物,所以古人对它们产生了敬畏之情,并且建庙祭祀。从周朝开始,作为河流代表的四渎,就已经由君王进行祭祀。《礼记·祭法》说:"天子祭天下名山大川,五岳视三公,四渎视诸侯。"到了西汉,汉武帝建元元年(前140年),汉武帝下诏:"河海润千里,其令祠官修山川之祀。"汉宣帝时,四渎祭祀正式列为国家祀典。到了唐宋时期,四渎神已经被人格化,《旧唐书·礼仪志四》记载,天宝六年(747年)"河渎封灵源公,济渎封清源公,江渎封广源公,淮渎封长源公"。宋仁宗康定元年(1040年)封江渎为广源王,河渎为显圣灵源王,淮渎为长源王,济渎为清源王。元代至元二十八年(1291年)加封江渎为广源顺济王,河渎为灵源弘济王,淮渎为长源博济王,济渎为清源菩济王。明代则化繁就简,删去前代所有封号,以"大"为尊,称大淮之神、大江之神、大河之神、大济之神。

与"四渎"对应的是"五岳",不过最早出现在古籍中的是"四岳"。《尚书·尧典》说:"帝曰:'咨!四岳,汤汤洪水方割,荡荡怀山襄陵,浩浩滔天。下民其咨,有能俾乂?'"显然,此处的"四岳"是人而不是山。在黄帝之前的华夏,是一个九族、百姓、万国互相侵伐的混乱时代,黄帝采用"丛林法则"结束了这种"丛林状态",初步构造了华夏的大共同体。这个共同体中,黄帝是以武力维系自己的地位。到尧帝时,尧帝发掘、扩展了人们合作的天性,实施了"协和万邦"的策略,合和万国,让华夏走出了"丛林状态"。为了维系这种治理秩序,尧帝建立了中国未来的主流信仰——天道信仰,其中通过祭祀名山大川和神灵,为共同体的稳定,形成了精神性制度的支撑。四方大山由分掌四方外事的部落首领祭祀。春秋时期发端的"五行"学说,到了战国时期开始流行,加上阴阳学家邹衍等人的大力推广,"五德终始论"盛行,"五岳"之说应运而生。

3. 九州与分野

在中国古人的心目中,天与地相对应,地上有九州,天上就有与之相应的星空划分,这个划分就是天上的"二十八宿"与九州对应的分野划分论。

古代天文学家将可命名的320座星中的日、月及金、木、水、火、土命名为七政,并以北斗为尊。在北斗星周围划分出三垣:紫微垣、太微垣、天市垣。并以此为中心辐射出去,分为东方苍龙所属的七宿为角、亢、氐、房、心、尾、箕;北方玄武所属的七宿为斗、牛、女、虚、危、室、壁;西方白虎所属的七宿为奎、娄、胃、昴、毕、觜、参;南方朱雀所属的七宿为井、鬼、柳、星、张、翼、轸。

淮阴的分野呢?《乾隆淮安府志》载:"旧志云:《禹贡》'淮海惟扬州。'今山阳、盐城、阜宁在淮之南,于古属扬;'海岱及淮惟徐州。'今清河、安东、桃源以上在淮之北,于古属徐。若考星次,扬州斗、牛、女分野,徐州奎、娄、胃分野,则是淮安一郡跨徐、扬二州之域,而分野兼焉。山、盐、阜在淮之南者,属扬州,分星固已按《文献通考》;东海入奎一度,则清河、桃源、安东当属奎宿。然清河邑治南过泗水一百二十里接盱眙,抵山阳,兼有扬州之分星,桃源亦兼淮滨地,考《晋[书]·地理志》,淮滨属广陵郡扬州之域,安东在海州之南,州为徐州,郡实淮安。此三邑者,皆地错于扬,其分星亦当兼斗。"

因为二十八宿对应的地域太大,具体的分野度数,当然是难以详明。《乾隆淮安府志》自解道:"按地按星推算之法,亦綦密矣。然究不能明指某郡某邑为某星几度几分者,盖天有十二次,地有十二分,古今疆域改隶不常,故星宿、分野、岁时亦异,以今日之郡邑,验古初之星次,自不能尽符耳。"也就是说大概位置是对的,具体而言已然是一笔糊涂账。

二、"阴"字背后的哲学

"一阴一阳之谓道"。阴阳构成了中国古代哲学的基础,阴阳学说也是我国古代哲学的起源。在中国历史上,阴阳充斥着日常生活的方方面面。根据阴阳学说的起源及演变过程,当代著名哲学家庞朴将阴阳分成三个层次来讲,即自然层面、社会层面、宇宙层面,阴阳首先是一种自然现象,其次是一种行为准则,最后是一种世界观,一种宇宙图式。

1. 自然层面的阴阳

阴阳作为一种自然现象,最初的意思指太阳照到与太阳没有照到,这是对自然现象最简单的描述。后来,渐渐被用来描述大地,地有向阳、背阴之分。

迄今发现的最早把"阴""阳"两个字连用的文献是《诗经·大雅·公刘》。这首诗描述周人祖先公刘率众迁徙之前,考察地形的情况。"既溥既长,既景乃冈。相其阴阳,观其流泉。"后世的阴阳风水学,就是以阴阳为基础,与五行、太极、八卦等互相配合之后发展起来的。

《谷梁传·僖公廿八年》:"水北为阳,山南为阳。"《元和郡县志》指出:"山南曰阳,山北曰阴;水北曰阳,水南曰阴。"中国地处北半球,山的北面是背光坡,所以称之为"阴"。河流北岸受到太阳光直射,南岸受到斜射,同样的阳光照射,南岸斜射受热没有北岸直射受热多。这一点最明显的莫过于下雪之后,北岸的雪比南岸融化得更快。

阴阳作为一种自然现象,还被提升成为天地之间的"气",这种观点早在西周末年就已经出现,春秋战国的文献里有很多这样的表述。庞朴在其《中国文化十一讲》中说:"到了春秋战国时期,'阴阳'几乎被推广应用到所有方面。起初,'阴阳'只是就天而言;随后又就地而言;再后又作为天地之间的'气';继而又成为'气'里面的总领;最后,'阴阳'观念弥漫于一切自然现象之中,到处都用'阴阳'来解释,而且层层深入,反复推进。"中华传统医学中医就是建立在阴阳的基础之上。《素问》说:夫言人之阴阳,则外为阳,内为阴;言人身之阴阳,则背为阳,腹为阴;言人身之脏腑中阴阳,则脏者为阴,腑者为阳……故背为阳,阳中之阳,心也;背为阳,阳中之阴,肺也;腹为阴,阴中之阴,肾也;腹为阴,阴中之至阴,脾也。

2. 社会层面的阴阳

作为自然现象的阴阳虽然涉及人,不过只是停留在自然人的层面上。作为行为义理的阴阳已经上升到了社会层面上的人。如中国文化认为"夏至一阴生",夏至是一年中最热的时候,但是"阴"恰恰诞生于此时,并逐渐壮大,此时中医主张"养阴",以顺应阴气渐长的自然变化,否则就会生病。

人的社会行为也要顺应天地的阴阳变化,否则就会搅乱阴阳秩序,引起天灾。《国语·越语》中范蠡论述天人关系说:"天因人,圣人因天;人自生之,天地形之,圣人因而成之。"圣人根据天象来解释人事的吉凶就是"圣人因天";人类的不当行为导致天出现反常现象就是"人自生之";天地把人事的错误表现出来就是"天地形之";圣人能够解释这些现象就是"圣人因而成之"。专制时代,国君的话就是法律、行为就是标准,行为义理层面的阴阳在很大程度上就是圣人们的权术与托辞。

3. 宇宙层面的阴阳

阴阳由自然层面上升到社会层面是一大跃升,再由社会层面上升到宇宙模式的哲学层面又是一大跃升,并由此奠定了阴阳在中国哲学上的基础性地位。《易传》是讨论阴阳作为宇宙图式的最有名文献,其中说:"易有太极,是生两仪,两仪生四象,四象生八卦。"就是说由太极衍生出阴阳,阴阳又生成太阴、太阳、少阴、少阳,然后再形成现实生活中的具体的形象。这句话阐明了宇宙从太极至万物化生的过程。作为宇宙图式的阴阳,儒家是承认的,道家也是承认的。《老子》说:"道生一,一生二,二生三,三生万物,万物负阴而抱阳,冲气以为和。"也是同理。

《周易·系辞上》:"一阴一阳之谓道,继之者善也,成之者性也。""一阴一阳之谓道"中的阴阳不能称之为"道","一阴又一阳、循环不已"才能成为"道"。"孤阴不生,独阳不长",阴阳并不是对立、简单循环的,阴阳共居于一个统一体内,是动态存在的,且阴中有阳,阳中有阴,由此生生不息。

总之,"淮阴"这个历史地名所体现的,不仅仅有秦王嬴政二十四年(前223年)秦灭楚之后于淮河南岸所置的淮阴县(县治在今马头镇或其附近)的2000多年的历史,还体现着中国历史上的地域区划、政治制度的构建、哲学中阴阳等诸多文化因子的积淀。

参考文献

[1](春秋)左丘明.国语·战国策[M].长沙:岳麓书社,1990.
[2]淮阴县志编纂委员会.淮阴县志[Z].上海:上海社会科学院出版社,1996.
[3]程俊英,蒋见元.诗经注译[M].长沙:岳麓书社,2000.
[4]宋祚胤.周易注译[M].长沙:岳麓书社,2000.
[5]周秉钧.尚书注译[M].长沙:岳麓书社,2001.
[6]钱玄,钱兴奇,叶晨晖,等.礼记注译[M].长沙:岳麓书社,2001.
[7]庞朴.中国文化十一讲[M].北京:中华书局,2008.
[8]王利器.风俗通义校注[M].北京:中华书局,2010.
[9](唐)李吉甫.元和郡县图志[M].北京:中华书局,2013.
[10]吴稼祥.公天下:多中心治理与双主体法权[M].桂林:广西师范大学出版社,2014.

(《档案与建设》2021年第11期)

思考题

1. 简述档案展览与文学文体的关系。
2. 通讯报道的写作中注意事项有哪些?
3. 展览说明文的问题分类有哪些?
4. 档案学论文的特点有哪些?
5. 展览讲解词的写作中应注意的问题有哪些?
6. 试述对口历史文章的认识。

参考文献

[1] 蔡文明,刘雪.展览展示设计[M].上海:华东师范大学出版社,2017.

[2] 陈鹏.我以我血荐轩辕:记何赋硕同志革命人生[M].北京:中国文联出版社,2008.

[3] 程熙.虚拟现实技术在高校档案网络展览中的应用[J].兰台世界,2015(35).

[4] 杜竹君.基于AR技术的档案展览探究[J].北京档案,2018(1).

[5] 封锋,戴甫青."淮阴"地名背后的传统文化因子[J].档案与建设,2021(11).

[6] 高研,刘婷.入侵报警探测技术在实体档案展览中的应用[J].兰台世界,2012(35).

[7] 高研.新技术在档案展览中的应用研究[J].兰台世界,2014(11).

[8] 郭莉珠.档案保护技术[M].北京:中国人民大学出版社,2013.

[9] 何锡章,尉迟治平.中国语文[M].武汉:华中科技大学出版社,2001.

[10] 黄静涛.3D打印技术在实物档案抢救和档案展览工作中的应用研究[J].中国档案,2018(1).

[11] 江秋奋.虚拟现实技术在高校档案馆馆藏珍品网上展览中的应用[J].兰台世界,2015(2).

[12] 李和平,马淑桂.新档案保护技术实用手册[M].北京:中国文史出版社,2013.

[13] 李敏.网页设计与制作微课教程[M].北京:电子工业出版社,2020.

[14] 梁艳,郭殿声.艺术设计思维与创觉设计[M].北京:清华大学出版社,2017.

[15] 刘耿生,李珍,李永贞.档案开放和利用教程[M].北京:中国人民大学出版社,2010.

[16] 刘婷,高研,程熙.虚拟现实技术在网上档案展览中的应用研究[J].档案学研究,2012(5).

[17] 刘婷.网上档案展览研究[D].苏州:苏州大学,2014.

[18] 刘欣悦,戴旸.叙事性传播在档案展览中的应用与分析[J].档案与建设,2021(10).

[19] 罗倩,项敏刚.VR技术在档案展览中的应用[J].北京档案,2020(2).

[20] 潘兰慧,罗忠可.二维动画制作案例教程[M].北京:中国铁道出版社,2022.

[21] 施春友,张少俊.实用文体100例[M].天津:百花文艺出版社,1997.

[22] 石华.声、电、图等多媒体技术在档案展览中的综合应用研究——以"《郑州记

忆展》"为例[J].档案管理,2014(4).

　　[23] 孙怡红.略谈档案价值实现的形式之一——档案展览的意义及发展趋势[J].档案管理,2015(6).

　　[24] 王潇娴,张轶.全媒体时代图形设计[M].南京:南京大学出版社,2018.

　　[25] 王小伟.数字媒体技术在档案展览中应用的前景展望[J].浙江档案,2019(4).

　　[26] 王贞.现代展示技术在档案展览中的应用[J].中国档案,2015(7).

　　[27] 魏歌,谢海洋.基于施拉姆大众传播模式的档案展览优化策略研究[J].北京档案,2019(10).

　　[28] 夏素华.新媒体时代我国档案宣传工作探析[D].济南:山东大学,2013.

　　[29] 向宁,黄后彪.视觉修辞在档案展览中的应用研究[J].档案与建设,2021(10).

　　[30] 杨安荣.数字展陈技术在档案展览中的应用[J].档案时空,2017(12).

　　[31] 余国瑞,彭光芒.实用写作[M].北京:高等教育出版社,2002.

　　[32] 赵春丽.论多媒体技术在档案展览中的适度应用[J].北京档案,2012(9).

　　[33] 镇剑虹,吴信菊.展览策划与务实[M].上海:上海交通大学出版社,2011.

　　[34] 周永强.三维动画设计与制作[M].北京:电子工业出版社,2020.